TECNOCRACIA E A ANTIPOLÍTICA CONCORRENCIAL

TECNOCRACIA E A ANTIPOLÍTICA CONCORRENCIAL

Arthur Sadami

São Paulo
2024

EDITORA SINGULAR

Dados Internacionais de Catalogação na Publicação (CIP)
(Câmara Brasileira do Livro, SP, Brasil)

Sadami, Arthur
Tecnocracia e a antipolítica concorrencial: um estudo a partir do caso brasileiro / Arthur Sadami. -- São Paulo: Editora Singular, 2024.

Bibliografia
ISBN 978-85-53066-32-2

1. Antitruste 2. Concorrência - Leis e legislação - Brasil 3. Conselho Administrativo de Defesa Econômica (CADE) 4. Direito econômico - Legislação - Brasil I. Título.

24-209473 CDU-34:33:381.81(81)

Índices para catálogo sistemático:
1. Brasil : Direito da concorrência : Direito econômico 34:33:381.81(81)
Eliane de Freitas Leite - Bibliotecária - CRB 8/8415

Coordenador editorial	José Carlos Busto
Diagramação	Dorival Lopes Junior
Design de capa	Alan Costa de Brito da Rocha
Formato	16 x 23 cm
Papel	Offset 75g/m²
Tipologia	Minion Pro
Número de páginas	272

EDITORA SINGULAR
Tel/WhatsApp: 55 11 3862-1242 11 99196-6711
www.editorasingular.com.br
singular@editorasingular.com.br

Para o "cumpade" Mário André Machado Cabral, amigo querido e fervoroso torcedor do Leão do Pici, a quem esta pesquisa deve muito, tanto pelas inúmeras conversas a seu respeito quanto pela sua produção intelectual inestimável. Homenagear sua memória, sua trajetória e sua falta para a academia é lembrar sempre da importância do desenvolvimento de um pensamento crítico e nacional.

AGRADECIMENTOS

Antes de tudo, expresso meu agradecimento à Universidade de São Paulo e a seus contribuintes, em especial aqueles menos favorecidos, cujo esforço incansável sustenta esta instituição e me proporcionou o privilégio do estudo, tanto durante os anos de graduação quanto ao longo da pós-graduação. Agradeço principalmente ao professor Calixto Salomão Filho por ser um exemplo constante e ponto de referência ao longo da minha formação jurídica, evidenciando sempre o potencial transformador do direito na realidade social. Deixo também meu agradecimento ao professor Carlos Portugal Gouvêa por compartilhar tantos momentos significativos durante os últimos anos, contribuindo de forma determinante para as escolhas e os caminhos que trilho hoje. Por fim, agradeço à banca examinadora formada pelos professores Ana de Oliveira Frazão, Caio Mario da Silva Pereira Neto e Vinicius Marques de Carvalho pelos seus comentários e contribuições centrais a esta pesquisa, originada a partir de minha dissertação de mestrado.

Expresso minha sincera gratidão aos companheiros de vida Ana Tereza, André Ferraz, Eduardo Bozzeda, Gabriel Maia, Iasmine Favaro, João Carlos, João Pedro, Lucas Víspico, Mateus Bernardes, Pedro Khouri e William Filgueiras, que acompanharam de perto o todo processo desta pesquisa, compartilhando desabafos, risadas e tantos outros momentos importantes. Agradeço também aos demais amigos e colegas pesquisadores que fizeram dessa jornada algo tão rico – Amanda Simões, Ana Valéria, Antonio Bloch, Arthur Lungov, Bianca Tavolari, Bruno Marto, Bruno Renzetti, Camila Motta, Enrico Costa, Felipe Crivello, Frederico Haddad, Gabriel Jaar, Gabriela Pletsch, Giuliana Bernardini, Guilherme Misale, Gustavo Crivello, Helena Maluf, Isabela Canales, Isadora Stelmach, Jéssica Costa, Julia Braga, Juliana Sá, Larissa Dias, Luísa Faria, Luísa Weichert, Luiz Ros, Luiz Siqueira, Maria Silvia, Michael Balland, Nathan Sboarine, Nichollas Alem, Petrya Zago, Raíssa Paixão, Rodrigo Padula, Tatiane Zichi, Victoria Rye, Vinicius Dias, Vitor Batista, Vitor Ido, Yago Mina e Yair Lionel. Registro também meu agradecimento ao Marcelo, o furão, que mesmo sem palavras foi uma companhia constante de quatro patas nas noites de estudo.

Meu agradecimento aos alunos do Grupo de Estudos de Direito, Terceiro Setor e Empreendedorismo Social (G3S) – Aline Cawamura, Ana Candeani, Antonietta Romano, Antônio Morais, Carolina Gatti, Elias Kim, Fernando Righetto, Firas Freitas, Gabriela Alves, Giovanna

Diniz, Isabella Petrof, Larissa Cordovil, Laura Lopes, Leonardo Higa, Letícia Korch, Leticia Venturini, Maria Clara Lacerda, Rodrigo Ninomiya, Sofia Pedro, Yosef Morenghi – pelo companheirismo e dedicação, acordando cedo nas manhãs de quartas-feiras para participar de um projeto de pesquisa que se tornou tão especial para mim.

Agradeço ao Núcleo de Pesquisa em Concorrência, Política Pública, Inovação e Tecnologia (Comppit) da Fundação Getulio Vargas (FGV) e ao Grupo Poder Econômico e Crise da Democracia (GPED) do Centro Brasileiro de Análise e Planejamento (Cebrap), na pessoa de seus coordenadores, os professores Caio Mario da Silva Pereira Neto, Mateus Piva Adami, Diogo R. Coutinho, Iagê Zendron Miola e Flávio Prol, pelos foros de discussão e debate em concorrência que alegremente passei a integrar ao longo de 2023. Também sou grato por aqueles que me introduziram profissionalmente no campo da defesa da concorrência, desde meus anos de graduação: Renê Medrado, Eduardo Caminati, Marcio Bueno, Vinicius Marques de Carvalho, Ticiana Lima e Marcela Mattiuzzo.

Por fim, expresso meu profundo agradecimento à minha família: às minhas sete tias, Rosa, Romilda, Maria Lúcia, Izabel, Carmen, Ana Maria e Maria Angela, pelo carinho singular durante toda a minha vida; aos meus pais, Renata e Claudio, pelo cuidado constante e exemplo de resiliência, mesmo nos momentos mais duros; e, aos meus irmãos, William e Vicente, pela amizade e lealdade incondicional ao longo do caminho.

Diz a lenda que na praia
dos Lençóis no Maranhão
há um touro negro encantado
e que esse touro é Dom Sebastião.

Dizem que, se a noite é feia,
qualquer um pode escutar
o touro a correr na areia
até se perder no mar

onde vive num palácio
feito de seda e de ouro.

Mas todo encanto se acaba
se alguém enfrentar o touro.

E se alguém matar o touro
o ouro se torna pão:
Nunca mais haverá fome
nas terras do Maranhão.
E voltará a ser rei
o rei Dom Sebastião.

Isso é o que diz a lenda.
Mas eu digo muito mais:

Se o povo matar o touro,
a encantação se desfaz.

Mas não é o rei, é o povo
que afinal desencanta.

Não é o rei, é o povo
que se liberta e levanta
como seu próprio senhor:

Que o povo é o rei encantado
no touro que ele mesmo inventou

FERREIRA GULLAR,
O REI QUE MORA NO MAR

SUMÁRIO

PREFÁCIO: CALIXTO SALOMÃO FILHO

Estruturas e instituições

A questão da tecnocracia e sua influência sobre decisões, processos democráticos e até crises e desastres político-sociais é bastante conhecida na literatura sociológica e política nacional e internacional.

Pouco tratada no direito antitruste, é objeto de atenção na interessante e provocativa tese de Arthur Sadami.

Ao se questionar sobre o papel das estruturas e instituições, Arthur joga uma pedra na direção certa, perguntando no fundo, como garantir que instituições tecnocráticas (ou pretensamente tecnocráticas) desenvolvam um conteúdo democraticamente legitimado de decisões que não se verguem a consensos estranhos à nossa realidade ou a pressões econômicas ou políticas.

A resposta a essa pergunta está, em minha opinião, não apenas na discussão das instituições e seu funcionamento (como faz Arthur), mas também fora delas.

Ela afeta o centro da discussão, polarizada em doutrina, entre institucionalistas e estruturalistas. Na academia, há décadas, explicações estruturalistas e (neo)institucionalistas para os processos de desenvolvimento e subdesenvolvimento têm se oposto.

De 1990 para cá, com o desparecimento virtual dos regimes comunistas puros e a reconstrução de suas economias em bases capitalistas, os (neo)institucionalistas vêm dominando a cena acadêmica. A presença de instituições fortes (ou seja, órgãos ou regras capazes de assegurar o bom funcionamento dos mercados) seriam o principal mote para o desenvolvimento.

As teses estruturalistas parecem ter sido esquecidas no passado dos anos 1950 e 1960. Elas defendiam que as estruturas econômicas, muitas externas e oriundas do passado colonial, eram os principais entraves para o desenvolvimento.

A força dessa constatação é inegável, mas dois fatores contribuíram para sua relativa perda de influência: em primeiro lugar, a falta de renovação teórica dessa corrente e, em segundo lugar, a falta de evidência empírica do relacionamento causa-consequência entre suas premissas e os resultados esperados.

O primeiro problema vem sendo mais recentemente corrigido, com vazão a vozes neoestruturalistas. Para elas, se as teses neoinstitucionalistas podem ter força explicativa para países que sofrem drástica mudança de regime, têm bem menor força explicativa para países do Cone Sul de passado colonial, onde as estruturas de poder e dominação foram internalizadas há séculos, dominando e drenando economia, sociedade e esfera política.

O segundo fator mencionado acima para a perda de influência das explicações estruturalistas (ou seja, a questão da demonstração empírica) já vinha sendo suprido por trabalhos jurídicos e empíricos neoestruturalistas, mas parece ser agora poderosa e tristemente demonstrado pelos exemplos recentes ao redor do mundo de crises e ameaças à democracia.

Instituições públicas e privadas parecem sucumbir aos jogos de poder e às estruturas político-econômicas dominantes. Se enormes conglomerados empresariais foram capazes de capturar (senão corromper) certas instituições estatais por décadas (talvez séculos), outras que por definição deveriam ser neutras e independentes politizam-se ao sabor das opiniões, da influência e de pressões de estruturas econômicas e midiáticas.

A política penetra as instituições em um complexo jogo de ações e reações a interesses e estruturas econômicas dominantes e de convicções socioculturais bastante conservadoras oriundas da própria formação jurídica (fortemente impregnada em suas carreiras pela influência dessas estruturas). O resultado é a legitimação institucional para o retorno pelo processo eleitoral a crenças políticas com viés antidemocrático e a ciclos econômicos para lá de conservadores (e inadaptáveis aos nossos tempos de extrema escassez e má distribuição de renda) que pareciam enterrados há várias décadas. Tudo com forte apoio de grupos econômicos monopolistas ou oligopolistas. O legado colonial permanece nas estruturas econômicas e políticas e impede o nosso desenvolvimento.

Assim, não parece sobrar força de resistência para as instituições face ao poder das estruturas.

Nesse cenário, outro problema deve ser destacado. Teorias puramente econômicas não são suficientes para justificar o subdesenvolvimento e a fraqueza das instituições face às estruturas. Não é possível aceitar que nossas receitas de políticas públicas sejam direcionadas exclusivamente à agenda econômica. Nossa crise, talvez mais do que econômica, é profundamente jurídica, de estruturas e instituições.

Uma visão neoestruturalista e jurídica deve ser introduzida para explicar suas razões profundas e ajudar a encaminhar a sua resolução. Instituições vergam-se a estruturas de poder exatamente porque histórica e culturalmente nunca lhes foi atribuído um papel organizador da sociedade.

Mais do que isso, instituições sucumbem a estruturas pois não compreendem que podem e devem intervir sobre as mesmas. Aí o papel de soluções neoestruturalistas.[1] Para que a crise subdesenvolvimentista que vivemos não se perpetue é preciso intervir sobre as estruturas que a provocaram.

No direito concorrencial e regulatório, por exemplo, intervenções estruturais no sentido de reorganizar setores originadores e propulsores da crise, reduzindo concentração de poder de grandes conglomerados industriais e financeiros, de plataformas dominantes e pouco controladas de comunicação digital ou reduzindo seu poder de influência política e social são medidas não micro, mas sim macrojurídicas de enorme impacto sobre nosso futuro e que devem ser urgentemente incluídas no debate público.

Mas não só. É preciso urgentemente pensar em formas de proteger e blindar instituições, sobretudo as públicas, da influência e captura pelas estruturas econômicas e políticas dominantes.

A primeira conclusão é, portanto, que, mesmo reconhecendo-se a prevalência da explicação neoestruturalista para a realidade brasileira, não é o caso de optar por uma das visões esquecendo a outra quando se trata de buscar saídas para problemas prementes. O país precisa de mudanças estruturais e institucionais. Revisitar e entender a força de cada uma das explicações para o nosso subdesenvolvimento e dar-lhes a devida proporção, para além das rixas acadêmicas, têm importância fundamental para o futuro do país.

A segunda conclusão mais ampla é que a realidade brasileira é uma metonímia, com contornos mais intensos e coloniais, para o que acontece ao redor do globo. Também em países e regiões de história

[1] Para uma discussão do termo estruturalismo (e neoestruturalismo jurídico), seu significado adotado e diferenças para outros usos do termo em outros ramos das ciências sociais, remeto o leitor interessado a SALOMÃO FILHO, Calixto. *Teoria crítico-estruturalista do direito comercial*. São Paulo: Marcial Pons, 2015, capítulo 11 (*Novo estruturalismo jurídico: uma alternativa para o direito?*), em especial item *d) O estruturalismo jurídico* (p. 259 e ss.).

institucional "teoricamente" mais consolidada, como EUA e Europa, a força das estruturas define eleições e subjuga instituições. Reflexões e soluções neoestruturalistas são urgentes portanto em escala global. Ou seja, não devemos e nem podemos nos contentar com a hoje prevalente discussão das questões institucionais. É preciso urgentemente preocupar-se em transformar as estruturas.

Que a provocação de Arthur seja um estímulo para outros pesquisadores desvendarem os problemas institucionais, mas também e talvez sobretudo os estruturais que estão por trás de tecnocracias autoprotetivas.

São Paulo, 27 de maio de 2024.

CALIXTO SALOMÃO FILHO
Professor Titular de Direito Comercial da Universidade de São Paulo
Professor (Cadeira Gide Loyrette Nouel de Direito e Desenvolvimento) da SciencesPo (Paris)

INTRODUÇÃO

Ao longo dos últimos vinte anos, tornou-se praticamente inevitável reconhecer que a política concorrencial se transformou em uma ampla arena de incertezas sobre seus fundamentos teóricos e sua aplicação prática.[1] Essa crise de seus paradigmas se revela ainda mais peculiar se contrastada com décadas anteriores, durante as quais a instituição de regimes de defesa da concorrência se expandiu vertiginosamente para inúmeras jurisdições ao redor do mundo,[2] em conjunto com um celebrado consenso em relação ao seu conteúdo material.[3]

Alguns dos principais fatores desse processo podem ser mencionados. Um deles refere-se às contradições internas das premissas teóricas da política concorrencial, mais especificamente ao paradigma do bem-estar do consumidor. Ao considerar a racionalidade de agentes em sempre buscar arranjos econômicos eficientes,[4] a Escola de Chicago originalmente sustentava que a concentração econômica seria usualmente responsável por aumentos da eficiência geral do mercado, acarretando invariavelmente um aumento do bem-estar de consumidores finais.[5] O foco de preocupações concorrenciais, portanto, estaria na real possibilidade de restrição de *outputs* e seu impacto sobre preços – elevada à posição de único objetivo claro, consistente e possível para a defesa da concorrência.[6]

No entanto, ainda que esse paradigma tenha orientado a consecução prática da defesa da concorrência ao longo dos anos, sua suposta superioridade técnica estava longe de ser autoevidente. Ao contrário, ele se demonstrou um marco teórico pouco sólido, marcado por fragilidades, tanto de suas premissas internas[7] quanto dos pressupostos mais amplos da economia do bem-estar, como, por exemplo, de um modelo de preferências individuais exclusivamente baseado em fatores de preço.[8] Nesse contexto, tornam-se compreensíveis as razões da ausência de real consenso prático sobre o conteúdo da tutela concorrencial entre diferentes jurisdições, a despeito de esforços para sua convergência institucional.[9]

A defesa da concorrência, ao limitar seu escopo à economia do bem-estar,[10] foi sucessivamente caracterizada por diferentes lacunas em sua aplicação.[11] Toda a fundação teórica erigida em torno da tradição chicaguiana tornou-se insuficiente para lidar com as dimensões complexas da concorrência e do poder econômico, para além dessa escolha metodológica. Como efeito dessa falha cognitiva, multiplicam-se as agendas alternativas à formatação atual da política concorrencial, promovendo uma ampla diversidade de novos paradigmas, como, por exemplo, os de proteção do processo competitivo,[12] de redefinição da ideia de concorrência[13] ou, até mesmo, de uma abordagem orientada pela ideia de *capabilities*.[14]

Um outro fator dessa crise é a falha da política concorrencial ao longo dos anos em entregar os resultados econômicos anunciados pela agenda da Escola de Chicago – isto é, maiores eficiências dentro de arranjos industriais que levariam a um aumento geral do nível de bem-estar do consumidor. Há, na verdade, um conjunto substancial de evidências em sentido contrário: décadas de uma abordagem permissiva em relação à concentração de mercado implicaram prejuízos a consumidores finais. Meta-estudos sobre o controle de estruturas nos Estados Unidos da América (EUA) indicam que a maioria significativa das concentrações aprovadas implicou aumentos substanciais de preços. O corolário desses dados é precisamente a conclusão de que as suposições de eficiências decorrentes dessas operações estão equivocadas.[15] De maneira análoga, pesquisas demonstraram que as sanções aplicadas a cartéis seriam em muito inferiores aos benefícios decorrentes da adoção dessa prática anticompetitiva.[16] Assim, não apenas seria necessário um enrijecimento da punição a essa infração, por meio de presunções e aumento de penas,[17] como as preocupações decorrentes do modelo de dissuasão excessiva herdado da Escola de Chicago[18] seriam "simplesmente inapropriadas".[19]

A identificação de uma tendência generalizada de concentração[20] também acarretaria outros efeitos macroeconômicos negativos não limitados apenas àqueles sobre consumidores finais, afetando o dinamismo e a competitividade dos mercados.[21] Alguns dos principais dilemas econômicos atuais, como, por exemplo, a desigualdade,[22] a precarização das condições de trabalho,[23] a inflação[24] e a emergência ambiental,[25] estariam correlacionados com níveis elevados de concentração econômica. Essa percepção igualmente alimentaria uma agenda de reformas sobre os propósitos econômicos da defesa da concorrência.[26]

Contudo, ainda que significativos, esses fatores, por si só, não justificam completamente os motivos pelos quais a política concorrencial tem sido alvo de disputas intensas acerca de seus princípios e propósitos. Paralelamente a posições mais radicais que advogam por uma reinvenção desse mecanismo regulatório enquanto um instrumento de tutela política do poder econômico (caracterizadas como "populistas" por seus adversários),[27] existem agendas "reacionárias",[28] que sustentam pela possibilidade de manutenção de seus elementos fundacionais, construídos sob uma agenda chicaguiana.[29] O que efetivamente distingue a fase atual da defesa da concorrência de outros embates ao longo de sua história é a própria mudança da opinião pública em relação à concentração de mercado e ao poder detido por agentes privados.

Ao longo dos últimos anos, o *big business* tem sido encarado com desconfiança pela sociedade civil,[30] provocando questionamentos sem precedentes sobre a forma pela qual ele é abordado pela regulação. O marco inicial mais evidente dessa transformação foi a percepção negativa em relação aos bancos intitulados *too big to fail* na crise de 2008.[31] Desde esse momento, a pertinência política dos contornos atuais da defesa da concorrência foi colocada sob questionamento.[32] Esse processo seria ainda catalisado pela emergência das *big techs*.[33] Eventos como o escândalo da Cambridge Analytica em 2018,[34] progressivamente evidenciariam os riscos políticos da concentração de poder econômico por esses agentes, também mobilizando amplos debates públicos sobre a função da política concorrencial nesse tocante.[35] Não seria surpreendente, portanto, o surgimento de movimentos organizados com participação popular em prol de uma reforma radical dos pressupostos desse mecanismo regulatório.

Para além das manifestações iniciais de descontentamento com o cenário econômico pós-crise de 2008, como o *Occupy Wall Street* nos EUA,[36] por exemplo, a necessidade de "quebrar" o *big business* retornaria ao debate público após um longo período de irrelevância dessa agenda. Um exemplo foi a corrida presidencial da democrata Elizabeth Warren, cuja uma das principais bandeiras era o lema *Break Up Big Tech*.[37] Outro é a própria reorganização da administração da política concorrencial no país tanto no FTC quanto no Department of Justice (DOJ),[38] além da Executive Order on Promoting Competition in the American Economy do Presidente Joe Biden ao apontar uma maior abertura democrática da defesa da concorrência, em benefício de trabalhadores, negócios e consumidores. Ainda mais recentemente, nos EUA, esse movimento também culminou na propositura do American Innovation and Choice Online Act e do Competition and Antitrust Law Enforcement Act, buscando propor um controle concorrencial mais rigoroso, especialmente sobre plataformas digitais.[39]

Na Europa, processos similares poderiam ser identificados. A Vice-Presidente Executiva da Comissão Europeia Margrethe Vestager reafirmou os "cidadãos europeus" – enquanto "consumidores que se beneficiam de menores preços, mais escolhas e maior qualidade", "trabalhadores que se beneficiam por um mercado de trabalho vibrante" ou "donos de negócios que se beneficiam de *inputs* inovativos, diversos e confiáveis, além de condições equitativas de atuação" – como destinatários da defesa da concorrência.[40] Entre outras medidas institucionais dentro desse contexto, o Digital Markets Act (DMA), representa também um resgate da tradição ordoliberal europeia para a tutela concorrencial de plataformas digitais,[41] em uma tendência de movimentos legislativos similares em jurisdições nacionais europeias, como na Inglaterra[42] e na Alemanha.[43]

O que todo esse quadro demonstra é que a crise da política concorrencial não pode ser compreendida sem uma análise mais clara sobre a erosão de sua própria legitimidade. Ainda que uma quantidade significativa de críticas tenha se direcionado a apontar a fragilidade do paradigma que orienta a defesa da concorrência e de sua aplicação, poucos comentários abordaram efetivamente como os elementos de sua legitimação têm sido também alvo de constante disputa. Assim, o arranjo institucional que orientou a política concorrencial ao longo das últimas décadas também a isolou da sociedade civil.[44] O seu modelo de administração *tecnocrática*, antes tido como fator excelência de autoridades concorrenciais ao redor do mundo,[45] tornou-se politicamente indesejável e um ponto de fragilidade perante a opinião pública.[46]

É justamente nesse contexto que se desenvolve o objetivo do presente estudo. A proposta de uma análise da política concorrencial a partir de sua configuração tecnocrática permite compreendê-la não apenas em termos de seus horizontes teóricos, mas também por meio de seus fatores institucionais concretos. Esta pesquisa pretende, assim, reconstruir o desenvolvimento do modelo tecnocrático de administração da defesa da concorrência ao longo do século XX, visando aprofundar a interpretação de sua crise, além de imaginar possíveis respostas institucionais aos desafios contemporâneos desse mecanismo regulatório.

Este estudo parte da hipótese de que uma abordagem tecnocrática da política concorrencial, que privilegia sua administração por uma comunidade epistêmica orientada por um léxico técnico específico, direcionado a determinados resultados econômicos pré-definidos, tornou-se um elemento central de sua legitimidade política – mesmo que, por vezes, carecendo de um substrato concreto em relação a esses fatores. Além disso, não apenas esse viés perdurou ao longo do tempo, mas também se acentuou, mesmo diante da sucessão de diferentes paradigmas teóricos na operação de regimes de defesa da concorrência. Como será explorado por este estudo, isso também justifica por que a crise dos contornos atuais da política concorrencial ganha características distintas de outras transformações sofridas por esse mecanismo regulatório durante os anos.

Diante desse quadro, o percurso do presente estudo é dividido em quatro seções, para além desta introdução e de suas notas conclusivas. Na primeira seção será apresentada a chave de leitura proposta à defesa da concorrência, denominada, para o escopo desta pesquisa, como "antipolítica concorrencial", ressaltando o processo de despolitização desse instrumento regulatório. Pretende-se, assim, detalhar como a ideia de tecnocracia pode constituir um instrumento de análise da evolução institucional de mecanismos de governança, além de explorar a manifestação desse fenômeno na regulação da concorrência. Na sequência, enquanto um estudo de caso para a chave de leitura proposta, a segunda seção se destina a compreender os contornos da antipolítica concorrencial no Brasil. Para tanto, busca-se reconstruir as raízes históricas da tecnocratização da política concorrencial no país, bem como suas características mais recentes, sob o regime da Lei nº 8.884/1994 e da Lei nº 12.529/2011. A terceira seção, por sua vez, visa identificar os elementos da crise da antipolítica concorrencial. Nesse sentido, examina-se como a percepção recente de uma dominação econômica pelo *big business*, enquanto vetor das crises democráticas, atuou como catalisador para os desafios enfrentados por uma abordagem tecnocrática da defesa da concorrência. Por fim, a quarta seção discute os possíveis caminhos institucionais para a construção de uma nova agenda à defesa da concorrência, a partir do percurso trilhado nos capítulos anteriores. Reconhecendo um *interregno* da antipolítica concorrencial, explora-se como uma abordagem democrática pode indicar potenciais soluções para superar os pontos de vulnerabilidade inerentes à tecnocracia na regulação da concorrência.

1. TECNOCRACIA E A ANTIPOLÍTICA CONCORRENCIAL

> Competence is the creed of the technocrat who makes sure the gears mesh but doesn't for a second understand the magic of the machine.
>
> George H. W. Bush[47]

> Work it harder, make it better
> Do it faster, makes us stronger
> More than ever, hour after hour
> Work is never over
>
> Daft Punk[48]

Ao esboçar uma abordagem teórica para definir movimentos populistas, especialmente os de extrema direita, Antonio Gramsci introduz o conceito de "cesarismo".[49] Esse fenômeno consistiria no surgimento de soluções "arbitrais", geralmente centradas em personalidades "heroicas", em crises nas quais as forças políticas tradicionais opostas se neutralizariam.[50] Reconhecendo que respostas cesaristas prescindem de orientação política específica (podendo ser tanto progressistas quanto reacionárias) e mesmo de um "César" (em arranjos de compromisso, por exemplo), Gramsci conclui que o cesarismo é mais uma "fórmula polêmico-ideológica" do que um efetivo "cânone de interpretação histórica",[51] embora sua aplicabilidade possa ser expandida diante de elementos concretos.[52] De certa forma, a mesma crítica poderia estender-se à ideia de tecnocracia na descrição de processos históricos, enquanto uma imagem reflexa do populismo. Um modelo de governança erigido em torno de um grupo restrito de tecnocratas, detentores de conhecimento técnico específico, é uma abstração que poderia ser aplicada indiscriminadamente, de maneira pouco útil, a uma ampla diversidade de cenários institucionais.[53] É apenas com maior concretude material e histórica que essa figura pode se apresentar como uma efetiva chave de leitura desses eventos, e não meramente como uma imagem simplesmente retórica, mobilizada por críticos de diferentes orientações políticas contra seus rivais.

A esse objetivo se destina este capítulo, buscando conferir maior materialidade a esse conceito. A proposta de considerar a tecnocracia como elemento balizador desta pesquisa parte de sua especificidade histórica para encontrar sua aplicabilidade teórica. Como será discutido ao longo desta seção, a hegemonia de regimes tecnocráticos na governança econômica não pode ser dissociada do próprio surgimento de uma sociedade industrial e da composição de burocracias estatais em torno de comunidades epistêmicas. A política concorrencial, nesse contexto, representaria uma metonímia de todo esse processo. Para além de simbolizar um dos primeiros mecanismos sobre os quais se desenvolveu o Estado regulador, a história da defesa da concorrência evidencia de maneira peculiar tanto a ascensão quanto a queda da mobilização de estruturas tecnocráticas enquanto aparato de legitimação. Para tanto, este capítulo se dividirá em duas partes.

Primeiro, busca-se discutir como a tecnocracia se converteu em um ideal à regulação enquanto modelo para a formatação do Estado regulador. Por um lado, essa tarefa consiste em realizar um resgate histórico das ideias que fundamentaram esse paradigma em uma sociedade industrial, assim como dos momentos-chave que possibilitaram sua concretização, com um especial foco nos EUA. Por outro, visa-se reconstruir o conceito de "tecnocracia" como um efetivo instrumento de interpretação sociológica, em torno de sua delimitação, características e utilidade analítica. Segundo, pretende-se compreender como uma estrutura tecnocrática de governança gradualmente delineou os contornos da defesa da concorrência. Sob a chave de leitura proposta, essa análise se concentrará no desenvolvimento desse mecanismo regulatório nos EUA, servindo de base para a construção do conceito e características de uma *antipolítica concorrencial*.

A seleção desse enfoque geográfico para análise empreendida justifica-se pelo fato de que o país foi uma das jurisdições pioneiras na implementação de mecanismos administrativos de governança econômica e, mais especificamente, de um regime de defesa da concorrência, tornando-se posteriormente um centro de influência na sua formatação e disseminação global. Com isso, a estruturação de um regime de defesa da concorrência nos EUA se revela uma experiência institucional única do que aqui é designado como uma antipolítica concorrencial. No entanto, duas ressalvas são necessárias. Primeiro, adotar uma abordagem histórica estruturada a partir do caso estadunidense não implica restringir a chave de leitura proposta a esse contexto institucional específico. Ao contrário, ela serve como fundamento para um modelo analítico mais abrangente, passível de complementação e enriquecimento a partir de outras realidades institucionais existentes.[54] Segundo, a busca por uma maior solidez da chave de leitura proposta a partir de sua concretude também não implica que esta seção se destine a uma retomada histórica completa do desenvolvimento do Estado regulador ou da política concorrencial.[55] Antes disso, o escopo deste capítulo é mais restrito: visa explorar a dimensão dessa história que possibilita enxergar a construção do viés tecnocrático sobre esses mecanismos regulatórios.

1.1. Tecnocracia: a proposta de uma chave de leitura

As raízes históricas de um ideal tecnocrático, como um modelo abstrato de governo, dirigido por uma comunidade epistêmica, podem ser bastante remotas.[56] A tecnocracia enquanto chave de leitura concreta das estruturas de governança econômica atuais, no entanto, se localiza mais especificamente a partir do surgimento de um mundo industrial, enquanto força motriz de uma série de transformações institucionais que envolvem a relação entre Estado, sociedade e economia.[57] É precisamente aí que uma linhagem teórica iniciada em Claude-Henri de Rouvroy, o Conde de Saint-Simon, ganha destaque. Ao analisar o desenvolvimento de uma sociedade industrial, Saint-Simon identificaria nos industriais não apenas sua força-motriz, mas também uma classe de governantes qualificada para esse novo mundo.[58] Essa linhagem teórica, vale notar, tanto delinearia uma abordagem científica da experiência social ao considerar o fenômeno humano como um objeto observável, normatizável e, portanto, previsível, quanto apresentaria um projeto para a organização de uma sociedade industrial nascente com base nesses princípios.[59] A isso se seguiriam desenvolvimentos significativos, como a obra de Auguste Comte, discípulo de Saint-Simon,[60] na qual o positivismo seria simultaneamente uma metodologia para a investigação das ciências sociais[61] e uma filosofia política para a organização da sociedade.[62]

Essa linhagem saint-simoniana carecia, contudo, de um contexto material que pudesse concretizar o ideal tecnocrático em uma agenda institucional específica para a ação pública. A transição da segunda metade do século XIX para o início do século XX, mais precisamente nos EUA, forneceria esse chão histórico. Nos anos que se sucederam à Guerra Civil no país, a indústria local experimentaria um ciclo virtuoso de crescimento acelerado, catalisando o desenvolvimento de uma sociedade industrial estadunidense.[63] Mais do que isso, a tecnologia desempenharia um papel central em todo o processo de constituição industrial contemporânea nos EUA.[64] Esse período de florescimento industrial do país, usualmente rotulado como sua *Gilded Age*,[65] seria também palco de ativa mobilização de seus capitães de indústria, os *robber barons*,[66] por meio de diferentes estratégias empresariais e políticas não apenas direcionadas à proteção e à ampliação de seus negócios,[67] mas também a um novo projeto econômico de nação em sentido mais amplo.

Os valores de produtivismo e avanço moral e tecnológico que permeavam a consolidação industrial dos EUA ecoariam sobre a sociedade como um todo. Partindo de uma abordagem naturalista da organização econômica, a concentração seria vista como um símbolo do progresso empresarial.[68] S. C. T. Dodd, representante jurídico da Standard Oil Company, Inc., por exemplo, defenderia que "[p]arar a cooperação de indivíduos e a concentração de capital seria deter as rodas do progresso, interromper a marcha da civilização, decretar a imobilidade da mente e a degradação da humanidade".[69] Essa transformação ideológica também seria marcada pela disseminação de concepções que tomavam a fábrica como um objeto de uma "administração científica".[70] O caso mais emblemático dessa constelação de ideias possivelmente foi o taylorismo,[71] estabelecendo as bases para a burocratização da estrutura de controle e gestão da produção industrial contemporânea, por meio de mecanismos de supervisão e controle social internos à fábrica, com o objetivo de sua maximização produtiva.[72]

O surgimento de uma *Progressive Era* nos EUA, enquanto mobilização política em resposta a esse contexto de consolidação industrial, embora caracterizada por fortes ideais democráticos,[73] não representaria uma ruptura dessa tendência. Pelo contrário, o ideário tecnocrático seria impulsionado e direcionado para o próprio corpo do Estado no início do século XX.[74] O temor da dominação da democracia estadunidense pelo *big business* foi abordado pelos artífices políticos dessa época por meio de estratégias pragmáticas, fundamentadas em ideias de racionalização, planejamento econômico e até mesmo desconfiança em relação aos meios políticos tradicionais enquanto forma de blindagem do propósito público de interesses privados.[75] O conhecimento técnico seria central em uma agenda ainda incipiente de reformas institucionais, orientando a ação pública como um instrumento para a resolução de problemas da sociedade industrial, redesenhando mecanismos de participação – isto é, reduzindo sua intervenção direta em favor de uma comunidade epistêmica de administradores.[76] Alguns dos exemplos mais evidentes desse ideal podem ser encontrados no Presidente Woodrow Wilson, ao propor uma "ciência da administração" para o Estado como o "último fruto do estudo da ciência da política", delineando um conhecimento específico de métodos de gestão e planejamento governamental,[77] e no juiz da Suprema Corte dos EUA Louis D. Brandeis, entusiasta da "administração científica", enquanto metodologia capaz de organizar os "esforços, insumos e capitais" de uma sociedade industrial visando à máxima produção e eficiência.[78]

É, no entanto, em outro dos expoentes da *Progressive Era* que se encontraria o arauto dos principais elementos que viriam a caracterizar o projeto propriamente tecnocrático da governança política e econômica dos EUA ao longo do restante do século XX. Thorstein Veblen,[79] nesse sentido, seria um observador ativo da função da grande companhia no contexto de transformações sociais vivenciadas no país.[80] Crítico das elites empresariais e financeiras, enfatizando seus papéis disfuncionais e sua opulência em uma sociedade industrial contemporânea,[81] ele identificaria nos técnicos uma classe de dirigentes capaz de garantir o alto desempenho industrial em benefício de todos, diante da crescente complexidade tecnológica e produtiva na produção industrial.[82] Veblen, inclusive, proporia a partir dessas premissas a administração de todo o sistema industrial por um soviete de técnicos – isto é, um diretorado central, orientado pela deliberação conjunta de seus integrantes.[83] O ideário tecnocrático de Veblen, adicionalmente, ganharia contornos científicos, calcados no desenvolvimento de uma economia institucional contemporânea.[84] Toda essa formulação vebleniana, longe de ser apenas uma especulação acadêmica, anteciparia as transformações institucionais das décadas seguintes.

O trauma da crise de 1929 catalisaria as premonições de Veblen.[85] A ideia de que uma classe de tecnocratas sob o controle do Estado enquanto única forma de garantir o controle dos processos sociais complexos, especialmente diante dos riscos de seus efeitos adversos, ganhava apelo popular. Uma metonímia dessa transformação foi o surgimento nos anos 1930 de grupos políticos organizados sob o rótulo autoproclamado de "Movimento Tecnocrata". Diretamente influenciado pelas premissas teóricas veblenianas, o grupo fundado por Howard Scott propunha a inadequação das formas de governo baseadas no sistema de preços da economia de mercado, defendendo a transição para uma sociedade administrada por tecnocratas, governantes intelectualmente qualificados para dirigir a produção industrial e seus reflexos sociais em busca da maximização. Embora sua representatividade política, popularidade e duração tenham decrescido substancialmente nas décadas seguintes, essa mobilização não deixa de ser sintomática das transformações na percepção do papel do Estado na administração da economia.[86]

A Grande Depressão, no entanto, também levaria a transformações mais significativas dentro das próprias estruturas do governo, que progressivamente passariam a integrar um *ethos* tecnocrático.[87] A eleição de Franklin D. Roosevelt em 1932 e a implementação do *New Deal* como uma ferramenta de planejamento econômico, nesse sentido, desencadearam uma agenda abrangente de reformas na administração pública.[88] Durante sua presidência, uma transformação gerencial profunda ocorreria com a estruturação gradual da governança dos mercados, baseada no conhecimento técnico econômico, por meio de órgãos administrativos autônomos.[89] A melhor ilustração desse processo foi a regulação financeira, uma resposta direta à crise de 1929, que incluiu a criação da Securities and Exchange Commission (SEC) em 1934, uma autoridade administrativa independente encarregada da organização dos mercados de capitais nos EUA. James M. Landis, arquiteto dessa reforma e um dos principais *new dealers*,[90] advogou ativamente por uma reorganização completa do Estado, especialmente na regulação, promovendo a multiplicação de autoridades administrativas orientadas por uma direção técnica da economia.[91] Landis deslocaria a própria legitimidade da ação estatal em torno do ideal de organização tecnocrática,[92] gradualmente mediado pela teoria econômica, enquanto léxico técnico para a orientação dos aparatos de regulação do Estado.[93] A tecnocracia, assim, inicia seu processo de concretização enquanto *retórica* de legitimação da ação pública.

De maneira mais significativa, as reformas impulsionadas por uma abordagem tecnocrática durante a *Progressive Era* e posteriormente consolidadas pelo *New Deal*[94] estabeleceram os alicerces institucionais do atual Estado regulador,[95] contando também com o sucesso dessas agendas perante a opinião pública. Esse novo modelo de intervenção estatal, dessa forma, seria dirigido por um reduzido grupo de tecnocratas autônomos em busca do aprimoramento do desempenho da ação pública na condução da agenda econômica, guiados pela expertise técnica, especialmente de natureza econômica. As maiores manifestações concretas dessa formatação tecnocrática seriam o crescente emprego de instâncias regulatórias autônomas (comissões, agências regulatórias, conselhos etc.),[96] aliadas à sua orientação por instrumentos de planejamento e consecução de agendas macroeconômicas.[97] De forma mais sutil, no entanto, a própria legitimação da atuação do Estado sobre a economia seria gradualmente reorientada por um ideal tecnocrático – isto é, de sua administração independente acima de debates políticos e ideologias, em uma estrutura marginalista que privilegiasse sua otimização.[98] Reflexo desse redirecionamento ideológico, como indicado por diferentes análises sobre a evolução da sociedade industrial ao longo da primeira metade do século XX, foi o progressivo isolamento da arena econômica e de sua regulação da participação individual, sendo restritas a um modelo de governança direcionado ao progresso e comandado por pequenos grupos de técnicos.[99] O que se observaria nas décadas seguintes seria, acima de tudo, o aprofundamento dessas dinâmicas.

Transformações no próprio paradigma econômico resultariam na gradual restrição de sua comunidade epistêmica – isto é, daqueles autorizados ao emprego do seu léxico. O desenvolvimento da teoria econômica ao longo da segunda metade do século XX, especialmente a partir de pressupostos neoclássicos e neoinstitucionais, confeririam à economia uma apresentação "científica". Assim, a operação dos mecanismos de governança econômica estaria cada vez mais confinada a economistas, de forma que a tomada de decisões coletivas passaria a excluir de sua participação aqueles não versados sob esse paradigma teórico.[100] O vocabulário econômico também se reduziria em torno de sua ortodoxia,[101] negando à heterodoxia qualquer natureza técnica, especialmente na formulação de políticas de governo.[102] Essa abordagem da economia apagaria também seu conteúdo político e suas dimensões não-mercado, enquanto elementos não integrantes de sua formatação científica.[103] Não seria difícil enxergar, dessa forma, como a teoria econômica ganharia uma potência retórica singular em um contexto tecnocrático, motivando a ação pública como uma ferramenta de compreensão e organização do fenômeno social sob premissas científicas. Alguns identificariam nisso o processo de economicização das esferas pública e privada,[104] com a economia cada vez mais identificada como parâmetro técnico central da regulação.[105]

Para além disso, transformações políticas relevantes impulsionariam essa dinâmica. Com o fim das décadas de crescimento acelerado após a Segunda Guerra Mundial,[106] o neoliberalismo surgiria como um movimento político dominante nos EUA, ganhando destaque no debate público nos anos que se seguiram aos choques do petróleo na década de 1970.[107] Enquanto arquitetos desse ideário, os economistas da Escola de Chicago, mais do que meros acadêmicos, constituiriam um grupo vocal de mobilização de reformas estruturais entre Estado, economia e sociedade.[108] Nega-se a natureza coletiva dessas construções sociais em prol de um ideal de individualismo da ação humana, especialmente mediada por mecanismos que mimetizem lógicas de mercado sobre essas instâncias, enquanto forma de alocação ótima de seus agentes individuais.[109] A economicização da experiência humana, dessa forma, também se traduz como premissa para uma agenda política de reorganização dessas instituições enquanto centros de escolha técnica da otimização de interesses.[110] A abordagem tecnocrática na governança econômica encontraria, nesse quadro de desconfiança do Estado e da política,[111] um ambiente propício para sua aceleração.[112]

A partir desse ponto, pode-se identificar o ápice de um ideal tecnocrático para a governança econômica.[113] Por um lado, a pretensão epistemológica sobre o fenômeno social se tornaria completa: não apenas o comportamento humano seria naturalizado, normatizado e simplificado sob um viés econômico, mas também a ação pública pressupõe a viabilidade de sua ordenação de forma absolutamente previsível.[114] Por outro e de maneira correlata, a política, especialmente considerando a participação popular dentro de esferas de decisão do governo, torna-se progressivamente indesejável, sendo rotulada como contraproducente em comparação com metodologias científicas de ordenação social, como o conhecimento econômico. Os mecanismos de regulação da economia buscariam isolá-la da exposição democrática, *despolitizando-a* enquanto um terreno pretensamente imune a interesses e escolhas, na medida em que respaldado pelo conhecimento técnico.[115]

Não surpreende, diante desse quadro, que o início da década de 1990 fosse marcado por comentários que proclamavam o "fim da história", como originalmente cunhado por Francis Fukuyama em 1989.[116] O término da Guerra Fria não representaria apenas a passagem de um período histórico, mas sim o ponto culminante da evolução ideológica da humanidade.[117] Os reflexos institucionais na política seriam especialmente ressaltados pela universalização da democracia liberal ocidental enquanto forma definitiva de governo humano.[118] A globalização, nesse contexto, não apenas representa um movimento de reforma institucional em direção à formação de redes internacionais responsáveis pela formulação e implementação de diversas esferas da governança econômica em escala global,[119] como também pode ser identificada como uma continuação desse processo tecnocrático,[120] retirando dos Estados suas características intrinsecamente políticas, como sua soberania ou ideia de nacionalidade.[121]

A reconstrução histórica do crescente viés tecnocrático na governança econômica ao longo do século XX, com raízes no século XIX, possibilita agora a identificação dos elementos que compõem sua conceituação. A tecnocracia, enquanto chave de leitura, configura-se como um *ideal de governo dirigido por uma comunidade epistêmica detentora de um léxico técnico específico, pretensamente capaz de endereçar os conflitos sociais inerentes a uma sociedade industrial, orientando-a ao seu desenvolvimento.*[122] Essa definição baseia-se nos três elementos que sustentam a legitimidade desse projeto epistêmico de acepção e ordenação da realidade: (i) os tecnocratas; (ii) a técnica; e (iii) o desempenho. Primeiro, os tecnocratas são tomados como agentes moral e habilmente qualificados para assumir instâncias governamentais e legitimados por sua alegada imparcialidade na condução do Estado.[123] Segundo, a técnica é considerada um léxico superior na condução da ação pública, devido à sua alegada neutralidade, capaz de transcender disputas políticas autointeressadas.[124] Terceiro, o desempenho, ou pelo menos a orientação do Estado em sua direção, é elencado como único vetor de referência para a ação pública, eliminando também o espaço político de escolha coletiva em prol de benefícios pretensamente neutros e comuns.[125]

Seria igualmente possível desenhar as características centrais desse modelo político a partir dessa definição.[126] Em primeiro plano, *a tecnocracia surge como um regime de organização industrial do Estado.* Há, dessa forma, a transmissão lógica de uma sociedade industrial para o Estado, por meio de sua governança, visando à construção de uma ordem social fundamentada na produção industrial em sua capacidade máxima, relegando-a a uma mera administração eficiente.[127] Em segundo plano, *a tecnocracia implica a despolitização do fenômeno social e da escolha política.* Nesse contexto, naturalizam-se os vieses ideológicos e a inerente dimensão política da ação pública, tratando-a como um mecanismo *neutro*, por meio da instrumentalização de um conhecimento técnico presumivelmente imparcial, com o objetivo de alcançar um benefício comum igualmente desprovido de interesses.[128] Em terceiro plano, *o progresso torna-se um valor central de um ideal tecnocrático.* Assim, não só a administração pública incorpora pressupostos técnicos, como também se orienta por um paradigma de otimização da sua consecução em torno de objetivos definidos direcionados ao crescimento, desenvolvimento e aprimoramento da sociedade industrial.[129] Duas observações finais sobre os contornos da tecnocracia ainda são necessárias.

Primeiro, a proposta da tecnocracia enquanto chave de leitura para a governança econômica poderia ser questionada, especialmente diante da própria evolução da burocracia estatal. Nesse sentido, a identificação do desenvolvimento de um Estado burocrático orientado pela hierarquia e racionalização dos processos políticos na atividade humana (inclusive às custas da agência política de indivíduos) englobaria uma organização tecnocrática da sociedade industrial.[130] Em parte, a tecnocracia se apoia em estruturas burocráticas racionais e hierárquicas, possibilitando a convergência desses dois conceitos.[131] No entanto, a percepção de uma inclinação tecnocrática na governança econômica possui valor próprio, uma vez que permite tanto qualificar a compreensão da estrutura burocrática nesse contexto quanto identificar aspectos de sua evolução. Assim, racionalização da ação pública na tecnocracia não se dá apenas em aspectos organizacionais, mas se estende aos seus objetivos e ao espaço de atuação dos agentes públicos, orientada por um léxico técnico que direciona o Estado a objetivos definidos.[132] Da mesma forma, tecnocratas, mesmo que não respaldados por elementos de estabilidade burocrática, como cargos fixos, e protegidos contra mudanças políticas, podem encontrar no pertencimento a uma comunidade epistêmica um fator de legitimação e permanência intrínseco.[133]

Segundo, o fenômeno jurídico assumiu características particulares ao longo desse processo. Durante a segunda metade do século XX, o direito, enquanto elemento constitutivo da governança econômica, vivenciou a neutralização em sua dimensão valorativa, transformando-se gradualmente em um simples instrumento de transmissão de objetivos externos à disciplina jurídica.[134] Essa dinâmica tornaria o direito também um consubstanciador dos elementos de legitimidade da abordagem tecnocrática da regulação da economia. Ao internalizar pressupostos técnicos por meio do léxico jurídico,[135] ao estabelecer posições de poder e autoridade resguardadas da participação popular para os tecnocratas,[136] e ao orientar mecanismos de responsabilização da atuação desses agentes a partir desse paradigma,[137] essa reconfiguração jurídica da governança econômica permite que direito crie sólidos alicerces para a cristalização dos elementos tecnocráticos. O fenômeno jurídico, enquanto fator de arquitetura dos mercados, se tornaria, dessa forma, produto desse modelo de regulação tecnocrática, ao mesmo tempo que exerceria uma influência significativa sobre seu processo de legitimação.

1.2. Tecnocracia e defesa da concorrência: a antipolítica concorrencial

O processo de concentração econômica que seguiu a evolução da indústria nos EUA ocorreu às custas de uma ampla gama de atores – o que é evidenciado pelo crescimento acentuado da desigualdade durante a *Gilded Age*.[138] O desenvolvimento de um "Movimento Antitruste", assim, pode ser lido como a reação coletiva desses afetados, reunindo empregados, pequenos produtores, agricultores e intelectuais, nesse cenário de transformações econômicas significativas.[139] Um antecedente importante desse processo foi o *Granger Movement* de 1867,[140] desencadeando uma campanha de agricultores contra os *trusts* ferroviários em resposta ao aumento dos preços do transporte. Esse movimento instigou vários Estados dos EUA a promulgarem leis visando regular as tarifas de transporte no final da década de 1880, tratando-se da primeira resposta institucional ao *big business* no país.[141] Essas mobilizações políticas refratárias à concentração econômica abriram o caminho para a aprovação do Sherman Act em 1890, em um processo permeado pela diversidade de interesses, propósitos e ideologias.[142] Em panorama, o surgimento da legislação concorrencial no país dificilmente poderia ser dissociado do desenvolvimento dos primeiros esforços de organização e planificação de uma sociedade industrial em consolidação.

Ainda que houvesse um quadro político delineado de oposição à concentração econômica nos EUA, a execução da política concorrencial no país durante suas primeiras décadas foi, no entanto, errática. Enquanto cortes hesitavam em aplicar a nova legislação, o próprio governo relutava em apresentar e conduzir investigações dessa natureza.[143] Em uma abordagem essencialmente jurídica do antitruste, baseada em princípios da *common law* inglesa[144] ou na ideia de *rule of reason*,[145] sucessivos debates decorreram da natureza aberta dos dispositivos do Sherman Act, na ausência de um léxico específico de sua aplicação ou de objetivos claros dele decorrentes.[146] Um indicativo desse percurso irregular foi justamente a grande onda de fusões que ocorreu logo após a promulgação do Sherman Act, entre 1894 e 1905.[147]

Uma reorientação da administração da política concorrencial, no entanto, seria iniciada ao longo da presidência de Theodore Roosevelt. Em um contexto de ativismo e reanimação de valores democráticos fortes que marcaram a *Progressive Era* nos EUA, Roosevelt enxergaria no *big business* um dos principais focos de riscos à democracia do país, a partir da concentração de poder político por agentes industriais privados.[148] O papel do Estado, especialmente do Executivo, na governança econômica e política deveria ser fortalecido e racionalizado diante do "caos" gerado por uma sociedade industrial, orientando-se em direção ao interesse público. A necessidade de instrumentos científicos para a administração pública diante da complexidade desse cenário, assim como a utilização de técnicos como seus operadores, começava a se delinear.[149] Essa tendência afetaria de maneira singular a operação da política concorrencial durante a presidência de Roosevelt. Diversos esforços seriam, assim, canalizados na construção de uma resposta efetiva do governo à concentração econômica, como, por exemplo, uma onda de ações de natureza antitruste apresentadas pelo Procurador-Geral Philander C. Knox.[150] Reformas organizacionais também foram implementadas, como a criação em 1903 por Knox de uma divisão antitruste dentro do DOJ, a ser ocupada por um corpo de especialistas responsável pela defesa da concorrência.[151] Todo esse movimento, para além de criar uma tendência mais incisiva da aplicação da tutela concorrencial ao longo dos anos,[152] abriria caminho para que transformações institucionais significativas se materializassem nas décadas seguintes.

A eleição de Woodrow Wilson em 1912 seria um marco nesse sentido. A década de 1910 representaria um momento de direcionamento do ativismo democrático da *Progressive Era* e da opinião pública contra o *big business*.[153] Para além do próprio Wilson,[154] outro dos expoentes dessa agenda, Louis D. Brandeis,[155] tornou-se um bastião da revolta popular contra grandes corporações.[156] Partindo também de premissas de uma abordagem "científica" da administração pública na governança da esfera econômica,[157] esses atores liderariam uma série de reformas significativas na tutela concorrencial enquanto mecanismo de resolução dos conflitos industriais decorrentes da concentração do poder econômico – em paralelo à acentuação da postura agressiva de aplicação da legislação antitruste, iniciada durante a presidência de Roosevelt.[158] Um exemplo evidente dessas mudanças foram as alterações legislativas no regime de defesa da concorrência nos EUA, influenciada diretamente por Wilson e Brandeis, em direção a uma tutela concorrencial mais efetiva.[159] A aprovação do Clayton Act em 1914, nesse contexto, criaria o controle de estruturas em complementação às disposições destinadas à persecução de condutas anticompetitivas sob o Sherman Act, expandindo o espaço de manobra do Estado na definição das opções de organização de agentes empresariais.[160] Adicionalmente, promulgação do FTC Act levou a aplicação da política concorrencial a uma autoridade administrativa independente, o FTC, dotado de poderes específicos para a modulação do regime de defesa da concorrência e respaldada por um corpo técnico de operadores.[161] O pacote legislativo aprovado durante a presidência de Wilson iniciaria o processo de levar a questão da concorrência para "fora da política",[162] em sua transição tecnocrática.[163]

Os impactos da crise de 1929 sobre a governança econômica representariam o aceleramento da tecnocratização da política concorrencial nos EUA. Isso se deve em grande medida à relação (ambivalente) da presidência de Franklin D. Roosevelt com os monopólios e a concentração econômica, no contexto das estratégias para o enfrentamento da Grande Depressão e da diversificação dos instrumentos de governança econômica disponíveis ao Estado.[164] Inicialmente, seu governo ativamente promoveu políticas concentracionistas, que favoreciam a cooperação e combinação industrial como uma tentativa de impulsionar a recuperação econômica, especialmente por meio da criação de uma agência, a National Recovery Administration (NRA), através do National Industrial Recovery Act (NIRA).[165] Após a Suprema Corte dos EUA declarar a inconstitucionalidade do NRA em 1935, Roosevelt redirecionaria drasticamente sua administração da política concorrencial.[166] A nomeação de Thurman Arnold como chefe da Divisão Antitruste do DOJ iniciou uma importante campanha de combate aos *trusts*, com 1.375 denúncias em 213 demandas de natureza concorrencial,[167] além de aumentar o orçamento e o corpo técnico da instituição.[168] Como parte dessa mudança, o Congresso também aprovou o Robinson-Patman Act em 1936, proibindo a discriminação vertical direta e indireta entre compradores dos mesmos produtos ou serviços, em um novo movimento de expansão do escopo de atuação desse mecanismo regulatório.[169]

Essa reorientação a uma agenda mais intervencionista na defesa da concorrência, contudo, apresenta diferenças significativas em relação à abordagem incisiva da *Progressive Era*. Uma delas é o fato de que foi essencialmente impulsionada pela burocracia tecnocrata em si, responsável pela articulação e formulação da agenda econômica do *New Deal*. Embora os rumos da política concorrencial fossem redirecionados para uma postura mais combativa contra a concentração econômica, isso foi feito, em alguma medida, contra a vontade do próprio Roosevelt, que mantinha posições pessoais simpáticas aos de monopólios e conglomerados. Um exemplo dessa dinâmica é o fato de que a nomeação de Arnold para a Divisão Antitruste do DOJ foi liderada por suas conexões com outros burocratas que participavam da administração do *New Deal*, com pouco ou nenhum envolvimento direto de Roosevelt.[170] Além disso, dentro desse contexto, uma sucessão de teorias econômicas passaria a influenciar profundamente a aplicação prática e formatação institucional da defesa da concorrência.[171] A administração da política concorrencial durante a presidência de Roosevelt marcaria o início de uma nova relação com o léxico econômico, integrando-o como um elemento fundamental na sua implementação, ao incluir os consumidores como um centro de interesses protegidos por esse mecanismo regulatório.[172] Em 1955, o próprio DOJ apontaria a necessidade de uma compreensão mais aprofundada dos aspectos estruturais dos mercados e de seus impactos na concorrência, orientada essencialmente por pressupostos da teoria econômica contemporânea.[173] Por fim, o movimento retórico que impulsionou essa abordagem intervencionista passou cada vez mais a ser orientado por um propósito fundamentalmente econômico. Arnold, por exemplo, reconhecia que uma defesa mais incisiva da concorrência também estava alinhada aos objetivos mais amplos da agenda de recuperação econômica de Roosevelt pós-NRA.[174] Assim, as preocupações sociais e políticas em relação à política concorrencial que marcaram os tempos pré-*New Deal* gradualmente desapareceriam após a Segunda Guerra Mundial, à medida que o desenvolvimento teórico e a relevância da teoria econômica prosperavam.[175]

Precisamente esses elementos evidenciariam o acentuamento tecnocrático da política concorrencial em torno de sua economicização, tornando-se mais claros os motivos pelos quais esse processo se intensificaria na segunda metade do século XX. O isolamento dos centros de decisão da defesa da concorrência, sua aplicação cada vez mais orientada por pressupostos e objetivos calcados na teoria econômica abririam caminho para escolas econômicas definissem os seus contornos institucionais e aplicação prática de forma direta. A Escola de Harvard, dentro desse contexto, representaria um dos primeiros movimentos teóricos mais concretos a influenciar a política concorrencial nesse sentido. Partindo de posições econômicas mais "realistas" e pragmáticas sobre a administração da concentração e da concorrência em sociedades industriais, sua abordagem estruturalista ofereceu um arcabouço econômico robusto para orientação da ação da defesa da concorrência nos EUA.[176] O modelo *structure-conduct-performance* (SCP), proposto pela tradição harvardiana, não apenas sintetizaria pressupostos estruturalistas clássicos, mas também se traduziria em um parâmetro consequencialista operacionalizável por autoridades concorrenciais, guiado por objetivos econômicos de eficiência.[177] Sob uma perspectiva institucional, os reflexos dessa virada teórica no sentido de uma abordagem tecnocrática da política concorrencial foram diversos. A administração da defesa da concorrência, por seu turno, manteria seu ritmo de tecnocratização, cada vez mais ocupada por quadros técnicos e com formação econômica, tais como Phillip Areeda[178] e Donald F. Turner.[179] Para além disso, instrumentos infralegais passaram a ser empregados a fim de cristalizar esses pressupostos, ainda que não fossem diretamente previstos por lei, tal como a publicação pelo DOJ das *1968 Merger Guidelines*, enquanto mecanismo de institucionalização do paradigma econômico harvardiano para o controle de estruturas.

É, no entanto, apenas nos anos 1980, com as transformações propagadas pela Escola de Chicago, que o processo de economicização da defesa da concorrência nos EUA encontraria seu ápice.[180] Partindo dos pressupostos da economia neoclássica e seus desenvolvimentos posteriores, como a teoria do preço, esse grupo de economistas assumiria que a concentração de mercado inevitavelmente levaria a eficiências, transferidas para consumidores finais.[181] Assim, o bem-estar do consumidor deveria ser elevado ao posto de único objetivo para a política concorrencial, como paradigma neutro para sua consecução. A revolução chicaguiana também deve ser contextualizada dentro do ambiente político mais amplo que a envolvia – isto é, a ascensão do neoliberalismo nos anos 1980, como discutido acima. Dessa forma, a presidência de Ronald Reagan desempenhou um papel decisivo na implementação dessa agenda em defesa da concorrência, tanto por meio das nomeações de diversos indivíduos associados a essa tradição teórica para cargos de liderança – tais como Robert H. Bork,[182] Frank H. Easterbrook[183] e William Baxter[184] – quanto pelo redirecionamento dos esforços de *enforcement*.[185] Mais do que um suposto brilhantismo econômico, a tradição chicaguiana representaria transformações da estrutura política construída sobre Estado regulador do *New Deal*.[186] Em síntese, não apenas a teoria econômica encontraria um ambiente político propício para se cristalizar como um léxico isento de valores, unicamente técnico, que deveria ser buscado na defesa da concorrência, mas também isso seria desejável na medida em que limitaria o círculo daqueles autorizados a mobilizá-la nesse contexto.

Evidência disso é a própria permanência da tradição chicaguiana enquanto paradigma teórico do antitruste. Algumas críticas aos pressupostos da Escola de Chicago foram elaboradas nos anos 1990 e início dos anos 2000, destacando o simplismo de suas premissas econômicas, ao negligenciar características mais complexas da economia de mercado, como assimetrias de informação e barreiras à entrada, as quais poderiam incentivar comportamentos anticompetitivos. No entanto, essas objeções não representaram uma ruptura efetiva com a agenda da Escola de Chicago, mas ressaltavam a necessidade de seu aprimoramento técnico. Todas essas críticas compartilhavam os mesmos princípios teóricos centrais da tradição chicaguiana clássica, sintetizados pela ideia de bem-estar do consumidor. Não à toa, esse grupo de críticos foi rotulado como Pós-Chicago.[187]

Tamanha a consistência institucional do modelo regulatório criado sob a tradição chicaguiana nos EUA que a necessidade de uma governança econômica da concorrência a nível internacional, como produto da globalização, também se orientaria pelos seus contornos.[188] Assim, ela seria ativamente exportada para outras jurisdições ao redor do mundo. Em países do Sul Global, isso seria especialmente implementado sob a agenda do Consenso de Washington, envolvendo um conjunto de reformas nesse grupo de jurisdições, pautadas pela necessidade de liberalização de seus mercados.[189] A instituição e reforma de regimes de defesa da concorrência nessas economias não apenas seria orientada pelos mesmos paradigmas técnicos a partir dos EUA, mas seguiria outros aspectos da formatação tecnocrática em seus contornos institucionais, como em suas estruturas internas de organização e seus mecanismos de *enforcement*. Esse processo se estenderia também a jurisdições do Norte Global. A Europa, embora possuísse uma tradição jurídica distinta a consubstanciar seu regime de defesa da concorrência, seria um dos exemplos de influência da tradição chicaguiana nesse sentido. Assim, a despeito de sua origem ordoliberal,[190] inclusive exercendo papel determinante na formação de um arcabouço regulatório geral para o mercado comum europeu,[191] a política concorrencial continental seria transformada sob rótulo do *more economic approach*,[192] a partir de um contexto de eleição de vertentes mais conservadora para o comando Comissão Europeia.[193] Comissários como Mario Monti (1999-2004) desempenhariam um papel fundamental nesse sentido, em um processo de convergência mais direto da União Europeia a padrões estadunidenses. Em 2001, Monti inclusive afirmaria que "[a] influência do direito da concorrência estadunidense foi profunda durante os primeiros anos do desenvolvimento da política concorrencial na Europa, persistindo desde então", de maneira a compartilharem os mesmos objetivos "em ambos os lados do Atlântico" – isto é, "garantir a concorrência efetiva entre empresas, por meio de uma política de concorrência fundamentada em princípios econômicos sólidos e que tem a proteção do interesse do consumidor como sua preocupação primária".[194]

Essa, contudo, não seria a única forma que a globalização afetaria a política concorrencial em direção a unificação de um ideal tecnocrático em nível internacional. A defesa da concorrência em dimensão global também se tornaria objeto de instâncias internacionais de governança econômica, como, por exemplo, a OCDE,[195] a United Nations Conference on Trade and Development (UNCTAD)[196] e a ICN.[197] Diante da necessidade de estabelecer "melhores práticas" para consecução da defesa da concorrência em âmbito nacional, considerando sua relevância para uma economia globalizada, esses fóruns desempenhariam um papel fundamental na unificação não apenas do conteúdo material desse mecanismo regulatório, por meio de um léxico econômico técnico compartilhado, mas também da configuração institucional desses regimes, em suas estruturas organizacionais e mecanismos de *enforcement*. Essas redes internacionais, assim, também se tornariam centros de disseminação de um projeto tecnocrático da política concorrencial em economias locais, especialmente aquelas do Sul Global.[198]

É diante desse panorama oferecido por uma chave de leitura da tecnocracia da governança econômica que se identifica o desenvolvimento de uma *antipolítica concorrencial* – isto é, a *formatação tecnocrática na defesa da concorrência, dirigida por uma comunidade epistêmica de operadores a partir de um léxico econômico técnico, pretensamente capaz de endereçar os conflitos sociais decorrentes da concentração do poder econômico em uma sociedade industrial, orientando-a a um determinado conjunto de objetivos econômicos pré-definidos*. A escolha do termo "antipolítica" busca dialogar mais diretamente com uma das características da tecnocracia: a sua despolitização.[199] Ainda que os laços originalmente democráticos desse mecanismo de regulação da concorrência estivessem presentes no momento de discussão das primeiras legislações concorrenciais, a formação de instâncias de operação técnica, apartadas do controle democrático direto liga-se também à estruturação institucional histórica dessa política – a exemplo da formação do FTC, em 1914.

Isso não significa, contudo, que a antipolítica concorrencial não apresente as outras duas características da tecnocracia como discutidas acima. Por um lado, antipolítica concorrencial representa um mecanismo de administração industrial do próprio Estado. Embora as origens da defesa da concorrência nos EUA tenham sido amplamente marcadas por ideais de participação democrática e liberdade industrial, ela se transformaria gradualmente em um mecanismo regulatório operado por instâncias administrativas tecnocráticas, tornando-se uma ferramenta de planejamento e otimização da economia. Por outro, a antipolítica concorrencial também se orienta a partir de um valor de progresso da sociedade industrial. A despeito da retórica de maximização da produção empresarial tornar-se mais clara no contexto de economicização da defesa da concorrência após a Segunda Guerra Mundial, essa característica já estaria presente na *Progressive Era*.[200]

A identificação do desenvolvimento de uma antipolítica concorrencial permite também evidenciar seu tripé de legitimidade - isto é, seus tecnocratas, sua técnica e seu desempenho. Dessa forma, a constituição de uma comunidade epistêmica em torno da antipolítica concorrencial, enquanto os operadores principais, se não únicos, de sua implementação, apresentaria uma evidência da qualificação de suas instâncias de administração. Gradualmente, a participação popular é deslegitimada, enquanto um ponto frágil da defesa da concorrência, passível de instrumentalização por interesses privados. Por seu turno, a estruturação do conhecimento econômico como léxico científico, utilizado para fundamentar as ações dos tecnocratas, também se tornaria sinônimo do rigor técnico da antipolítica concorrencial. Assim, a teoria econômica converte-se em fator de legitimidade da defesa da concorrência - ou seja, como um parâmetro objetivo, imune a ideologias, para a operação ótima nas mãos de seus administradores. Por fim, a orientação da antipolítica concorrencial a partir de resultados econômicos pré-definidos constituiria um mecanismo de revalidação de sua operação. Nesse sentido, o desempenho econômico positivo, estritamente reduzido a termos econômicos, representaria um interesse comum incontestável, blindando a consecução da defesa da concorrência de interesses particulares e das escolhas políticas a eles inerentes.

Em um comentário célebre sobre o declínio do interesse acerca da política concorrencial nos EUA, Richard Hofstadter se indagava sobre o que teria acontecido com esse mecanismo regulatório ao longo das décadas, especialmente considerando o contexto de extrema mobilização política que permeou sua origem.[201] Herbert Hovenkamp não hesitaria em responder a essa indagação: "o antitruste evoluiu", deixando de ser "um tema de bandeiras políticas e retóricas vagas" para se transformar em "uma disciplina séria", ao aplicar "técnicas jurídicas e empíricas defendíveis para questões dentro de sua esfera de competência".[202] Essa resposta talvez seja um dos melhores exemplos da retórica de legitimação que a antipolítica concorrencial ganha enquanto manifestação tecnocrática da defesa da concorrência. Ideias como "evolução", "ciência" e "competência", típicas da tecnocracia, seriam opostas a noções como "atraso", "retórica" e "inaptidão", destinadas a uma descrição negativa da política da regulação.

1.3. Conclusões parciais

Algumas leituras sobre a obra de Max Weber enxergariam nele um "liberal em desespero", enquanto observador de uma sociedade industrial progressivamente dominada por estruturas burocráticas, em prejuízo da liberdade individual.[203] Max Horkheimer e Theodor Adorno também identificariam no decorrer do século XX a construção de um mundo administrado por meio de instâncias de dominação através de diferentes esferas da sociedade, enquanto governantes "se portavam como engenheiros da história".[204] A governança econômica não seria uma exceção desse quadro, assimilando processos técnicos que indicavam a extrema racionalização dos seus meios, mas a igualmente grande ignorância a respeito dos seus fins.[205]

A chave de leitura proposta da tecnocracia é, de alguma forma um instrumento descritivo dessas dinâmicas. A partir dessa dimensão da reconstrução histórica da governança econômica em uma sociedade industrial, foi possível identificar a tecnocracia como um ideal de governo dirigido por uma comunidade epistêmica detentora de um léxico técnico específico, pretensamente capaz de endereçar os conflitos sociais inerentes a uma sociedade industrial, orientando-a ao seu desenvolvimento. Isso também evidenciou seu tripé de legitimidade, baseado nos tecnocratas, na técnica e no desempenho desses mecanismos.

Ao aplicar essa chave de leitura sobre a defesa da concorrência, foi realizado também um resgate de uma dimensão negligenciada desse histórico: o surgimento de uma *antipolítica concorrencial*, representando sua formatação tecnocrática. Nesse contexto, destaca-se o processo de isolamento desse instrumento de governança econômica, que se concentra progressivamente em uma gestão autônoma, restrita a uma pequena comunidade epistêmica orientada por pressupostos e metas econômicas específicas. Mais do que simples contornos institucionais, esses elementos se converteram em seus pilares de legitimação. Como se discutirá mais adiante, essa ferramenta interpretativa, assim, oferece uma outra perspectiva acerca dos fatores de crise da antipolítica concorrencial – isto é, enquanto desafios *inerentes ao próprio modelo tecnocrático da defesa da concorrência*, tema ao qual se dedica a terceira seção desta pesquisa.

2. A ANTIPOLÍTICA CONCORRENCIAL NOS TRÓPICOS: O CASO BRASILEIRO

> Qualquer que seja o julgamento que a História reserve ao Período "Tecnocrático" de Govêrno, é pouco provável que seja acusado de *imobilismo* ou de escravidão ao conforto da rotina. Porque durante êle a sociedade brasileira foi mais que nunca exposta, como diria Lipman, aos "ácidos da modernidade".
>
> ROBERTO DE OLIVEIRA CAMPOS[206]

> Uma peleja nordestina contra o mal contemporâneo.
>
> RAPADURA E BAIANASYSTEM[207]

A mera proposta de uma chave de leitura da tecnocracia para a política concorrencial seria, de certa forma, incompleta sem a apresentação de outros contextos históricos capazes de demonstrar sua aplicabilidade em diferentes estruturas institucionais. A reconstrução do regime de defesa da concorrência no Brasil sob essa abordagem teórica apresenta, assim, algumas vantagens. Por um lado, há mérito na compreensão da diversidade dos instrumentos de governança em economias de mercado, expandindo os horizontes analíticos para além das nações centrais.[208] O caso brasileiro, nesse sentido, possibilita a análise de como, a despeito das peculiaridades de uma tradição jurídica completamente distinta da dos EUA, uma antipolítica concorrencial também pode ser observada. Por outro lado, como será discutido mais adiante, o regime de defesa da concorrência no Brasil, principalmente a partir dos anos 1990, foi intencionalmente reorientado por meio de reformas institucionais concretas em direção a um ideal tecnocrático. Isso também evidencia a singularidade do caso brasileiro, uma vez que esse processo integra um projeto político mais amplo de reestruturação do Estado e de sua interação com a governança econômica, especialmente considerando uma retórica de sua "modernização".[209]

Este capítulo, portanto, destina-se a essa tarefa, dividindo-se em duas partes principais. Inicialmente, à semelhança do que foi realizado com o caso estadunidense, busca-se reconstruir historicamente o desenvolvimento de um viés tecnocrático no regime de defesa da concorrência brasileiro. De maneira análoga ao capítulo anterior, não é objeto desta análise realizar uma retomada histórica completa da evolução da política concorrencial no Brasil.[210] Antes disso, a análise empreendida se dedica a apresentar uma leitura específica desse processo: o desenvolvimento da antipolítica concorrencial no país. Na sequência, busca-se identificar os contornos institucionais concretos dessa abordagem tecnocrática, mais especificamente a partir da série de reformas ocorridas a partir dos anos 1990, sob os regimes da Lei nº 8.884/1994 e da Lei nº 12.529/2011. Dessa forma, pretende-se verificar em que medida os fatores de legitimação da antipolítica se manifestam na prática no Brasil, identificando sua concretude ou não, a despeito de sua força retórica.

2.1. As ideias fora do lugar: tecnocracia e defesa da concorrência no Brasil

A metáfora das *ideias fora do lugar* é frequentemente empregada para descrever a dinâmica assimilação de elementos do imaginário liberal clássico pela realidade brasileira, marcada por características fundacionais como o escravismo e a existência de relações hierárquicas de poder durante o século XIX.[211] Assim, ao ser transplantada para o país, essa constelação de ideias seria permeada por *torções*, gerando uma percepção contínua de seu deslocamento a partir das condições históricas essencialmente distintas daquelas em que essas construções ideológicas hegemônicas foram criadas.[212] De maneira bastante similar, o desenvolvimento de uma sociedade industrial no Brasil ao longo do século XX também pode ser aproximado a essa imagem. As transformações institucionais causadas pela emergência de um movimento de industrialização, marcando as relações entre Estado, sociedade e economia, evidenciariam também as torções de um ideário tecnocrático no país.

A crise de 1929 teve um impacto significativo na economia brasileira, que até então era baseada na exportação de *commodities*, acelerando a erosão dos contornos do sistema político e econômico do país, dirigido essencialmente por elites rurais.[213] Após uma eleição presidencial supostamente fraudada que desequilibrou o poder entre as oligarquias regionais que governavam o Brasil desde o início da Primeira República em 1889, Getúlio Vargas assumiu o governo por meio de um golpe de Estado em 1930.[214] Vargas governou o país por mais de uma década, de 1930 a 1945, inicialmente em um governo de transição (1930-1934), depois como presidente constitucional (1934-1937) e, finalmente, como ditador autoritário com aspirações nazifascistas durante o Estado Novo (1937-1945). A Era Vargas, diante desse panorama, simboliza de maneira bastante singular o ponto de partida desse processo de transformações institucionais concretas na governança econômica, marcando a transição para uma sociedade industrial brasileira em desenvolvimento. Isso não significa que antecedentes ideológicos (como em Alberto Torres e Oliveira Vianna)[215] ou institucionais,[216] indicativos da centralização do poder político por uma comunidade epistêmica, não pudessem ser observados nesse contexto. Antes disso, Vargas, que também tinha sua origem ligada à oligarquia rural, representa tanto o produto dessa construção histórica quanto seu catalisador para as décadas que se seguiram.[217]

A Era Vargas representaria um esforço ativo de criação e modernização das estruturas do Estado brasileiro contemporâneo, enquanto parte central de seu programa de governo. Vargas partiria diretamente de uma assumida influência cientificista e saint-simoniana para defender uma natureza intervencionista e planificadora do Estado em contraposição ao liberalismo clássico.[218] A figura do Estado assumiria progressivamente a responsabilidade e a imagem de um agente ideologicamente neutro, composto por um corpo técnico, direcionando-se ao progresso. Dessa forma, a Era Vargas simbolizaria não apenas a incorporação dos fatores de legitimidade (tecnocratas, técnica e desempenho) na burocracia estatal brasileira, mas também a adoção das características inerentes a um regime tecnocrático – isto é, a administração industrial do Estado, a despolitização e a orientação para o progresso.[219] As sucessivas mudanças de regime constitucional no país durante o período, em 1934 e 1937, especialmente com seções destinadas à ideia de uma "ordem econômica e social", representariam a magnitude da transformação da percepção do papel da intervenção estatal na condução da economia.[220] Contudo, o contexto histórico brasileiro alteraria os contornos tecnocráticos no país, torcendo-os como uma ideia fora do lugar.

A primeira *torção* da tecnocracia, que perduraria ao longo do século XX, refere-se ao papel do Estado brasileiro na economia. Assim, além de representar uma abordagem para organizar uma sociedade industrial nascente, a ação pública se colocava como um ator ativo no processo de industrialização e desenvolvimento no país. Diante de um ideal de progresso,[221] Vargas e seu gabinete de tecnocratas[222] representariam, portanto, uma variante brasileira do *New Deal* na construção de reformas programáticas em resposta à recessão causada pela crise de 1929.[223] Empregando diversos instrumentos não apenas orientados à planificação e à regulação de mercados, mas ao desenvolvimento econômico,[224] estariam lançadas as bases para construção de um Estado desenvolvimentista brasileiro.[225] Exemplo bastante claro dessa característica específica da evolução tecnocrática do país seria a criação de diversas empresas estatais, especialmente na indústria pesada, dirigidas por gestões técnicas da alta burocracia do governo.[226]

A criação do Estado Novo em 1937 aceleraria o projeto tecnocrático da Era Vargas,[227] evidenciando, também, a segunda *torção* desse ideal na administração pública: aqui ela assume uma feição abertamente corporativista e autoritária. A assimilação da tecnocracia na sociedade industrial nascente do país teria suas raízes em uma realidade histórica caracterizada por experiências sucessivas de restrição da participação popular e sua submissão política.[228] É notável observar que o próprio Oliveira Vianna, como ideólogo do Estado Novo, interpretaria Louis D. Brandeis, por meio de uma perspectiva corporativista, caracterizando-o como defensor de um "individualismo grupalista" em oposição aos princípios do *laissez-faire*.[229] A imagem de Vargas e de seu regime se confundiriam com a realização de interesses "universais" da nação brasileira, despolitizando a ação pública sob esse viés.[230] Essa tendência corporativista e autoritária[231] se tornaria particularmente acentuada para a governança econômica, marcando também a segunda metade do século XX.

Evidentemente, o próprio contexto histórico sobre o qual esses esforços de reforma tomariam forma também imporiam os limites de sua extensão. A modernização da estrutura burocrática brasileira comandada por Vargas seria conformada pela permanência de padrões patrimonialistas e clientelistas, especialmente na alocação de postos públicos.[232] A criação do Departamento Administrativo de Serviço Público (DASP), símbolo no período da consolidação tecnocrática no Brasil como uma estrutura de treinamento e de controle da burocracia,[233] representaria um pacto entre uma política de patronagem e os burocratas.[234] Permitia-se, assim, a possibilidade de distribuição de cargos públicos a nível local para acomodação de interesses políticos, em paralelo a esforços de modernização de agendas-chave específicas, como a econômica. Dentro do Ministério da Fazenda, por exemplo, proliferaram-se o número de agências administrativas autônomas, como comissões, superintendências e conselhos, blindando operadores dentro da burocracia estatal sob um viés técnico.[235] Essa estratégia de insulamento representa a origem dos "bolsões de eficiência", cercados por um mar de clientelismo, que seriam especialmente influentes na direção da governança econômica no país após a Era Vargas.[236] O pacto entre políticos e burocratas também indica uma terceira *torção* da tecnocracia do Estado brasileiro: ela seria marcada pela dicotomia de agências-modelo em áreas-chave, diante de um reconhecido "atraso" geral da burocracia. Essa distribuição desigual de corpos técnicos reforçaria uma retórica tecnocrática pelos seus elementos intrínsecos – isto é, ela nasce a partir desse arranjo político e é constantemente referendada pela tensão perene entre clientelismo e insulamento.[237] As imagens de "ilhas de excelência" na administração ou no serviço público seriam figuras recorrentes no debate público para rotular instâncias tecnocráticas de poder como inerentemente positivas e pretensamente blindadas a interesses políticos, em comparação com o restante do Estado.

É justamente nesse contexto mais amplo de centralização burocrática da agenda econômica que devem ser enquadradas as raízes do regime de defesa da concorrência no Brasil. Seu primeiro marco jurídico, o Decreto-Lei nº 869/1938,[238] regulamentaria a previsão constitucional do art. 141 da Constituição de 1937, referente à persecução dos "crimes contra a economia popular".[239] Além de infrações relacionadas à fraude ou corrupção, a definição desses crimes pelo Decreto-Lei nº 869/1938 (art. 2º) incluía práticas anticompetitivas, como atos de manipulação da oferta e demanda, fixação de preços, preços predatórios e acordos de exclusividade, por exemplo.[240] A despeito da existência de poucos casos julgados sob esse instrumento penal de tutela concorrencial, ela não deixa de representar uma proposta incipiente de organização da nascente sociedade industrial brasileira através da tutela concorrencial de agentes econômicos.[241]

Seria, no entanto, com o Decreto-Lei nº 7.666/1945 que esses esforços ganhariam uma natureza mais consistente.[242] Por meio desse instrumento legal, foi estabelecido um arcabouço jurídico que superava uma ideia vaga de "proteção à economia popular", favorecendo uma abordagem mais técnica.[243] Influenciado diretamente pelo regime de defesa da concorrência adotado pelos EUA,[244] o Decreto-Lei nº 7.666/1945 se encarregaria de instituir uma primeira abordagem específica de tutela concorrencial no país, tanto no controle de estruturas quanto na persecução de condutas anticompetitivas. Enquanto produto da ordem econômica da Constituição de 1937, esse marco também assumiria alguns vetores particulares de proteção da economia e interesses nacionais, através da defesa da concorrência.[245] Mais significativamente, foi estruturada uma autoridade concorrencial administrativa independente, a Comissão Administrativa de Defesa Econômica, com competência para investigar e processar infrações concorrenciais em instância administrativa, para além de restringir essas práticas à esfera penal. O Decreto nº 7.666/1945 enfrentou uma forte reação política, principalmente como parte de uma campanha mais ampla contra o Estado Novo, por diversos setores da sociedade brasileira. Assim, após a queda de Vargas, também em 1945, o estatuto foi rapidamente revogado pelo governo transitório.[246]

Pode parecer contraditório que um regime de natureza autoritária, como o Estado Novo de Vargas, tenha servido de pano de fundo para os primeiros passos do desenvolvimento de uma política concorrencial no país, especialmente quando comparado com outras experiências da relação simbiótica entre autoritarismo e concentração econômica.[247] No entanto, o surgimento do regime de defesa da concorrência no Brasil reflete diversas características da virada tecnocrática da Era Vargas sobre a governança econômica, inclusive suas torções. De maneira análoga à *Progressive Era* e ao *New Deal*, ideais políticos fortes coexistiram com instrumentos tecnocráticos de estruturação da ação pública, no insulamento gradual de instâncias de administração do Estado a corpos técnicos autônomos. Algumas das interfaces entre a tecnocracia do governo de Vargas e a tutela concorrencial, nesse sentido, podem ser destacadas.

Primeiro, tanto o Decreto-Lei nº 869/1938 quanto o Decreto-Lei nº 7.666/1945 foram projetos da alta burocracia do Estado Novo, a partir de artífices como Francisco Campos[248] e Agamemnon Magalhães,[249] refletindo também seu caráter autoritário, ao mobilizar a tutela concorrencial, por exemplo, como instrumento de controle da imprensa.[250] Ainda, sob inspiração do regime estadunidense, o Decreto-Lei nº 7.666/1945 já previa um modelo gerencial de defesa da concorrência no esforço de criar sua própria classe de tecnocratas em uma instância administrativa autônoma.[251] Segundo, o surgimento da política concorrencial no país não pode ser dissociado do uso do léxico econômico como um instrumento técnico para sua aplicação. Vieses econômicos desenvolvimentistas de proteção da indústria nacional contra grupos empresariais estrangeiros estavam refletidos no Decreto-Lei nº 7.666/1945.[252] Isso não implica afirmar que esse vocabulário estivesse isento de nuances políticas bastante específicas do período, mas sim que a teoria econômica, enquanto vetor de legitimação da defesa da concorrência, não emergiria apenas nos anos 1990.[253] Terceiro, mesmo que a política concorrencial durante o período apresentasse importantes dimensões não-mercado, ela igualmente estava vinculada a objetivos econômicos claros estritamente relacionados aos efeitos de mercado da concorrência. Dessa forma, preocupações específicas, como abastecimento de bens e serviços essenciais e ondas inflacionárias de preços, encontravam-se presentes desde o Decreto-Lei nº 869/1938.[254]

Os anos que se seguiram à Era Vargas, ao longo da Segunda República, a despeito da reorientação democrática do país, não afetaram de forma substancial a construção tecnocrática da burocracia estatal brasileira. Ao contrário, eles expandiriam seus espaços de influência.[255] Com a Presidência da República se tornando o epicentro da intensa disputa política no período de 1946 a 1964, os tecnocratas, ancorados no aparato estatal estabelecido durante o Estado Novo,[256] ampliariam sua atuação nos "bolsões de eficiência" da pasta econômica.[257] A pauta econômica voltaria ao debate público, em um ambiente politicamente mais aberto. Contudo, o contexto de efervescência e instabilidade políticas do período impôs seu relativo isolamento em círculos de decisão fechados dentro da burocracia estatal. A presidência de Juscelino Kubistchek seria o melhor exemplo desse processo durante a experiência democrática dos anos 1950, aprimorando a tecnocracia federal construída por Vargas. Mais do que isso seu governo ativamente empregaria essa estrutura burocrática, acrescida por uma administração paralela de técnicos,[258] para seu próprio projeto de desenvolvimento, acelerando o programa econômico iniciado por Vargas.[259]

Os esforços para a instauração de um novo regime de defesa da concorrência no Brasil refletiriam esse contexto político. Apesar de o trauma do Estado Novo ter limitado o processo legislativo para uma nova política concorrencial no país, vista como um produto de uma abordagem excessivamente interventiva e autoritária da economia, alguns dos atores-chave da burocracia do regime anterior empenharam-se ativamente para sua efetiva implementação, enquanto elemento central na agenda econômica da Segunda República. Além de desempenhar um papel fundamental na inclusão do art. 148 na Constituição de 1946,[260] conferindo fundamento constitucional para a criação de um regime de defesa da concorrência no país, Agamemnon Magalhães, por exemplo, apresentou posteriormente o Projeto de Lei nº 122/1948 para disciplinar essa matéria em nível infraconstitucional.[261] Esse projeto, embora marcado por divergências entre posições mais liberais e interventivas, não apenas evidenciava que a compreensão do papel da tutela da concorrência era relevante dentro do panorama geral da governança econômica no país, especialmente em um contexto de inclinação desenvolvimentista, como também envolveu debates e atores mais técnicos, particularmente alinhados à teoria econômica.[262] Após mais de uma década de tramitação, a Lei nº 4.137/1962 foi aprovada,[263] culminando na criação do Conselho Administrativo de Defesa Econômica (CADE) e marcando o início da formação de sua classe de burocratas.[264] Esse marco legal, influenciado pelos debates legislativos, adotou um léxico mais técnico, em contraste com o Decreto-Lei nº 7.666/1945 para a defesa da concorrência, eliminando grande parte das tintas ideológicas nacionalistas associadas à Era Vargas, ainda que mantendo sua conotação desenvolvimentista.[265] No entanto, os eventos políticos que se seguiram poucos anos após a promulgação da Lei nº 4.137/1962 seriam determinantes para seus rumos durante o restante do século XX.

A delicada balança política construída ao longo dos anos 1950 seria drasticamente abalada entre 1960 e 1964.[266] Menos de dois anos após a aprovação da Lei nº 4.137/1962, em um cenário de desaceleração e aumento acentuado da inflação, o Presidente João Goulart seria deposto por um golpe civil-miliar que encerraria a experiência democrática da Segunda República no país.[267] Vale ressaltar que diversos agentes da alta burocracia da pasta econômica durante os anos 1950, como Otávio Gouveia de Bulhões[268] e Roberto de Oliveira Campos,[269] seriam assimilados pelo governo de Humberto de Alencar Castelo Branco. No entanto, é com a guinada ainda mais autoritária da Ditadura Civil-Militar brasileira a partir de 1967 que se estabelece um novo equilíbrio entre burocracia e política na organização da governança econômica. O pragmatismo do regime militar, especialmente da corrente "linha-dura", encontraria nos tecnocratas civis uma aliança funcional. De um lado, os militares encontravam nesse corpo técnico e em seu programa econômico de estabilidade e crescimento um fator de legitimação do regime, por meio de seus resultados. Do outro, os tecnocratas identificavam nos militares um fator de estabilização política, a partir do qual conseguiriam executar sua agenda econômica, protegida do debate e da opinião pública. "Cada um precisa[va] do outro".[270]

Dessa forma, a pasta econômica do regime militar no Brasil, continuaria aberta para um grupo politicamente fechado de atores civis, tecnocratas por natureza. Os centros de decisão que integravam os "bolsões de eficiência" encontrariam nos militares uma garantia de autonomia forte, enquanto servissem de instrumentos de legitimidade. Comparado ao período de agitação política anterior, o regime e sua burocracia se economicizava de maneira autoritária.[271] A agenda econômica, voltada para a estabilização e retomada do crescimento, buscava sustentar uma natureza ideológica presumivelmente neutra, apesar do contexto de intensa repressão social e política. Antônio Delfim Netto, Ministro da Fazenda entre 1967 e 1974, afirmaria que "[p]oucas vezes na história deste país houve um governo como este, sem compromissos de qualquer natureza com classes sociais ou grupos econômicos, sem o menor interesse na defesa ou permanência de instituições sociais que entravam a atividade econômica". Para o tecnocrata-modelo da Ditadura Civil-Militar, o "único engajamento" do regime era "com o futuro deste país, com a preparação de estruturas sociais e econômicas que permitam ao Brasil metabolizar as mudanças que inevitavelmente se vão procedendo no mundo a uma velocidade crescente".[272]

Essa experiência autoritária no Brasil torna-se ainda mais peculiar quando se observa a permanência de uma orientação eminentemente heterodoxa da agenda econômica. A despeito de uma abordagem inicialmente "quase-ortodoxa" ter predominado durante o governo de Castelo Branco,[273] a ascensão de militares "linha-dura" ao poder em 1967 traria consigo mudanças drásticas para a pasta econômica, até então comandada por atores como Bulhões e Campos. A transferência da gestão do Ministério da Fazenda para Delfim Netto, durante governos de Costa e Silva (1967-1969) e Emílio Médici (1969-1974), marcou uma reorientação heterodoxa acentuada da agenda econômica do regime.[274] Medidas como o controle de preços[275] e a criação de empresas estatais,[276] implementadas durante a Era Vargas ou a Segunda República, foram amplamente impulsionadas durante a administração de Delfim Netto. Além disso, os incentivos diretos à concentração industrial não se limitavam mais a substituir importações para o mercado interno,[277] como nos períodos anteriores, mas passaram a integrar uma estratégia abrangente de fomento às exportações.[278]

Nesse contexto, nao é surpreendente que a aplicação da tutela concorrencial no país tenha sido notavelmente leniente.[279] A agenda heterodoxa sobre a qual foi aplicada Lei nº 4.137/1962, englobava mecanismos e instituições de períodos políticos anteriores que limitavam consideravelmente o espaço para dinâmicas competitivas entre os agentes econômicos privados.[280] Mais do que isso, as próprias premissas teóricas econômicas entre esses momentos possuíam raízes semelhantes. A economia do desenvolvimento dialogava diretamente tanto com uma orientação mais progressista, dada pela Comissão Econômica para a América Latina e o Caribe (CEPAL)[281] à agenda econômica da Segunda República, quanto com uma abordagem autoritária adotada pela Ditadura Civil-Militar,[282] que partia de premissas concentracionistas. Dentro dessas perspectivas, a condução da industrialização e do crescimento pelo Estado é operada por meio de investimentos concentrados em um pequeno número de empresas com foco na maximização de retornos crescentes de escala.[283] Assim, essas narrativas de *big push* consubstanciariam, direta ou indiretamente, medidas de consolidação industrial em torno em monopólios ou oligopólios.[284]

A recém-criada burocracia do CADE em 1962, diante desse cenário, assumiria uma posição secundária: embora alinhada à agenda econômica do regime militar, não era reconhecida como um de seus núcleos de operação, tampouco como um dos instrumentos centrais empregados para persecução de seus objetivos.[285] Importa notar: a antipolítica concorrencial no Brasil havia sido finalmente efetivamente instituída, mas ela seguiu as torções da tecnocracia brasileira. A limitada importância e até mesmo a desvantagem de um controle concorrencial vigoroso de práticas empresariais coordenadas e de fusões e aquisições em um contexto de favorecimento ativo da concentração econômica, afastaria o CADE dos "bolsões de eficiência" da administração pública. Assim, existia um corpo marginal de burocratas, pouco significativo para os quadros do regime,[286] junto com uma retórica técnica desenvolvimentista que neutralizaria os espaços de atuação da autoridade concorrencial e uma percepção lateral do desempenho do CADE, secundária para a agenda econômica do período. Os tecnocratas da antipolítica concorrencial brasileira, dessa forma, enfrentariam desafios decorrentes de seu nascimento prematuro, em um ambiente mais amplo que não era propício para o desenvolvimento de fatores autônomos de sua legitimação tecnocrática.

Os choques do petróleo durante a década de 1970 encerrariam o período de rápido crescimento da economia brasileira sob o comando de Delfim Netto. O governo de Ernesto Geisel (1974-1979) centralizaria ainda mais a pasta econômica nas mãos dos Ministérios da Fazenda e do Planejamento e Coordenação Geral, ocupados por Mário Henrique Simonsen e João Paulo dos Reis Velloso,[287] respectivamente. O sucesso experimentado nos anos anteriores, no entanto, não se repetiria, enquanto o endividamento público e a inflação começavam a acelerar. O fracasso da agenda econômica do regime na passagem para a década de 1980 fomentou uma reorientação em direção a uma abordagem antiestatista, à medida que a percepção popular sobre o papel do Estado na economia se tornava progressivamente desfavorável. O equilíbrio estabelecido entre tecnocratas civis e militares começava a se desfazer, culminando no processo de "distensão" da Ditadura Civil-Militar na transição gradual para a redemocratização.[288]

Dessa forma, o processo de redemocratização ao longo da segunda metade da década 1980, consagrado pela Constituição da República de 1988, abria caminhos para rupturas e continuidades. Após a gestão tumultuada do controle da inflação pelo Presidente José Sarney, com medidas como o controle de preços,[289] o sentimento antiestatista do final do regime militar intensificou-se sob uma perspectiva neoliberal de reexaminação do papel do Estado na sociedade brasileira, iniciada durante a presidência de Fernando Collor.[290] Essa tendência encontraria, na herança de centros decisórios centralizados e blindados da participação pública, um veículo de consecução de uma agenda de reformas orientadas pelo Consenso de Washington.[291] Após a queda de Collor em 1992,[292] Fernando Henrique Cardoso (FHC) tornou-se o principal arquiteto e executor do projeto econômico neoliberal no Brasil, inicialmente como Ministro da Fazenda durante o governo de Itamar Franco entre 1993 e 1994, e posteriormente como Presidente da República de 1995 a 2002.[293] Paralelamente à ênfase nas políticas de desestatização e liberalização econômica,[294] Luiz Carlos Bresser-Pereira liderou uma série de reformas administrativas para adotar um modelo gerencial de Estado durante seu mandato como Ministro da Administração Federal e Reforma do Estado no governo de FHC entre 1995 e 1998.[295] O diagnóstico de Bresser-Pereira indicava a incompletude das transformações burocráticas no Brasil desde 1930, com características arraigadas de períodos anteriores, como o patrimonialismo. A implementação de uma reforma gerencial visava a orientar a ação pública e sua responsabilização a partir de sua eficiência e seus resultados[296] – especialmente nos "bolsões de eficiência" da pasta econômica de FHC.[297]

Evidentemente, o processo de redemocratização brasileira e a agenda de reforma institucional que o seguiria durante os anos 1990 não significou a manutenção pura do modelo de Estado herdado da Ditadura Civil-Militar. A busca por mecanismos de *accountability* no país seria parte dessas reformas, através da criação canais de participação nas esferas deliberativas do governo.[298] Exemplos disso são a institucionalização de procedimentos de consulta pública e audiência pública dentro de agências reguladoras, incluindo o próprio CADE.[299] No entanto, o que se identifica é que esses mecanismos, a despeito do potencial de abertura democrática dessas instâncias de governança, tiveram efetividade extremamente limitada. Se, por um lado, esses fóruns foram incapazes de engajar a sociedade civil – algo compreensível, dado o legado de décadas de autoritarismo, inclusive na governança econômica –, por outro, a maior participação popular nessas esferas não foi suficiente para influenciar os centros de decisão do governo.[300]

Nesse quadro, o desconhecimento sobre o papel do CADE, dada sua posição secundária nas décadas anteriores não surpreendentemente levou o governo a considerar sua extinção durante as reformas administrativas dos anos 1990.[301] Assim, os esforços de revitalização da defesa da concorrência no Brasil partiriam principalmente das próprias lideranças burocráticas da autoridade concorrencial brasileira.[302] Isso não significa que esse processo ocorreu de forma isolada do contexto do projeto político neoliberal que permeava as reformas no Brasil durante o período. Ao contrário, a construção de um novo regime de defesa da concorrência no país neste momento estava intrinsecamente ligada à ascensão do neoliberalismo como uma força dominante na política brasileira, alinhando-se às suas premissas teóricas e a um novo modelo econômico e social para o Brasil.[303] O protagonismo dos burocratas aqui foi precisamente no convencimento de que a aplicação efetiva de um regime de defesa da concorrência no país encontrava-se de acordo com essa agenda de liberalização de mercados e estabilização econômica, a despeito da apatia política inicial do governo.[304] Mesmo após a aprovação da Lei nº 8.884/1994, a postura do próprio FHC não escondia certo desdém em relação ao CADE ao narrar as nomeações para a autoridade concorrencial brasileira: "[é] difícil porque são 5 mil reais [de remuneração], e tem que ficar tempo integral em Brasília, ninguém quer. Nós só temos gente muito jovem ou desempregados já idosos. É difícil".[305] Esse ambiente inóspito após a aprovação do novo marco legal também foi ressaltado pelo próprio CADE, ao afirmar em 1996 que "[o] Conselho Administrativo de Defesa Econômica dispõe das mais precárias condições operacionais, só tendo conseguido manter uma pauta mínima à custa do esforço pessoal de seus membros".[306]

Em qualquer cenário, esses esforços se provariam bem-sucedidos no longo prazo. Em 11 de junho de 1994, a Lei nº 8.884/1994 seria aprovada estabelecendo um novo marco para a defesa da concorrência no país.[307] Cria-se o Sistema Brasileiro de Defesa da Concorrência (SBDC), composto pelo CADE, pela Secretaria de Direito Econômico (SDE) e pela Secretaria de Acompanhamento Econômico (SEAE). O novo regime da política concorrencial surgiria a partir de uma busca pela convergência da prática concorrencial, influenciado por um viés neoliberal estabelecido pelo Consenso de Washington.[308] As disposições da Lei nº 8.884/1994 se aproximariam em grande medida daquilo que seria considerado o "núcleo duro" da tutela concorrencial em termos de controle de condutas e de estruturas, ainda que algumas reminiscências de períodos anteriores, como a questão de controle de preços, permanecessem em seu texto.[309] Adicionalmente, a política concorrencial adotaria uma abordagem influenciada pela Escola de Chicago, em aspectos tanto organizacionais quanto operacionais. O paradigma econômico no qual a defesa da concorrência seria mobilizada, assim, se aproximaria de um léxico da economia do bem-estar, com foco na proteção do consumidor.[310] Seu escopo e sua aplicação no Brasil seriam gradualmente encarcerados dentro desses limites, inclusive a despeito de seu plano de fundo constitucional mais aberto.[311] O ideal de um CADE "técnico" e "moderno", central para a consecução da agenda econômica do país no século XXI, finalmente surgia.[312] Não por outro motivo alguns comentários descreveriam esse período como a "Revolução Antitruste" no Brasil, em alusão aos impactos da virada chicaguiana nos EUA durante os anos 1980.[313]

A eleição de Luiz Inácio Lula da Silva para a Presidência da República em 2002, pelo Partido dos Trabalhadores (PT), apesar de apresentar diferenças substanciais em relação ao programa dos dois mandatos de FHC, foi fundamentada em sinalizações e ações de continuidade, especialmente na pasta econômica.[314] Antônio Palocci, Ministro da Fazenda de 2003 a 2006,[315] descreveu a transição para o primeiro governo assumidamente progressista no país como sendo conduzida por "uma equipe de bons técnicos, com visão moderna da economia e que quisessem fazer as coisas que o bom senso mandava e fugissem das mágicas e dos projetos mirabolantes", onde "[a]lguns [eram] do PT e outros não".[316] A *Carta ao Povo Brasileiro* tornou-se um símbolo desse compromisso tecnocrático, delineando a "ponte para a nova política econômica" e destacando que as metas herdadas do governo anterior, como a manutenção do equilíbrio fiscal, câmbio flutuante, controle da inflação e cumprimento dos contratos, eram "tão somente compromissos normais de qualquer governo sério que não deseja buscar na aventura fácil do populismo as saídas para enfrentar suas dificuldades de natureza econômica".[317] A designação de Marcos Lisboa para a Secretaria de Política Econômica do Ministério da Fazenda entre 2003 e 2005 ilustra a resiliência dessa continuidade tecnocrática.[318] Sua inicial relutância em aceitar o cargo, ultrapassando uma mera questão "de natureza formal" por não ser filiado ao partido, dada a sua falta de afinidade "com as posições históricas do PT na área econômica",[319] foi atenuada pela garantia de Palocci de que os termos estabelecidos na *Carta ao Povo Brasileiro* eram uma diretriz sólida à qual o Presidente Lula estava disposto a aderir.[320]

O período iniciado com a eleição de Lula também seria marcado por um novo programa de desenvolvimento para o país, centrado em reduzir desequilíbrios externos ao promover exportações e apoiar a produção doméstica de bens de grande escala importados, como eletrônicos e produtos químicos. O retorno a um papel mais ativo do Estado na condução dessas atividades, diferentemente de períodos anteriores, partia de uma "política industrial pragmática", alinhando intervenção estatal à manutenção da concorrência dos mercados, implementada por meio de medidas como o Programa de Aceleração do Crescimento (PAC) e a Política de Desenvolvimento Produtivo (PDP).[321] O período de acelerado crescimento econômico a partir da segunda metade dos anos 2000 e redução da desigualdade no país legitimariam a agenda econômica do novo governo e seus dirigentes. A expressiva aprovação do governo de Lula, que foi reeleito em 2006, contribuiu para a eleição da Presidenta Dilma Rousseff em 2010.[322] Notavelmente, Dilma também foi caracterizada como "uma economista treinada e tecnocrata especializada", enquanto uma "administradora experiente".[323] Sob a presidência de Dilma a pasta econômica acentuaria seu caráter desenvolvimentista sobre o rótulo da "nova matriz econômica", focada na reversão da tendência de desindustrialização brasileira.[324]

É nesse contexto que também podem ser situadas as discussões que envolveram a reforma da Lei nº 8.884/1994, um processo iniciado com o Projeto de Lei nº 3.045/2003 e consolidado por meio do Projeto de Lei nº 3.937/2004. Já se indicavam as dificuldades organizacionais do SBDC, dividido entre SEAE, SDE e CADE, prejudicando sua eficiência.[325] Esses debates legislativos também não podem ser dissociados do fato de que, desde os anos 1990, com a efetiva aplicação da Lei nº 8.884/1994, o regime de defesa da concorrência no Brasil e seus operadores se inseriram em foros de debates internacionais acerca da política concorrencial.[326] No período de 2005 a 2010, a OCDE desempenhou um papel ativo no processo de reforma do regime de defesa da concorrência brasileiro, publicando três relatórios com suas recomendações sobre o tema.[327] Em 2010, o órgão internacional expressou otimismo ao afirmar que "o prognóstico da reforma parece bastante promissor".[328] Além disso, a aprovação do Projeto de Lei nº 3.937/2004 recebeu apoio explícito das presidências de Lula e Dilma, sendo destacada como uma medida do PAC de 2007, visando a criar um "ambiente institucional/legal propício ao funcionamento livre dos mercados e ao estímulo do investimento privado".[329] A reforma do SBDC, para o governo, representaria uma maneira de fortalecer o combate a práticas anticompetitivas e aprimorar o controle de estruturas, especialmente com a introdução de uma análise prévia de concentrações e a implementação de um procedimento simplificado para a avaliação de operações de menor impacto.[330]

Aprovada em 30 de novembro de 2011, a Lei nº 12.529/2011 seria mais um aprimoramento institucional da Lei nº 8.884/1994, em vez de representar uma ruptura com o que havia sido delineado nos anos 1990. Ela se consolidaria como uma evolução centrada em práticas institucionais movidas por comunidades epistêmicas de seus operadores, a nível nacional e internacional.[331] O CADE se tornaria o "Super CADE".[332] As reformas institucionais, iniciadas sob o regime anterior, seriam incrementalmente consolidadas com a Lei nº 12.529/2011, conferindo maior independência à autoridade concorrencial brasileira para definir seu escopo de atuação, seus mecanismos de *enforcement* e os indicadores para avaliação de suas atividades,[333] possibilitando assim a cristalização de sua estrutura tecnocrática. Os anos subsequentes à aprovação da Lei nº 12.529/2011 testemunharam a multiplicação e a expansão de seu centro de influência, juntamente com o fortalecimento de sua autonomia tecnocrática, evidenciada, por exemplo, na proliferação de normas e orientações infralegais, como guias, orientações, portarias e resoluções.[334] Em 2021, mesmo diante de um cenário de intensificação dos debates em torno da agenda da política concorrencial, o Presidente do CADE Alexandre Cordeiro Macedo não hesitaria em afirmar que a autoridade de defesa da concorrência está "muito bem, obrigado".[335]

A antipolítica concorrencial brasileira encontraria, assim, sua consagração, marcada pelas próprias *torções* da tecnocracia. As raízes da autonomia de seus tecnocratas, conquistada nos anos 1990, remetem à hierarquização e ao isolamento da governança econômica da participação popular, desenvolvida em regimes políticos autoritários ao longo do século XX. A transformação, ainda que parcial, de uma ampla gama de instrumentos de intervenção e atuação direta do Estado na economia desacorrentaria a atuação do CADE e de seus operadores em um projeto de reformas econômicas visando à liberalização dos mercados. Os regimes estabelecidos pela Lei nº 8.884/1994 e pela Lei nº 12.529/2011, por fim, consolidariam a posição do CADE ao lado de elites burocráticas prestigiosas da pasta econômica, como o Banco Central do Brasil, deslocando sua atuação para dentro dos "bolsões de eficiência" e afastando-se do mar de patrimonialismo e ineficiência da administração pública. Todo esse processo tornou-se um dos argumentos retóricos fundamentais para a legitimidade e eficiência do CADE.

A conclusão do panorama histórico traçado até o momento dificilmente encontraria uma melhor representação do que um artigo de 2017 do ex-Conselheiro do CADE, Marcos Paulo Veríssimo, no qual proporia "[u]m brinde à tecnocracia". Em um momento de crise econômica e instabilidade política durante o governo de Michel Temer, após o *impeachment* da Presidenta Dilma Rousseff em 31 de agosto 2016, Veríssimo celebraria que "o Cade foi elogiado rasgadamente ao Ministro da Fazenda por uma empresa estrangeira, que o considerou uma das autoridades de defesa da concorrência mais eficientes do mundo" no Fórum Econômico Mundial de Davos, além de receber o "prêmio de agência do ano nas Américas pela Global Competition Review". Qual seria o trunfo da autoridade brasileira concebida originalmente pelo pernambucano Agamemnon Magalhães nos anos 1930 ao chegar no século XXI? "A resposta, simples", segundo Veríssimo, era que "o Cade foi um dos pouquíssimos órgãos do Poder Executivo que conseguiu se manter, ao longo dos últimos vinte e poucos anos, completamente afastado da racionalidade político-partidária que frequentemente marca as coisas do governo", tanto pelo "aparelhamento ideológico" quanto "loteamento de cargos". O "segredo do sucesso do Cade" residiria na tecnocracia: "órgãos técnicos, voltados à aplicação da lei e da regulação estatal, são órgãos de Estado e não do Governo" – isto é, "independentes", "guiados por critérios técnicos, não políticos", "compostos, de cima a baixo, por pessoas que tenham demonstrada excelência técnica e experiência em suas áreas de atuação, e que tenham uma reputação a zelar" e "integrados por pessoas realmente independentes do governo, da política partidária e do mercado".[336]

2.2. Antipolítica concorrencial: retórica e prática no regime das Leis nº 8.884/1994 e nº 12.529/2011

O esforço desta pesquisa em reconstruir a antipolítica concorrencial até agora tem se concentrado em analisá-la enquanto chave de leitura, ou seja, examinar como o tripé de legitimação desse ideal epistêmico de governança foi erigido. Nesta subseção, diante desse contexto, busca-se compreender como esses fatores se manifestam concretamente dentro de uma retórica tecnocrática a orientar a atuação do CADE desde os anos 1990. Dessa forma, procura-se identificar em que medida: (i) os tecnocratas da autoridade concorrencial brasileira são efetivamente agentes dotados de capacitação técnica e, portanto, qualificados para assumir essa instância de governo; e (ii) os indicadores de desempenho do CADE efetivamente refletem os benefícios (neutros e comuns) almejados por sua atividade – isto é, o aumento do bem-estar dos consumidores –, servindo como referência para a ação pública na defesa da concorrência. Assim, após uma breve nota metodológica, este subcapítulo se dividirá no estudo desses fatores de legitimidade da antipolítica concorrencial. Dois comentários, a partir dessa proposta, são necessários.

Primeiro, vale destacar que esta análise não tem a intenção de categorizar o CADE como "bom" ou "ruim", avaliando a qualidade da atuação da autoridade concorrencial com base no nível de qualificação de suas lideranças ou em seus resultados. O objetivo principal é examinar em que medida a retórica tecnocrática que legitima o regime de defesa da concorrência, especialmente no que se refere aos seus tecnocratas e ao seu desempenho, é corroborada na prática. Por exemplo, se for constatada efetiva falta de qualificação técnica em suas lideranças, isso evidencia que a retórica de que o CADE é composto por um corpo qualificado de operadores é uma petição de princípio. Analogamente, se ficar evidenciado que a autoridade concorrencial não dispõe de indicadores que demonstrem a realização dos resultados por ela almejados – ou seja, o aumento do bem-estar dos consumidores –, a afirmação de que a atuação do CADE é positiva se sustenta por si só, independentemente de comprovação efetiva. Esse exercício soma-se à reconstrução institucional da defesa da concorrência no país sob a chave de leitura da tecnocracia. Assim, torna-se possível identificar o grau de concretude de uma retórica tecnocrática, traduzida na imagem recorrente de que a autoridade concorrencial conta com lideranças técnicas e apresenta um desempenho positivo para os consumidores e para o mercado, enquanto elementos de legitimação da ação pública.

Segundo, deve-se responder a possível indagação do porquê esta subseção não investiga também a manipulação da técnica como um dos meios de legitimação da antipolítica concorrencial no Brasil. Por um lado, essa escolha se justifica porque as críticas que buscam evidenciar que a técnica que orienta a atuação do CADE – o paradigma do bem-estar do consumidor, dentro de uma abordagem welfarista de defesa da concorrência – está permeada por ideologias, vieses e inconsistências que se fundamentam mais teórica do que institucionalmente. Dessa forma, as críticas mencionadas na introdução desta pesquisa, em certa medida, abordam essa questões.[337] Por outro, alguns estudos empíricos realizados no país, especialmente no contexto do controle de estruturas, também revelam a fragilidade na aplicação do marco teórico que norteia a defesa da concorrência no Brasil. Nesse sentido, dados indicam que a análise de atos de concentração pelo CADE se baseia essencialmente em uma abordagem estruturalista (além de leniente), fundamentada em premissas harvardianas. A concepção de bem-estar do consumidor, nesse contexto, parece ser mais um elemento de reforço retórico do que uma prática real, especialmente quando se considera que eficiências raramente são analisadas pela autoridade concorrencial brasileira.[338] Adicionalmente, pesquisas também demonstram que fatores não relacionados à técnica - como, mais notadamente, o alinhamento ideológico de autoridades e o quórum da votação - afetaram diretamente a análise de concentrações econômicas pelo CADE.[339]

2.2.1. Algumas considerações metodológicas

A análise proposta, como discutido acima, visa testar duas hipóteses centrais sobre os elementos de legitimação da antipolítica concorrencial. A primeira sugere que *o CADE conta com um corpo de lideranças altamente capacitadas*, enquanto a segunda propõe que *a atuação técnica do CADE é respaldada pela efetiva consecução dos objetivos por ele almejados - ou seja, o aumento do bem-estar dos consumidores*. O recorte temporal para o teste de ambas as hipóteses consiste nos regimes da Lei nº 8.884/1994 e da Lei nº 12.529/2011. Ressalta-se que a escolha desse período se justifica pelo fato de que esses marcos legais situaram o CADE nos "bolsões de eficiência" da administração pública, consolidando seu processo de construção tecnocrática. Isso não significa a pouca importância de estudos aprofundados sobre sua atuação e seus operadores no regime da Lei nº 4.137/1962, mas sim que, durante sua vigência, a autoridade concorrencial brasileira não era percebida como um nicho de peculiar relevância na pasta econômica a ponto de ser revestida por estruturas tecnocráticas fortes.

Quanto à hipótese relacionada aos tecnocratas, foi amplamente discutido acima como a detenção de conhecimento técnico por esses atores os legitima como agentes qualificados para operação da governança econômica. Essa premissa permeou o regime de defesa da concorrência no Brasil desde os anos 1990, inclusive por meio de mecanismos legais para assegurar a qualificação de atores-chave do CADE. Nesse sentido, os indivíduos indicados pela Presidência da República e sabatinados pelo Senado Federal para integrar o Tribunal Administrativo do CADE (Lei nº 8.884/1994 e Lei nº 12.529/2011) e liderar a Superintendência-Geral do CADE (SG/CADE) (Lei nº 12.529/2011) devem possuir "notório saber jurídico ou econômico e reputação ilibada", com mais de 30 anos de idade.[340] É sobre esse corpo de lideranças (Presidentes, Conselheiros e Superintendentes-Gerais), listados no Apêndice I desta pesquisa, que se centra a presente análise.

Vale notar que a escolha de lideranças, em detrimento de integrantes de menor escalão, justifica-se pelo poder decisório desses atores. Além de ser juridicamente exigido que esses agentes possuam determinados níveis de capacitação técnica para o exercício de suas funções, as decisões tomadas pelo escalão inferior do CADE podem ser revertidas por suas lideranças. No Ato de Concentração nº 08700.003662/2018-93, por exemplo, apesar de a Coordenação-Geral de Análise Antitruste 1 da SG/CADE (CGAA1/CADE) ter decidido pela impugnação da concentração junto ao Tribunal Administrativo do CADE,[341] o então Superintendente Geral Alexandre Cordeiro Macedo reverteu essa decisão, optando unilateralmente pela aprovação sem restrições da concentração.[342] Ressalta-se que a mesma dinâmica não ocorre entre a SG/CADE e o Tribunal Administrativo, uma vez que, embora uma decisão da SG/CADE possa ser revertida pelo Tribunal Administrativo do CADE, diversos atos de concentração têm sua decisão final proferida ainda no âmbito dessa primeira instância de análise, sem manifestação da segunda – o que implica uma efetiva capacidade decisória de suas lideranças.

Isso não significa que o estudo dos agentes de escalão inferior dentro do CADE não seja relevante ou não possa fornecer reflexões para a análise de seu viés tecnocrático. Pelo contrário, conforme indicado pela literatura e debates acerca da atuação de burocratas de nível de rua, é fundamental compreender o papel desses agentes dentro da burocracia estatal, especialmente porque implementam diretamente as políticas públicas junto à sociedade civil.[343] O enfoque nas lideranças se justifica, principalmente, pela concentração nesses atores da retórica tecnocrática na legitimação para o CADE. Isso é sublinhado pelo próprio fato de que os indicados a esses cargos e seus currículos passam por aprovação do Senado Federal, ao contrário do que ocorre com burocratas de níveis inferiores dentro da autoridade concorrencial, que são selecionados administrativamente. Assim, esses perfis técnicos devem ser referendados, obtendo, portanto, legitimidade por meio da aprovação de uma instância política.

A partir disso, trata-se de identificar os parâmetros para desenvolver uma metodologia capaz de mensurar o nível de qualificação de uma comunidade de tecnocratas em instâncias da governança econômica. O debate da *policy capacity*, nesse contexto, geralmente divide a análise de competências e recursos em torno de políticas públicas em uma matriz orientada por níveis (individual, organizacional e sistêmico)[344] e natureza das competências que compõe o conjunto de habilidades desejáveis em sua gestão (analíticas, operacionais e políticas).[345-346] Essa taxonomia pode ser estendida para as lideranças do CADE ao analisar os tecnocratas e seu nível técnico, ou seja, sua capacidade analítica individual. Vale destacar que alguns estudos já buscaram desenvolver *scores* para quantificar o nível de capacidade analítica individual de gestores de políticas públicas, baseando-se essencialmente em sua formação acadêmica e experiência profissional.[347] Dessa forma, a presente análise fundamenta-se nessas pesquisas e nos currículos apresentados pelas lideranças do CADE no momento de sua sabatina junto ao Senado Federal para a mensuração de sua qualificação técnica.[348]

Vale ressaltar que uma análise do grau de capacidade analítica individual das lideranças do CADE não implica a desconsideração de outras competências operacionais e políticas relevantes para sua indicação e nomeação, tais como habilidades de gestão, relacionamento público, alinhamento político, entre outras. Pelo contrário, esses fatores de qualificação individual são reconhecidos como fundamentais na consecução de diversas dimensões da política pública, no contexto de um programa de ação governamental. A ênfase no domínio técnico decorre, essencialmente, do fato de que esse elemento constitui um aspecto central de legitimação dos tecnocratas no âmbito da antipolítica concorrencial, conforme descrito anteriormente. Além disso, ao concentrar-se nos currículos apresentados ao Senado Federal, o estudo proposto se estrutura com base em um conjunto de dados objetivos apresentados pelas próprias lideranças, servindo como meio de demonstrar sua qualificação para ocupar os cargos desejados perante uma instância política.[349]

Diante dessas considerações, uma pontuação nos moldes propostos pode se dividir em duas métricas distintas sobre as lideranças do CADE analisadas: (i) sua formação acadêmica; e (ii) sua experiência profissional. Quanto à *análise da formação acadêmica*, o *score* deverá levar em consideração as seguintes variáveis: (i) realização de pós-graduação *lato sensu*; (ii) realização de pós-graduação *stricto sensu* em grau de mestrado; (iii) realização de pós-graduação *stricto sensu* em grau de doutorado. Já quanto à *análise da experiência profissional*, o *score* deverá levar em consideração as seguintes variáveis: (i) experiência profissional prévia no primeiro setor; (ii) experiência profissional prévia no segundo setor; (iii) experiência profissional prévia no terceiro setor; e (iv) experiência profissional prévia na academia. Essas variáveis podem ser ainda categorizadas com base na experiência e no domínio temático específico da política pública em discussão, ou seja, o direito da concorrência, em dimensão jurídica, e a organização industrial, em dimensão econômica. Com o intuito de abranger essas nuances, propõem-se três diferentes cenários de análise. No primeiro, a formação acadêmica e a experiência profissional são consideradas indistintamente. Já no segundo, a qualificação acadêmica e profissional é pontuada apenas quando relacionada a áreas específicas (direito da concorrência e organização industrial) ou correlatas.[350] Por fim, o terceiro cenário leva em consideração apenas a formação acadêmica e a experiência profissional estritamente relativas às matérias específicas (direito da concorrência e organização industrial).

A partir disso, as Tabelas 1 a 3 abaixo sistematizam os diferentes cenários de *score* de lideranças do CADE.

Tabela 1. Cenário 1 de *score* de capacitação individual de lideranças do CADE[351]

Pontuação acadêmica†	**Pontuação profissional††**					**Pontuação média**
	Pontuação profissional	Primeiro setor	Segundo setor	Terceiro setor	Academia	
0-6	0-6	Quantidade de anos	Quantidade de anos	Quantidade de anos	Quantidade de anos	0-6

† Escala acadêmica: 2 = "pós-graduação *lato sensu* completa"; 4 = "mestrado completo"; e 6 = "doutorado completo".

†† Escala profissional: 1 = "menos de 1 ano"; 2 = "1 a 5 anos"; 3 = "6 a 10 anos"; 4 = "11 a 15 anos"; 5 = "16 a 20 anos"; e 6 = "mais de 20 anos".

Tabela 2. Cenário 2 de *score* de capacitação individual de lideranças do CADE, com base no domínio de matérias específicas e correlatas

Pontuação acadêmica†	**Pontuação profissional††**					**Pontuação média**
	Pontuação profissional	Primeiro setor	Segundo setor	Terceiro setor	Academia	
0-6	0-6	Quantidade de anos	Quantidade de anos	Quantidade de anos	Quantidade de anos	**0-6**

† Escala acadêmica: 2 = "pós-graduação *lato sensu* completa"; 4 = "mestrado completo"; e 6 = "doutorado completo".

†† Escala profissional: 1 = "menos de 1 ano"; 2 = "1 a 5 anos"; 3 = "6 a 10 anos"; 4 = "11 a 15 anos"; 5 = "16 a 20 anos"; e 6 = "mais de 20 anos".

Tabela 3. Cenário 3 de *score* de capacitação individual de lideranças do CADE, com base no domínio de matérias específicas

Pontuação acadêmica†	**Pontuação profissional††**					**Pontuação média**
	Pontuação profissional	Primeiro setor	Segundo setor	Terceiro setor	Academia	
0-6	0-6	Quantidade de anos	Quantidade de anos	Quantidade de anos	Quantidade de anos	0-6

† Escala acadêmica: 2 = "pós-graduação *lato sensu* completa"; 4 = "mestrado completo"; e 6 = "doutorado completo".

†† Escala profissional: 1 = "menos de 1 ano"; 2 = "1 a 5 anos"; 3 = "6 a 10 anos"; 4 = "11 a 15 anos"; 5 = "16 a 20 anos"; e 6 = "mais de 20 anos".

A partir das matrizes acima, alguns comentários adicionais são necessários. Quanto à métrica acadêmica, a pontuação progride conforme a evolução da titulação da liderança, evitando distorções no score proposto ao atribuir pontos individualmente – de modo que, por exemplo, um mestrado completo não tenha uma nota igual a um doutorado direto completo. Já no que tange à métrica profissional, há também um escalonamento de anos de experiência, dado que uma comparação entre a hierarquia de cargos ocupados nos distintos setores é imperfeita. Além disso, ainda que as pessoas pudessem exercer funções profissionais concomitantes – por exemplo, na academia e no segundo setor simultaneamente – os anos em que essa sobreposição for identificada serão contabilizados apenas uma vez, dado que seria objetivamente impossível o exercício de uma carga horária de trabalho completa em ambas as funções ao mesmo tempo.

Partindo do exemplo do ex-Conselheiro Marcos Paulo Veríssimo, no Cenário 1, ao momento de sua indicação ao CADE, ele já detinha título de doutor (nota acadêmica 6) e 12 anos de experiência profissional (nota profissional 4) – o que implicaria uma pontuação média 5. Já com base no Cenário 2, considerando que apenas seu mestrado seria de matéria correlata (regulação, sob o título *Aproximação sistemática ao controle judicial das agências de regulação econômica no Brasil*, 2002),[352] sua nota acadêmica seria 4. Com experiência profissional total de 12 anos, apenas 1 ano foi dedicado à atividade de docência de curso de pós-graduação de Direito Econômico Concorrencial oferecido ao CADE (2007 a 2008), além de outros 4 anos dedicados a experiências em campos de matérias correlatas, obtendo nota profissional 2 – isto é, alcançando o segundo estágio da escala (1 a 5 anos). Dessa forma, sua nota final seria de 3. Por fim, com base nas informações acima, sob o Cenário 3, sua pontuação acadêmica seria 0, dado que nem seu grau de mestrado, nem seu grau de doutorado, se relacionavam às matérias específicas da política de defesa da concorrência. Sua nota profissional nesse cenário, por seu turno, seria 2, em razão do ano de experiência enquanto docente no referido curso de pós-graduação, resultando em uma pontuação final 1. Em panorama, a média entre os três cenários do *score* técnico ex-Conselheiro Marcos Paulo Veríssimo resultaria em uma pontuação 3.

Quanto à hipótese relacionada ao desempenho, também foi extensivamente abordado como a ideia da produção de resultados almejados pela ação pública, orientada por uma técnica, progressivamente se incorporou na governança econômica. Essa premissa também influenciou a política concorrencial brasileira desde os anos 1990, especialmente através da crescente importância dada à análise de resultados para os consumidores, sob a influência do paradigma chicaguiano.[353] Um exemplo dessa tendência de centralização de efeitos são as previsões que relacionam a análise de condutas anticompetitivas e de concentrações econômicas a esse tipo de resultado nos regimes da Lei nº 8.884/1994 e da Lei nº 12.529/2011.[354] Dessa forma, a presente análise se concentra sobre a existência ou não de métricas a legitimar o desempenho do CADE, baseadas na verificação ou não desse tipo de efeito.

A partir disso, a avaliação do desempenho de políticas públicas implica a escolha de quais fatores serão analisados e como mensurá-los.[355] Nesse contexto, a literatura sobre o tema buscou distinguir os fatores específicos que compõem a performance na operação de uma política pública, desenvolvendo indicadores capazes de avaliá-los em: (i) *inputs*, isto é, recursos aplicados em atividades; (ii) *atividades*, ou seja, intervenções concretas destinadas na condução da política pública; (iii) *outputs*, enquanto os efeitos diretos decorrentes das atividades; (iv) *outcomes*, representando os efeitos intermediários decorrentes das atividades; e (v) *resultados*, consistindo nos efeitos e mudanças de longo prazo decorrentes das atividades.[356] Essas diferentes etapas do funcionamento de políticas públicas em torno do seu desempenho também podem ser estendidas à operação do CADE. Os *inputs* referem-se aos recursos financeiros, materiais e humanos a equipar a condução da política concorrencial no Brasil. Por seu turno, as atividades consistem nas ações de controle de condutas e estruturas, destinadas à transformação de *inputs* em *outputs*. Os *outputs* representam os produtos diretos da intervenção operada pelo CADE – tais como multas aplicadas, a intervenção ou não em concentrações econômicas, entre outras. Em seguida, os *outcomes* constituem os efeitos intermediários sobre ações específicas da autoridade concorrencial brasileira – por exemplo, efeitos positivos sobre consumidores (menores preços, mais opções, maior inovação ou qualidade) em um determinado mercado afetado por um ato de concentração analisado pela agência. Os resultados, por fim, traduzem-se no impacto mais amplo da defesa da concorrência conduzida pelo CADE – isto é, o aumento geral do bem-estar de consumidores –, como um mecanismo de legitimação pelo seu desempenho.

Diante desse quadro a metodologia proposta consiste, por um lado, na análise de documentos internos de gestão do CADE para verificar como a autoridade concorrencial avalia seu impacto a partir de sua atividade, ou seja, por meio de eventuais indicadores de *inputs*, atividades, *outputs*, *outcomes* e resultados. Especificamente, esses documentos incluem os relatórios de gestão do CADE entre 1994 e 2022, que apresentam dados e métricas utilizados para mensurar seu desempenho ao longo do período analisado, além de outros estudos produzidos pela autoridade concorrencial, destinados à estimação e avaliação dos benefícios esperados de sua atuação. Por outro lado, também analisam-se prêmios, *rankings* e competições nos quais o CADE participou ao longo dos anos, pois a autoridade divulga tais premiações como forma de respaldar e referendar a qualidade técnica de sua atuação[357] – especialmente aquelas conferidas pela Global Competition Review (GCR).[358] Assim, busca-se investigar como tais esses indicadores em documentos e premiações, listados nos Apêndices II e III, se inserem dentro da legitimação tecnocrática da antipolítica concorrencial brasileira, especialmente por meio de seu vetor de desempenho.

2.2.2. A capacitação técnica das lideranças do CADE

Com base nas premissas metodológicas e da matriz de *score* proposta, foi possível obter as pontuações das 91 lideranças do CADE dentro do recorte temporal adotado, conforme os cenários descritos na subseção anterior. Além de serem apresentadas de forma agregada entre o período da Lei nº 8.884/1994 e o da Lei nº 12.529/2001, as pontuações do CADE foram detalhadas ano a ano,[359] levando em consideração a participação de suas lideranças em sessões de julgamento e de outros registros da autoridade concorrencial brasileira.[360] Os dados resultantes foram organizados nos Gráficos de 1 a 10 abaixo:

Gráfico 1. Pontuação de lideranças do CADE: Cenário 1

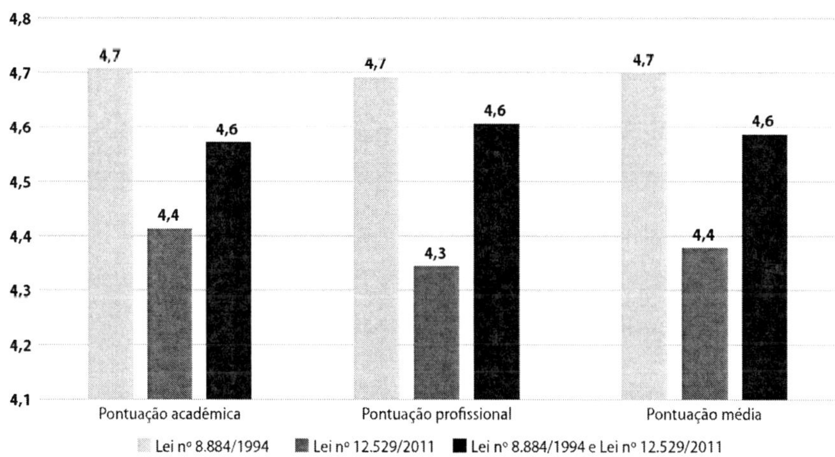

Fonte: elaboração própria a partir de informações do CADE e do Senado Federal.

Gráfico 2. Pontuação de lideranças do CADE: Cenário 2

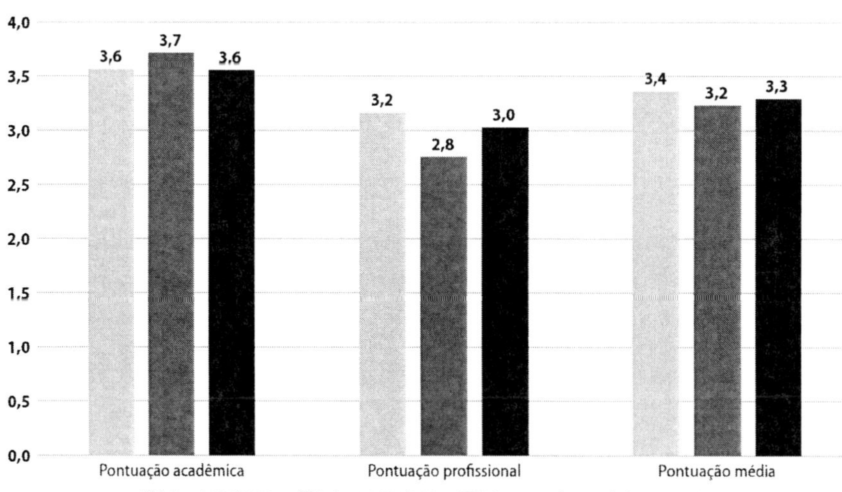

Fonte: elaboração própria a partir de informações do CADE e do Senado Federal.

Gráfico 3. Pontuação de lideranças do CADE: Cenário 3

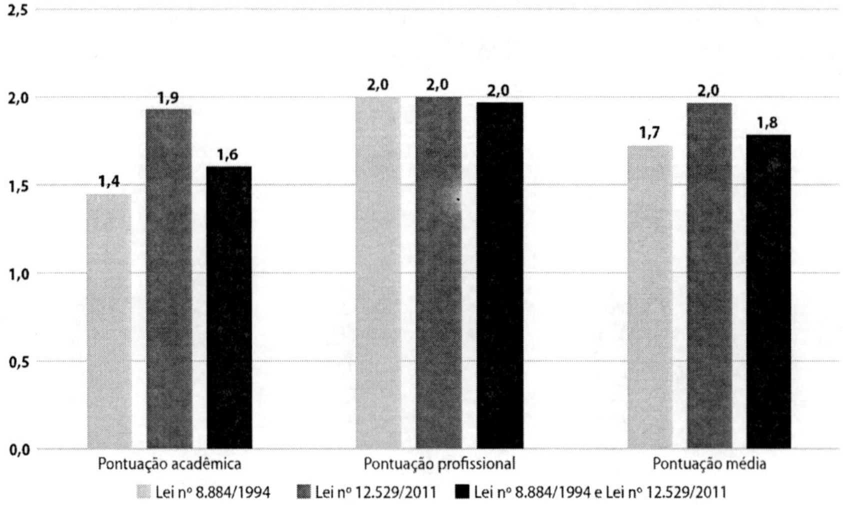

Fonte: elaboração própria a partir de informações do CADE e do Senado Federal.

Gráfico 4. Pontuação de lideranças do CADE: média entre os Cenários 1 a 3

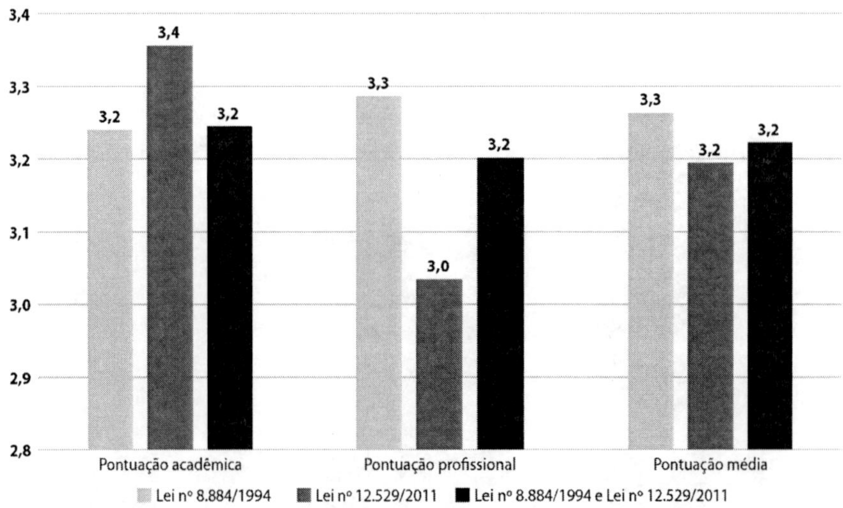

Fonte: elaboração própria a partir de informações do CADE e do Senado Federal.

Gráfico 5. Pontuação de lideranças do CADE: comparativo da pontuação média

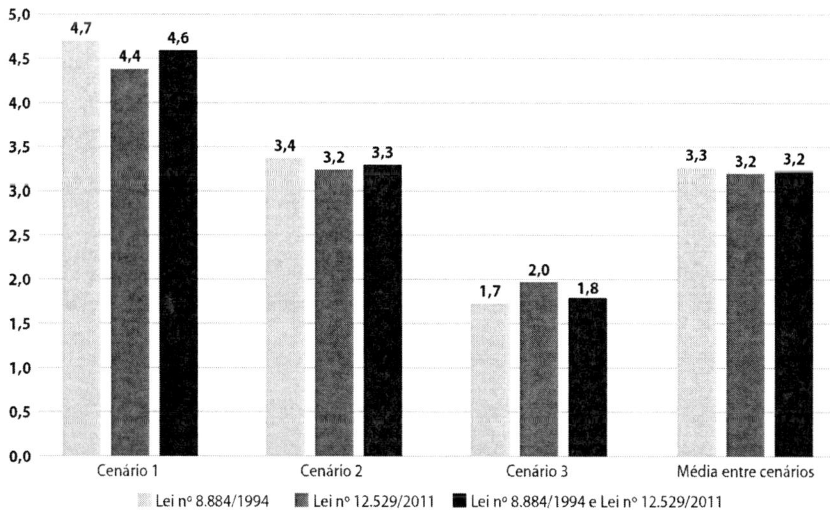

Fonte: elaboração própria a partir de informações do CADE e do Senado Federal.

Gráfico 6. Pontuação de lideranças do CADE: Cenário 1, ano a ano

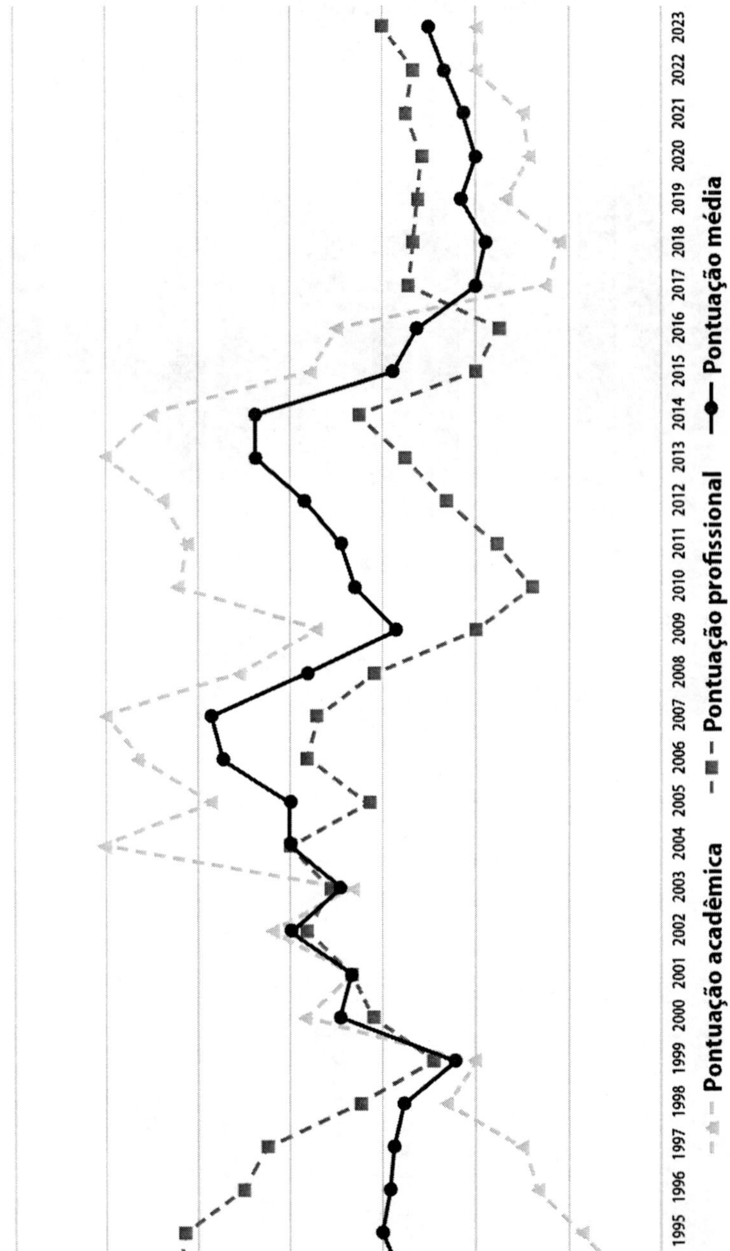

Fonte: elaboração própria a partir de informações do CADE e do Senado Federal.

Gráfico 7. Pontuação de lideranças do CADE: Cenário 2, ano a ano

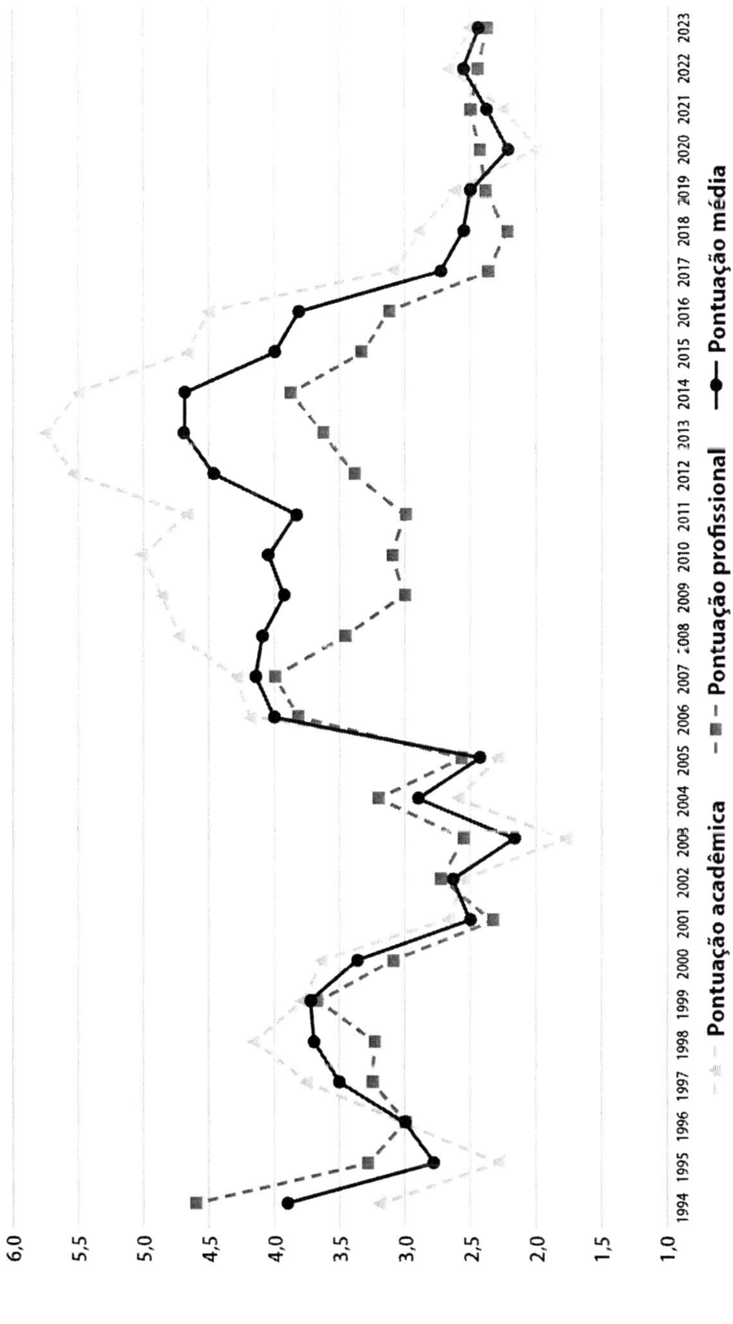

Fonte: elaboração própria a partir de informações do CADE e do Senado Federal.

Gráfico 8. Pontuação de lideranças do CADE: Cenário 3, ano a ano

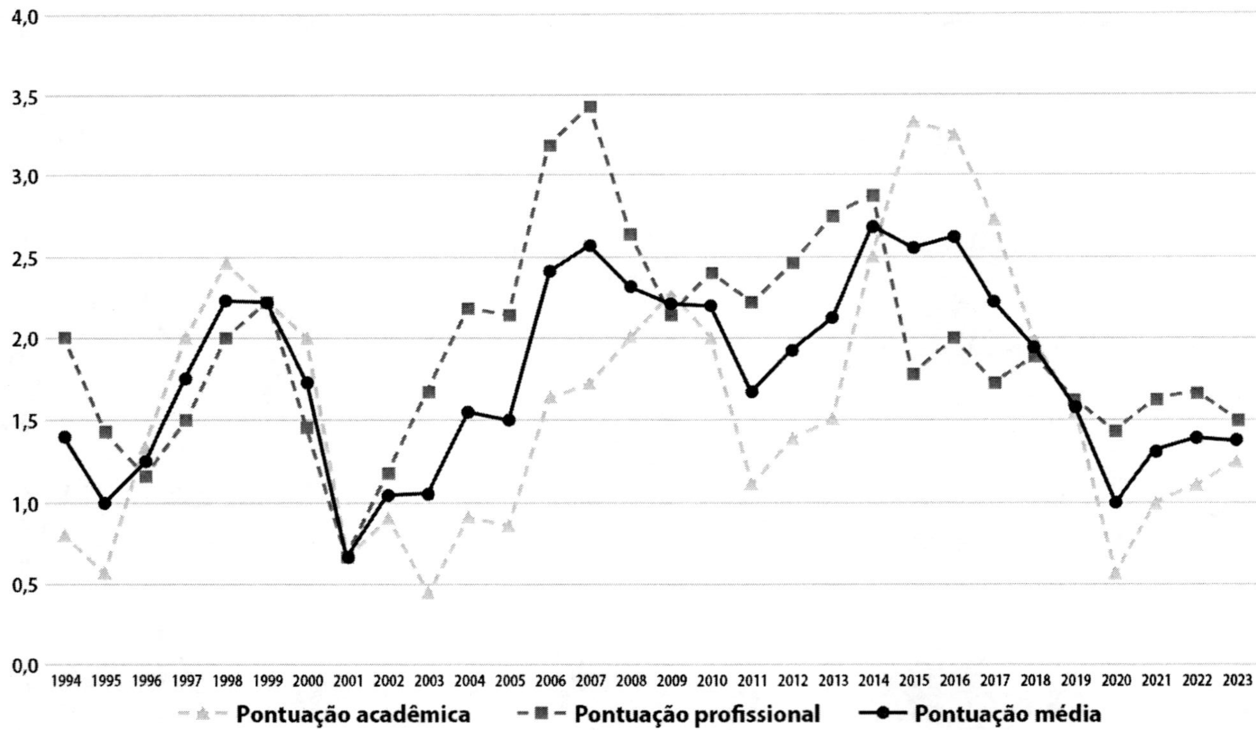

Fonte: elaboração própria a partir de informações do CADE e do Senado Federal.

Gráfico 9. Pontuação de lideranças do CADE: média entre os Cenários 1 a 3

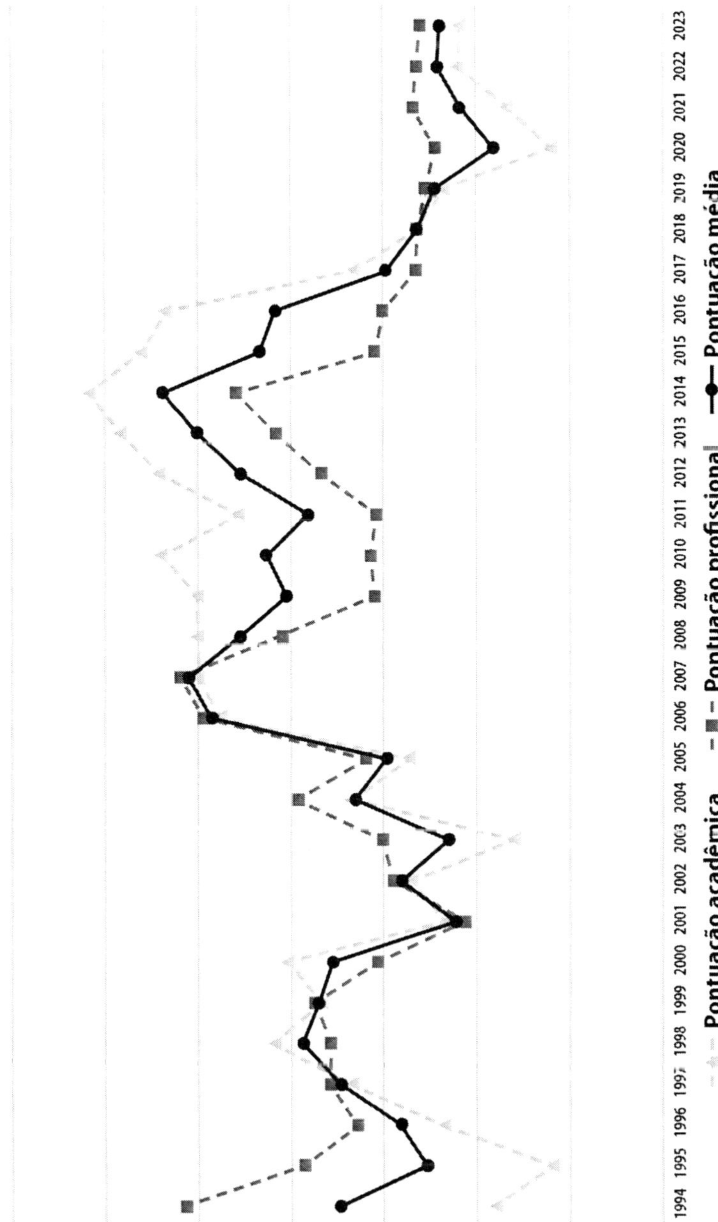

Fonte: elaboração própria a partir de informações do CADE e do Senado Federal.

Gráfico 10. Pontuação de lideranças do CADE: comparativo da pontuação média

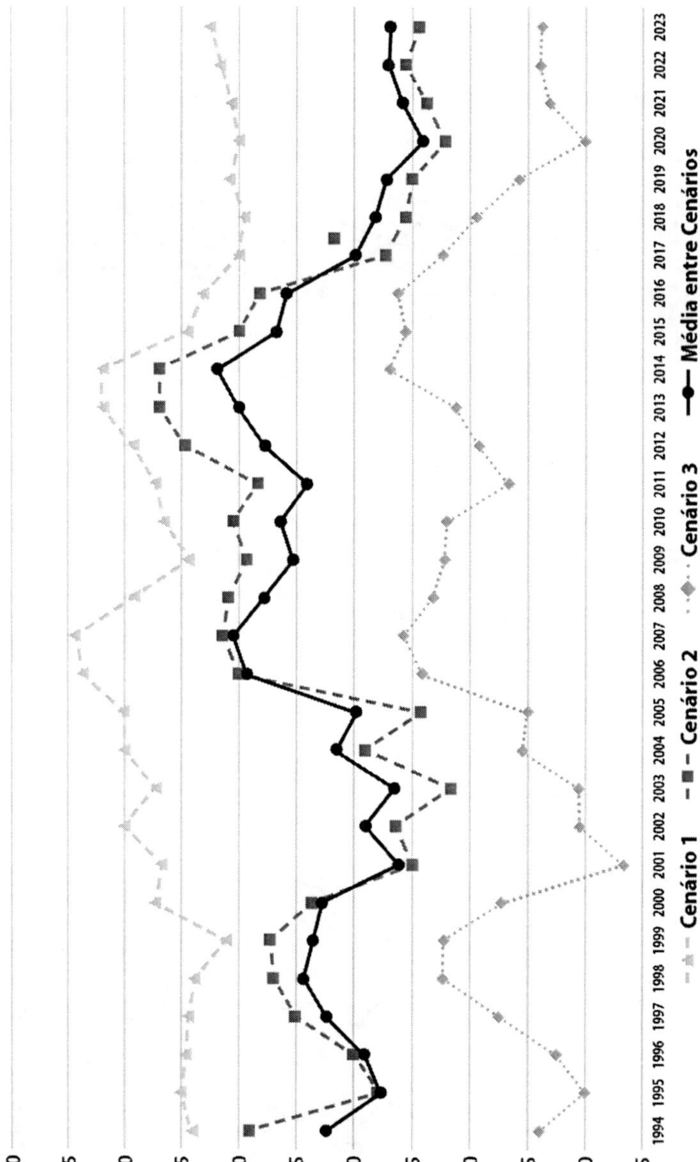

Fonte: elaboração própria a partir de informações do CADE e do Senado Federal.

Na análise global, os dados apresentados revelam informações significativas sobre o efetivo nível de qualificação técnica individual das lideranças do CADE. De início, ao considerarmos o Cenário 3 durante todo o período examinado, a pontuação não ultrapassou 2 pontos na métrica de conhecimento técnico exclusivamente em matéria de defesa da concorrência, em termos de tanto titulação acadêmica quanto experiência profissional – o que revela uma nota significativamente baixa da autoridade concorrencial. O Cenário 2, que amplia o escopo de pertinência temática para matérias correlatas, melhorou esse quadro, com as lideranças do CADE obtendo uma pontuação média de 3,6 em termos acadêmicos e 3 em termos profissionais, embora esses números se mantenham medianos dentro do *score* proposto. Por fim, considerando apenas o cenário em que não há relevância do domínio temático da matéria concorrencial, o Cenário 1, registram-se notas mais elevadas – 4,6 para a pontuação acadêmica e 4,3 para a profissional. Na média entre os cenários, a pontuação média das lideranças do CADE no período foi de 3,2, indicando um perfil técnico bastante mediano, em uma escala que varia de 0 a 6.

Recortes adicionais permitem trazer considerações mais detalhadas sobre esse ponto. Ao analisar o Cenário 2, observa-se que 10 lideranças (11,0% do total) não possuíam qualquer titulação acadêmica ou experiência profissional prévia em matérias específicas ou correlatas à defesa da concorrência, no período entre a Lei nº 8.884/1994 e a Lei nº 12.529/2011. Além disso, também no Cenário 2, 27 lideranças (29,7% do total) obtiveram uma pontuação média igual ou inferior a 2, e 42 lideranças (46,2% do total) tiveram uma pontuação média igual ou inferior a 3. No que diz respeito ao Cenário 3, os números acentuam essa tendência, com 21 lideranças (23,1% do total) sem qualquer titulação acadêmica ou experiência profissional especificamente relacionada à defesa da concorrência. No mesmo cenário, 59 lideranças (64,8% do total) alcançaram uma pontuação média igual ou inferior a 2, e 73 lideranças (80,2% do total) tiveram uma pontuação média igual ou inferior a 3. Tais dados indicam que uma parcela não irrelevante dos integrantes do CADE teve com sua nomeação a cargos de liderança da agência sua *primeira experiência em matéria de defesa da concorrência.*

Ainda dentro desse contexto, é importante destacar a instabilidade da qualificação técnica das lideranças em relação aos seus pares. Assim, é bastante usual que uma composição do CADE possua perfis bastante díspares em termos de sua capacitação tanto profissional quanto acadêmica. As medianas,[361] desvios-padrão[362] e desvios-padrão relativos[363] evidenciam uma dispersão bastante significativa do nível de capacitação individual das lideranças da autoridade concorrencial brasileira. Chama a atenção aqui que quanto maior a pertinência temática da matéria de defesa da concorrência para a construção do cenário analisado, mais essas discrepâncias se ampliam – o que se evidencia de maneira mais clara pela oscilação do desvio-padrão relativo dos dados obtidos entre o Cenário 1 (de 22,7% a 41,4%), o Cenário 2 (55,7% a72,4%) e o Cenário 3 (de 88,9% a 146,6%). A Tabela 4 abaixo sintetiza esses dados em cada um dos cenários analisados:

Tabela 4. Mediana, desvio-padrão e desvio-padrão relativo da pontuação de lideranças do CADE

Cenário 1	Vigência da Lei nº 8.884/1994			Vigência da Lei nº 12.529/2011 até 2023			Todo período analisado		
	Mediana	Desvio-padrão	Desvio-padrão relativo	Mediana	Desvio-padrão	Desvio-padrão relativo	Mediana	Desvio-padrão	Desvio-padrão relativo
Pontuação acadêmica	6,0	1,9	40,0%	4,0	1,9	42,6%	6,0	1,9	41,4%
Pontuação profissional	5,0	1,2	26,1%	4,0	0,9	21,6%	5,0	1,2	25,1%
Pontuação média	5,0	1,1	22,9%	4,5	0,9	20,6%	4,5	1,0	22,7%
Cenário 2	**Vigência da Lei nº 8.884/1994**			**Vigência da Lei nº 12.529/2011 até 2023**			**Todo período analisado**		
	Mediana	**Desvio-padrão**	**Desvio-padrão relativo**	**Mediana**	**Desvio-padrão**	**Desvio-padrão relativo**	**Mediana**	**Desvio-padrão**	**Desvio-padrão relativo**
Pontuação acadêmica	4,0	2,6	73,8%	4,0	2,4	65,3%	4,0	2,6	72,4%
Pontuação profissional	4,0	1,8	57,7%	3,0	1,6	57,9%	3,0	1,8	59,1%
Pontuação média	4,0	1,8	54,3%	3,5	1,8	56,9%	3,5	1,8	55,7%

Cenário 3	Vigência da Lei nº 8.884/1994			Vigência da Lei nº 12.529/2011 até 2023			Todo período analisado		
	Mediana	Desvio-padrão	Desvio-padrão relativo	Mediana	Desvio-padrão	Desvio-padrão relativo	Mediana	Desvio-padrão	Desvio-padrão relativo
Pontuação acadêmica	0,0	2,3	161,3%	0,0	2,4	122,2%	0,0	2,4	146,6%
Pontuação profissional	2,0	1,6	80,0%	2,0	1,6	77,9%	2,0	1,6	80,0%
Pontuação média	1,0	1,6	95,1%	2,0	1,5	75,7%	1,0	1,6	88,9%

Fonte: elaboração própria a partir de informações do CADE e do Senado Federal.

A evidência obtida contradiz a retórica de "órgão técnico" que repetidamente permeia a atuação do CADE. O ex-Conselheiro Marcos Paulo Veríssimo, por exemplo, destacou em 2017 que a "ilha de excelência" da autoridade concorrencial brasileira era composta por profissionais altamente qualificados, indicando que "90% possuíam títulos de mestres e doutores" e "70% eram professores de direito ou economia em importantes universidades".[364] Em panorama, entre a Lei nº 8.884/1994 e a Lei nº 12.529/2011, o perfil médio do tecnocrata do CADE destoa daquele apontado pelo ex-Conselheiro. No Cenário 1, identifica-se uma liderança com mestrado completo e 11 a 15 anos de experiência profissional, independentemente da pertinência temática. Em sequência, no Cenário 2, limitando-se a matérias específicas ou correlatas à defesa da concorrência, observa-se uma liderança também com mestrado completo e 6 a 10 anos de experiência profissional. Já no Cenário 3, limitando-se a matérias específicas à defesa da concorrência, verifica-se uma liderança com pós-graduação *lato sensu* e 1 a 5 anos de experiência profissional. Por fim, ao considerar a média entre os diferentes cenários, nota-se uma liderança também com mestrado completo e 6 a 10 anos de experiência profissional.

Além disso, ao analisar os dados ano a ano, os Gráficos 6 a 10 evidenciam que a alegada excelência na qualificação das lideranças do CADE esteve longe de ser uma constante ao longo do tempo, com o nível agregado de capacitação técnica oscilando significativamente durante o período analisado. Isso, no entanto, não impede a identificação de tendências dentro do recorte temporal proposto, especialmente considerando os Cenários 2 e 3, além da média entre os cenários. Assim, entre 1995 e 1998 (presidência de FHC, primeiro mandato), observa-se uma primeira tendência de consolidação técnica das lideranças do CADE, sendo sucedida pelo período de 1998 a 2001 (presidência de FHC, segundo mandato), marcado por uma significativa queda no nível técnico do CADE. Esse quadro seria revertido entre 2001 e 2007 (presidência de Lula, primeiro mandato), sendo que em 2006 e 2007 foi possível superar os patamares dos anos anteriores. Entre 2007 e 2014 (presidências de Lula, segundo mandato, e Dilma Rousseff, primeiro mandato), embora com pequenas oscilações, observa-se a consolidação dessa tendência, com um leve crescimento, atingindo seu ápice em 2014, conforme os Cenários 2, 3 e a média entre os cenários. Por fim, o período entre 2014 e 2023 (presidências de Dilma Rousseff, segundo mandato, Michel Temer e Jair Messias Bolsonaro) representa uma queda significativa na qualificação técnica das lideranças do CADE, atingindo seu nível histórico mais baixo em 2020, segundo a média entre os cenários. É interessante observar que o Cenário 1, no qual o domínio de matérias específicas e correlatas à defesa da concorrência é irrelevante para a pontuação, apresenta tendências similares aos demais. Assim, em um primeiro momento, entre 1994 e 2007, nota-se um crescimento relativamente consistente no nível de qualificação técnica das lideranças do CADE. No período subsequente, entre 2007 e 2023, apesar de uma breve retomada de crescimento entre 2009 e 2014, houve uma queda significativa no nível técnico desses atores, marcando uma reversão completa do período anterior.

Analisando detalhadamente essa queda a partir de 2014, observa-se que sua aceleração ocorreu em 2017. Os anos a partir desse ponto até 2019 foram marcados por sucessivas nomeações de lideranças que não possuíam qualquer titulação acadêmica ou experiência profissional prévia em matérias específicas ou correlatas à defesa da concorrência. Essas nomeações incluem Alexandre Barreto de Souza para o cargo de Presidente do CADE em 12 de julho de 2017, Maurício Oscar Bandeira Maia para o cargo de Conselheiro do CADE em 22 de junho de 2017, Polyanna Ferreira Silva Vilanova para o cargo de Conselheira do CADE em 24 de outubro de 2017, Sérgio Costa Ravagnani para o cargo de Conselheiro do CADE em 7 de outubro de 2019, Luiz Augusto Azevedo de Almeida Hoffmann para o cargo de Conselheiro do CADE em 10 de outubro de 2019 e Lenisa Rodrigues Prado para o cargo de Conselheira do CADE em 10 de outubro de 2019. O caso de Alexandre Barreto de Souza, atual Superintendente-Geral do CADE, é ainda mais emblemático. Ao assumir o cargo de Presidente do CADE, seu primeiro posto na autarquia, Barreto não possuía qualquer formação acadêmica em direito ou economia, sendo um servidor público de carreira que atuou em áreas de administração e planejamento.[365] Ele ocupou cargos na Secretaria do Tesouro Nacional (técnico de finanças concursado entre 1993 e 1998), na Receita Federal do Brasil (analista concursado entre 1998 e 2000) e no Tribunal de Contas da União (auditor federal de controle externo concursado a partir de 2000).

O acentuamento dessa queda durante as presidências de Temer e Bolsonaro não pode ser dissociado de uma tendência de aparelhamento dessas instâncias da administração pública. O CADE não foi uma exceção diante de um contexto de nomeações que subvertiam o ideal tecnocrático de agências reguladoras autônomas.[366] Bolsonaro não deixaria de pontuar que essas esferas de governança "podem muito mais que os Ministérios", ainda que pudessem "criar dificuldades" à agenda do governo.[367] Ao longo dessa virada autoritária, Executivo e Legislativo se tornariam atores centrais do desmantelamento tecnocrático de agências reguladoras, incluindo o CADE. Símbolo de todo esse processo, a Proposta de Emenda à Constituição nº 13/2022, buscaria justamente o esvaziamento das atribuições dessas instâncias administrativas.

Nesse contexto, alguns dados sobre a variação percentual do *score* durante o período analisado também contribuem para a identificação de padrões ao longo do recorte temporal proposto. Tabela 5 abaixo, nesse sentido, apresenta as variações entre primeiro ano e último ano de vigência da Lei nº 8.884/1994, entre o primeiro ano de vigência da Lei nº 12.529/2011 e 2023 e entre o primeiro e último ano de todo o período analisado (1994 a 2023):

Tabela 5. Variação da pontuação de lideranças do CADE

Variação no Cenário 1	Lei nº 8.884/1994	Lei nº 12.529/2011 até 2023	Período total
Pontuação acadêmica	41,5%	-28,2%	13,3%
Pontuação profissional	-24,1%	5,8%	-18,3%
Pontuação média	8,7%	-11,2%	-2,5%
Variação no Cenário 2	**Lei nº 8.884/1994**	**Lei nº 12.529/2011 até 2023**	**Período total**
Pontuação acadêmica	39,0%	-50,6%	-11,7%
Pontuação profissional	-20,3%	-16,8%	-37,1%
Pontuação média	9,4%	-33,7%	-24,4%
Variação no Cenário 3	**Lei nº 8.884/1994**	**Lei nº 12.529/2011 até 2023**	**Período total**
Pontuação acadêmica	9,7%	-2,2%	7,5%
Pontuação profissional	7,7%	-16,0%	-8,3%
Pontuação média	8,7%	-9,1%	-0,4%
Variação na média entre os cenários 1 a 3	**Lei nº 8.884/1994**	**Lei nº 12.529/2011 até 2023**	**Período total**
Pontuação acadêmica	30,1%	-27,0%	3,1%
Pontuação profissional	-12,2%	-9,0%	-21,3%
Pontuação média	8,9%	-18,0%	-9,1%
Comparativo de variação de pontuação média	**Lei nº 8.884/1994**	**Lei nº 12.529/2011 até 2023**	**Período total**
Cenário 1	8,7%	-11,2%	-2,5%
Cenário 2	9,4%	-33,7%	-24,4%
Cenário 3	8,7%	-9,1%	-0,4%
Média entre os Cenários 1 a 3	8,9%	-18,0%	-9,1%

Fonte: elaboração própria a partir de informações do CADE e do Senado Federal.

O que esses dados destacam é que, ao contrário do esperado, *a variação da qualificação técnica das lideranças do CADE ao longo do tempo é negativa*. Observa-se uma variação negativa na maioria expressiva dos cenários de pontuação, abrangendo os três dois diferentes indicadores (acadêmico e profissional). Em média, o nível técnico entre 1994 e 2023 registrou uma queda de 9,1%. Essa tendência pode ainda ser qualificada por uma segmentação adicional entre os diferentes regimes da política concorrencial no Brasil durante o recorte temporal proposto. Fica evidente que durante o regime da Lei nº 8.884/1994 ocorreu um aprimoramento notável do nível técnico das lideranças do CADE. Os dados indicam uma variação positiva entre 1994 e 2012 na pontuação média das lideranças da autoridade concorrencial brasileira: 8,7% no Cenário 1, 9,4% no Cenário 2, 8,7% no Cenário 3 e 8,9% na média entre cenários. Essa melhoria pode ser interpretada como resultado de um contexto em que, a partir dos anos 1990, esforços foram direcionados para a construção de um "bolsão de eficiência" em torno da defesa da concorrência. Em contrapartida, o panorama da Lei nº 12.529/2011 apresenta uma tendência divergente. Após herdar o avanço na capacitação técnica do regime anterior, observou-se, entre 2012 e 2023, uma variação negativa significativa na pontuação média em todos os quadros de análise: -11,2% no Cenário 1, -33,7% no Cenário 2, -9,1% no Cenário 3 e -18,0% na média entre cenários. Como mencionado acima, esse processo foi amplamente influenciado no período de 2017 a 2023, durante o qual, com poucas exceções, observou-se nomeações de lideranças do CADE com baixo nível técnico.

Em conclusão da análise dos dados acima, é possível afirmar que a ideia de que o CADE é composto por um corpo técnico de lideranças é, no mínimo, bastante questionável. Isso porque, ao se considerar como técnico um conhecimento relacionado a matérias específicas à defesa da concorrência (Cenário 3) ou a ela correlatas (Cenário 2), as evidências coletadas por esta análise mostram que ele nunca foi particularmente elevado. Pelo contrário, a detenção por esses atores dessa expertise foi consistentemente baixa ao longo do período analisado, com exceção de breves momentos de crescimento. Mais do que isso, mesmo diante de movimentos de cristalização legislativa da antipolítica concorrencial no Brasil, que se traduziram na Lei nº 12.529/2011, seu balanço, em termos de formação de suas lideranças, é significativamente negativo, inclusive em comparação ao regime anterior. Tudo isso contrasta drasticamente com a imagem da "ilha de excelência" do CADE, demonstrando como a retórica tecnocrática ganha sustentação autônoma enquanto elemento de legitimação de suas atividades.

2.2.3. Os indicadores de desempenho da atuação do CADE

Dentro do paradigma de tradição chicaguiana e adotando uma abordagem welfarista da defesa da concorrência, o aumento do bem-estar, particularmente para os consumidores, é frequentemente considerado o resultado central em torno do qual a ideia de desempenho se estrutura como um fator de legitimidade para a antipolítica concorrencial.

É evidente que, especialmente em uma agenda neoliberal na economia brasileira durante a década de 1990, esse objetivo retórico foi o principal recurso mobilizado pelo CADE para legitimar sua atuação – ou seja, enquanto uma autarquia que proporciona benefícios econômicos relevantes aos consumidores e à sociedade por meio da tutela concorrencial do mercado. A ênfase crescente na análise de efeitos dentro desse quadro teórico, conforme destacado acima, juntamente com inúmeras declarações de Presidentes do CADE,[368] permite identificar como essa retórica foi eficazmente transplantada para o contexto brasileiro, consolidando-se como parte integrante desse esquema de legitimação tecnocrática.

Diante desse quadro, os diversos documentos internos produzidos pelo CADE entre os regimes da Lei nº 8.884/1994 e da Lei nº 12.529/2011 também permitem identificar alguns aspectos-chave que indicam como essa retórica de desempenho se manifestou na prática. Nesse sentido, um primeiro grupo de materiais compreendido por essa análise refere-se aos relatórios de gestão, produzidos anualmente pela autarquia.[369] Apesar de os documentos referentes aos anos 1994 e 1995 não abordarem diretamente a ideia do desempenho desejado da autoridade concorrencial, focando-se mais em identificar dificuldades de operação, essa tendência se alteraria nos anos seguintes.

Assim, o relatório de gestão de 1996 proporia pela primeira vez uma "nova agenda" para a autarquia pautada por uma "Estratégia Pentagonal" (Figura 1 abaixo) em cinco princípios centrais: (i) "decidir em tempo econômico"; (ii) articular a defesa da concorrência com as políticas públicas; (iii) capacitar o CADE e o SBDC; (iv) difundir a cultura da concorrência; e (v) globalizar a defesa da concorrência.[370] É peculiar observar que esses objetivos, reiterados entre 1997[371] e 1999,[372] tenham se transformado no cerne da estratégia de atuação esperada do "novo" CADE, sem que medidas diretas ou índices associados à promoção do aumento do bem-estar dos consumidores em mercados competitivos fossem mencionadas nesses documentos. Essa tendência, na verdade, se relaciona aos próprios reforços tecnocráticos de uma burocracia do CADE em consolidação. Não em outro sentido, as medidas dentro dessa estratégia se destinavam tanto a aprimorar o insulamento tecnocrático e a eficiência administrativa da defesa da concorrência (primeiro, segundo e terceiro princípios) quanto a promover a integração internacional e o aumento percepção pública da relevância de uma comunidade epistêmica de lideranças no "bolsão de eficiência" do CADE (quarto e quinto princípios). Essas são as origens de um foco histórico do desempenho da autoridade concorrencial em seus *inputs*, atividades e *outputs*, em detrimento de administração direcionada por *outcomes* e resultados.

Figura 1. Estratégia Pentagonal do CADE, presente no relatório de gestão de 1996

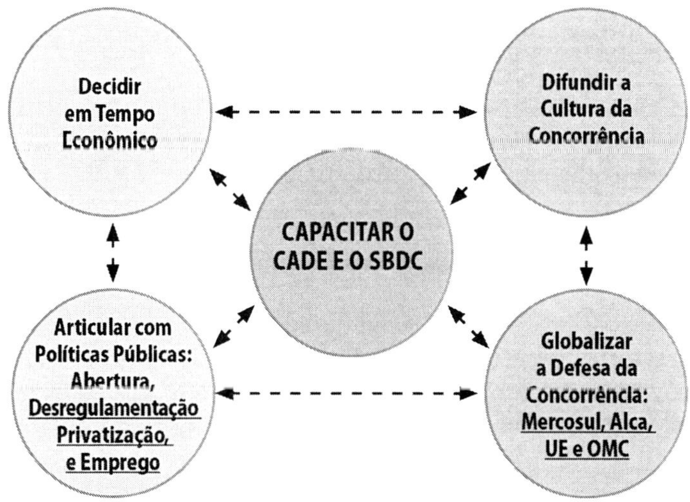

Fonte: reprodução da imagem constante em BRASIL, *op. cit.*, 1997, p. 14.

Essa tendência se tornou cada vez mais clara com o passar do tempo. Entre 2000 e 2008, mesmo que mencionados "indicadores de gestão" ou o "desempenho operacional" do CADE nesses documentos, destinados a apontar "[a] eficiência, eficácia e economicidade da ação administrativa",[373] eles estavam estritamente associados ao número de casos julgados e distribuídos.[374] A partir 2009, a avaliação de desempenho operacional do CADE passa a diversificar esses indicadores, incluindo métricas relativas a, por exemplo, qualificação de servidores, medidas organização, atividades de assessoria internacional e de imprensa, atividades da Procuradoria Federal Especializada junto ao CADE no manejo de litígios, premiações e intercâmbios organizados pela autarquia e palestras e publicações acadêmicas.[375] Essa ampliação na variedade de indicadores se consolidou ao longo dos anos, passando a incluir outros fatores operacionais relevantes como parâmetros de desempenho, tais como valores arrecadados e tempo médio de análise de procedimentos (a partir de 2010) e premiações internacionais (a partir de 2014).[376]

Percebe-se, portanto, que as métricas de avaliação do CADE, a despeito de sua diversidade, encontram-se essencialmente restritas a indicadores de *inputs*, atividades e *outputs* do *enforcement* concorrencial. Os relatórios de gestão da autarquia evidenciam que ao longo dos últimos trinta anos, embora haja uma ampla divulgação de informações relacionadas aos aspectos operacionais da defesa da concorrência - como receitas e despesas, produtividade de procedimentos, composição e características de seu corpo de servidores, por exemplo - não é possível identificar qualquer indício de que os resultados almejados por uma aplicação "técnica" da defesa da concorrência se materializam na prática. Os elementos imediatos do funcionamento do CADE presentes nesses documentos constituem, nesse contexto, o único referencial público da autarquia em relação à sua atuação.

Essa orientação operacional progressivamente passaria a se confundir com os próprios resultados almejados pela atuação do CADE em seus relatórios de gestão. Assim, a "meta-objetivo" da autarquia entre 2009 e 2010 foi de alcançar "um padrão equivalente às mais eficaz agências internacionais, aumentando a eficácia de sua política de defesa da concorrência e, ao mesmo tempo, reduzindo os custos burocráticos impostos aos administrados e ao setor produtivo brasileiro".[377] Por seu turno, o Mapa Estratégico adotado entre 2011 e 2016 (Figura 2 abaixo) replicaria essa lógica ao indicar como resultados esperados da autoridade concorrencial: (i) "[a]ssegurar decisões técnicas, independentes e céleres"; (ii) "[e]stabelecer e implementar políticas de Defesa da Concorrência"; (iii) "[d]ifundir a Cultura da Concorrência no Brasil e ser referência Internacional"; e (iv) "[r]epresentar os interesses do Brasil com autoridades perante fóruns e agências antitruste internacionais".[378] Entre 2017 e 2020, o Mapa Estratégico (Figura 3 abaixo) também elencaria aspectos operacionais enquanto resultados pretendidos pela atuação do CADE, sendo eles: (i) "[a]ssegurar a qualidade e a eficácia do controle de concentrações"; (ii) "[f]ortalecer o combate a condutas anticompetitivas"; (iii) "[p]romover a cultura da concorrência no Brasil"; e (iv) "[e]xercer protagonismo na agenda antitruste internacional".[379] Por fim, o Mapa Estratégico para o período entre 2021 e 2024 (Figura 4 abaixo) também seguiu essa tendência, estabelecendo como resultados à sociedade das atividades do CADE: (i) "[a]ssegurar a efetividade do controle de fusões e aquisições"; (ii) "[g]arantir a eficiência no combate a cartéis e abuso de posição dominante"; e (iii) "[f]ortalecer a cultura da concorrência no Brasil".[380]

Figura 2. Mapa Estratégico do CADE, presente no relatório de gestão de 2011

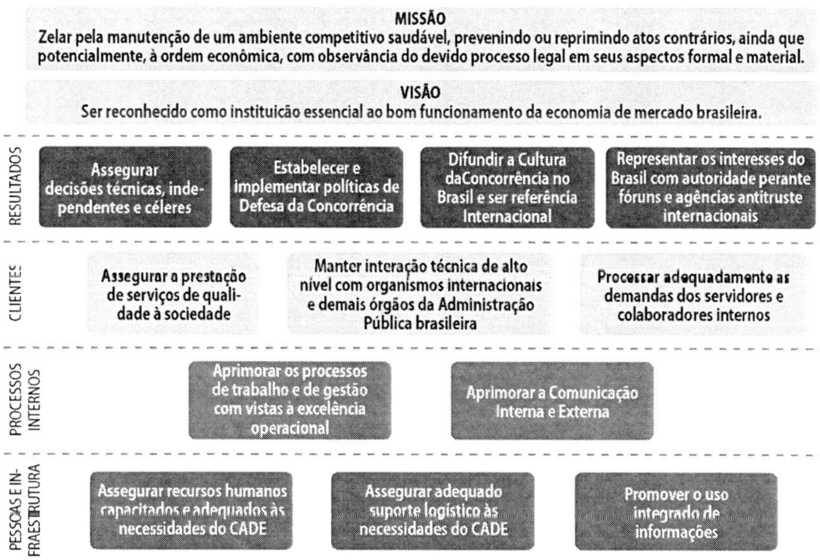

Fonte: BRASIL, *op. cit.*, 2011, p. 20.

Figura 3. Mapa Estratégico do CADE para o período de 2017 a 2020, presente no relatório de gestão de 2017

Fonte: BRASIL, *op. cit.*, 2018, p. 39.

Figura 4. Mapa Estratégico do CADE para o período de 2021 a 2024, presente no relatório de gestão de 2021

Fonte: BRASIL, *op. cit.*, 2022d, p. 14.

Mais recentemente, a partir de 2018 (Figura 5 abaixo), o CADE também passou a trazer nesses documentos sua "Cadeia de Valor", enquanto síntese dos "principais macroprocessos finalísticos da organização, que respondem pelas entregas à sociedade, bem como os processos de suporte e de gestão voltados para sustentação e para o monitoramento dos processos finalísticos".[381] Essas imagens, reproduzidas também nos anos de 2019 e 2020 (Figuras 6 e 7 abaixo), ilustram como a simples gestão "ótima" do CADE, alinhada com seus objetivos, resulta em efeitos inerentemente positivos para a sociedade, sem a necessidade de uma análise crítica sobre se esses impactos são efetivamente alcançados e como eles influenciam os contornos do próprio *enforcement* concorrencial. As Cadeias de Valor seriam reformuladas entre 2021 e 2022 (Figuras 8 e 9 abaixo), representando a consolidação desse foco operacional do CADE ao concentrarem a geração de benefícios para a sociedade em um macroprocesso – a "gestão da defesa da concorrência" – e seis processos finalísticos – "[p]lanejar a gestão da defesa da concorrência", "[p]romover a orientação e educação sobre defesa da concorrência", "[g]erenciar o controle preventivo de infrações à ordem econômica", "[g]erenciar o controle repressivo de infrações à ordem econômica", "[g]erenciar o julgamento de processos sobre defesa da concorrência" e "[m]onitorar a gestão da defesa da concorrência".[382] Dessa forma, o "bem-estar do consumidor" e o "ambiente de negócios favorável" enquanto "valores públicos" são representados como resultados quase naturais da articulação dessas etapas de gestão, prescindindo qualquer comprovação concreta.[383] Traduz-se na defesa da concorrência a extrema racionalização dos seu meios, aliada à total ignorância sobre os seu fins.

Figura 5. Cadeia de Valor do CADE, presente no relatório de gestão de 2018

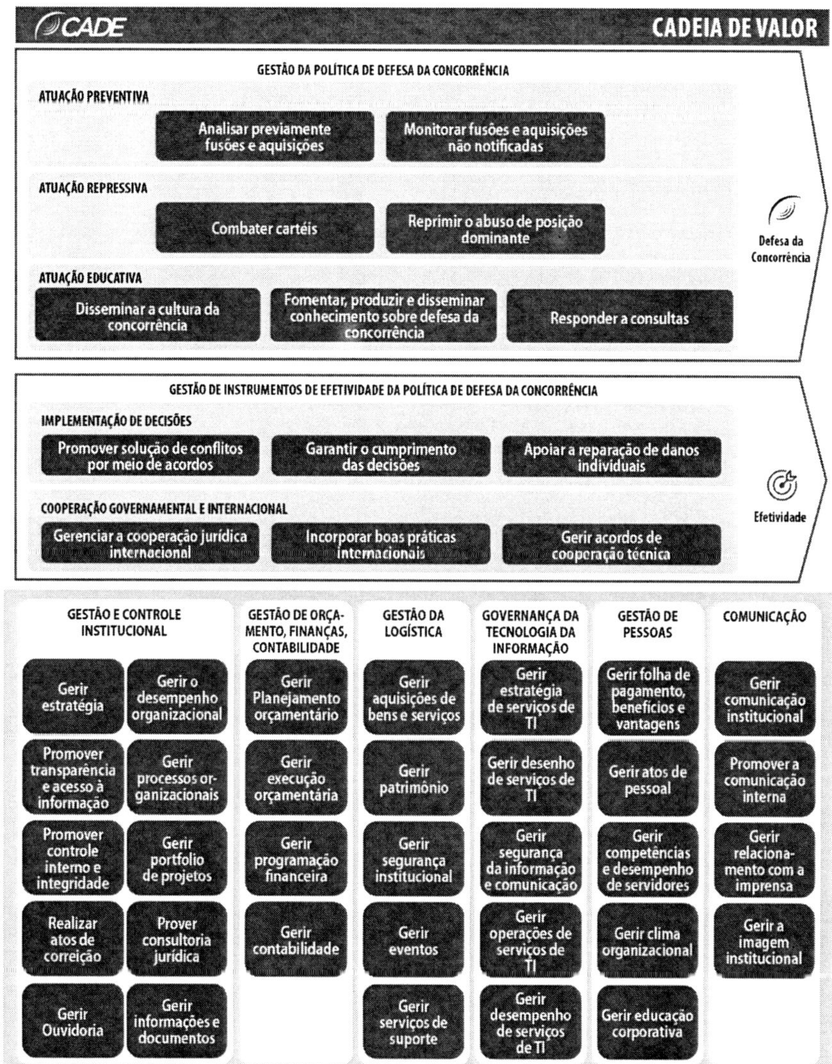

Fonte: BRASIL, *op. cit.*, 2019d, p. 48.

Figura 6. Cadeia de Valor do CADE, presente no relatório de gestão de 2019

Fonte: BRASIL, *op. cit.*, 2020c, p. 58.

Figura 7. Cadeia de Valor do CADE, presente no relatório de gestão de 2020

Fonte: BRASIL, *op. cit.*, 2021c, p. 63.

Figura 8. Cadeia de Valor do CADE, presente no relatório de gestão de 2021

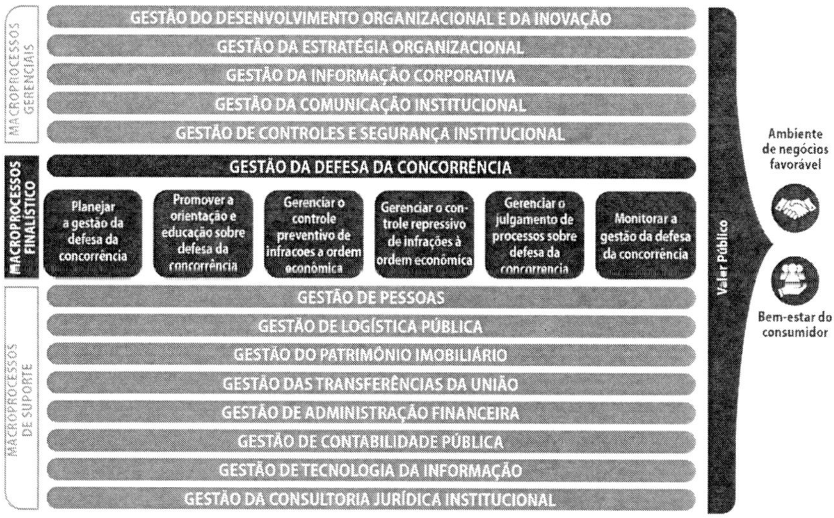

Fonte: BRASIL, *op. cit.*, 2022d, p. 50.

Figura 9. Cadeia de Valor do CADE, presente no relatório de gestão de 2022

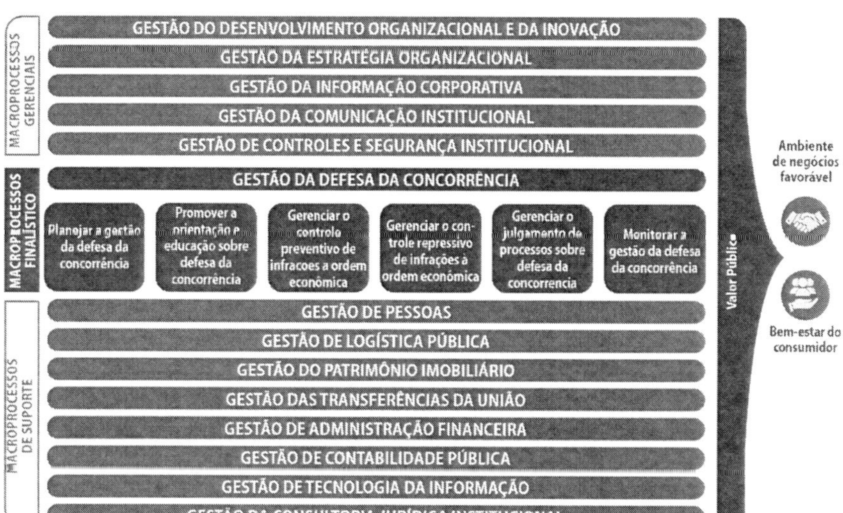

Fonte: BRASIL, *op. cit.*, 2023c, p. 56.

Como indica a análise dos relatórios de gestão do CADE, é importante destacar que a ausência de avaliações de efeitos junto aos destinatários das atividades da autoridade concorrencial não foi simplesmente ignorada pela autoridade concorrencial. Isso fica mais claro no relatório de gestão de 2014, no qual reconhece-se explicitamente que "[o] CADE não promove diretamente pesquisas de satisfação junto a seus beneficiários diretos".[384] É lançada mão de uma estratégia bastante peculiar de legitimação diante dessa lacuna – isto é, o fato da autoridade concorrencial submeter-se à "avaliação externa, realizado anualmente pela revista Global Competition Review (GCR), especializada em política de concorrência e regulação".[385] No entanto, informações do próprio CADE evidenciam que os parâmetros de avaliação empregados por essa avaliação externa focam-se, novamente, apenas em *inputs*, atividades e *outputs* de sua atuação, tratando-se de: (i) "[c]ritérios objetivos (número de técnicos, número de casos, orçamento.) e entrevistas com advogados;" ; (ii) "[d]ecisões desvinculadas de pressões políticas e empresariais"; (iii) "[r]eforço da atuação da autoridade: eficácia e eficiência"; (iv) "[v]olume de burocracia (ex.: envio de inúmeros ofícios solicitando informações desnecessárias.)"; (v) "[c]ontinuidade nos trabalhos do órgão: existência de um plano de carreira"; e (vi) "[v]alor das multas aplicadas; entre outros".[386] Embora já houvesse referências ao *ranking* do GCR em 2013,[387] é a partir de 2014 que ele efetivamente é equiparado a um instrumento válido de avaliação para suplantar a ausência de indicadores de *outcomes* e resultados. Esse reconhecimento seria, inclusive, reiterado nos relatórios de gestão do CADE de 2015[388] e 2016.[389]

Passando a um segundo conjunto de documentos internos do CADE, encontram-se os estudos de mensuração dos benefícios esperados da atuação da autoridade concorrencial brasileira entre 2018 e 2022, elaborados pelo seu Departamento de Estudos Econômicos (DEE).[390] Esses estudos consistem em estimativas *ex ante* de potenciais *outcomes* das atividades da autoridade concorrencial brasileira, com base em uma metodologia proposta pela OCDE. Embora esses documentos abordem impactos de médio e longo prazo das atividades da autoridade concorrencial, os benefícios estimados são, na realidade, *meras expectativas desses efeitos*, em termos de sobrepreços estimados de concentrações ou condutas anticompetitivas analisadas pelo CADE.[391] Contudo, vale destacar que, embora esses indicadores não possam efetivamente estimar o desempenho concreto da autarquia, eles endossam sua atuação e sua lógica de funcionamento, uma vez que as estimativas de benefícios esperados são mais elevadas conforme aumenta o número de processos decididos e as multas aplicadas pelo CADE.

Por fim, um terceiro grupo de documentos internos consiste em quatro análises *ex post* a respeito de casos específicos de intervenção do CADE – isto é, o Ato de Concentração nº 08012.004423/2009-18 (Sadia/Perdigão),[392] os Atos de Concentração nº 08012.008378/2011-95 (Gol/Webjet) e nº 08700.004155/2012-81 (Azul/Trip)[393] e o Ato de Concentração nº 08700.004860/2016-11 (BM&FBOVESPA/CETIP).[394] Esses constituem exceções louváveis de indicadores efetivos do CADE sobre os *outcomes* e os resultados das suas atividades.[395] No entanto, esses estudos consistem nas avaliações de efeitos de apenas quatro casos analisados pela autoridade concorrencial brasileira de um total de milhares ao longo das últimas três décadas. Dessa forma, embora tenham concluído pela correta aplicação da tutela concorrencial pelo CADE nessas ocasiões – leia-se, resultando em reduções de preços nos mercados relevantes afetados –, esses estudos isoladamente não são capazes de referendar a atuação da autarquia como um todo. A sua representatividade extremamente baixa no conjunto total de procedimentos analisados pela autoridade concorrencial brasileira, somada à sua contestabilidade, apresenta obstáculos significativos nesse aspecto. Nota-se, a título de exemplo, que o mais recente desses estudos revisita a conclusão de outro, contrapondo-se à ideia de que a operação Gol/Webjet teve efeitos benéficos para os consumidores. Pelo contrário, segundo a metodologia empregada, observou-se um aumento de preços em determinadas rotas, variando de 7,68% a 16,42%.[396]

Além desses documentos internos, as premiações recebidas pelo CADE, elencadas no Apêndice III, têm também um papel central na legitimação de seu desempenho. Nesse contexto, tais reconhecimentos não apenas são amplamente divulgados pela própria autoridade concorrencial,[397] mas também, como discutido acima para o caso do *ranking* da GCR, muitas vezes foram mobilizados nos próprios relatórios de gestão da autoridade concorrencial enquanto uma forma de validar sua atuação. Portanto, torna-se imperativo avaliar não apenas a natureza dessas conquistas, mas também seu conteúdo efetivo como indicadores de desempenho na condução da política concorrencial.

Inicialmente, as 45 premiações atribuídas ao CADE podem ser agrupadas conforme sua natureza. No primeiro grupo, há aquelas relacionadas a concursos de monografias e/ou artigos, ou seja, prêmios individuais ou indicações concedidos a servidores por suas contribuições acadêmicas (5 casos).[398] No segundo grupo, estão aquelas relativas a iniciativas de aplicação da defesa da concorrência, incluindo prêmios ou indicações a prêmios concedidos ao CADE pela elaboração de mecanismos de aprimoramento do *enforcement* concorrencial, como guias, manuais ou resoluções (11 casos).[399] No terceiro grupo, há aquelas relacionadas a práticas de gestão, incluindo prêmios ou indicações concedidos ao CADE por méritos organizacionais e operacionais, como reconhecimentos pela qualidade do ambiente de trabalho (6 casos).[400] Quarto, há aquelas relativas a classificações e prêmios da GCR, envolvendo prêmios ou indicações concedidos ao CADE na lista da revista sobre as melhores autoridades concorrenciais do mundo (20 casos).[401] Por fim, há uma homenagem da Agência Brasileira de Inteligência (ABIN) por "contribuições ao Programa Nacional de Proteção ao Conhecimento Sensível", a qual não será discutida pormenorizadamente, uma vez que não se relaciona com o escopo desta análise, apesar de constar como uma das premiações do CADE.[402]

A despeito de volumosas, essas premiações, contudo, também não trazem indicativos concretos sobre os *outcomes* e resultados das atividades da autoridade concorrencial brasileira. No que tange ao primeiro grupo de premiações, embora as distinções individuais de servidores por publicações acadêmicas possam sinalizar sua qualificação, assemelham-se mais a uma métrica de *inputs* em capital humano. Adicionalmente, é relevante observar que essas premiações não foram direcionadas às lideranças ou ao próprio CADE, mas sim a servidores de níveis inferiores. No segundo conjunto de premiações, destaca-se que, embora a validação de produtos institucionais voltados para o aprimoramento do *enforcement* seja um indicador relevante de desempenho, essa métrica representa, no máximo, uma medida distinta das atividades do CADE e seus *outputs*, complementando as métricas já utilizadas pela autarquia. Quanto ao terceiro bloco de premiações, ainda que medidas institucionais de gestão sejam desejáveis na administração pública, elas não constituem evidência direta de *outcomes* ou resultados na condução da política concorrencial. Apesar de poderem aumentar a eficiência do CADE, não há indicativos claros de como essas medidas se relacionam com resultados específicos do regime de defesa da concorrência, podendo, no limite, também ser reputadas como indicadores de atividades e *outputs* da condução da autarquia. Por fim, no tocante ao quarto grupo de premiações, reitera-se que o *ranking* da GCR utiliza métricas que não abordam diretamente os *outcomes* ou resultados das atividades do CADE. Mesmo ao levar em consideração a opinião de advogados e especialistas locais como um indicador da qualidade das atividades da autoridade concorrencial, é necessário reconhecer a presença de vieses nas análises, na coleta e na seleção de dados.[403]

Em panorama sobre a análise realizada, pode-se concluir que o CADE carece de indicadores sólidos e abrangentes para avaliar os *outcomes* ou os resultados de suas atividades. Entretanto, isso não implica que o desempenho da autarquia não ocupe um papel central na legitimação da antipolítica concorrencial no Brasil. Pelo contrário, ele é reinterpretado dentro do próprio funcionamento tecnocrático do CADE. Fatores de tecnocratização, como o aprimoramento da eficiência em termos de tempo de análise, quantidade de processos e multas aplicadas, entre outros, passam a ser vistos como indicadores do próprio desempenho da autarquia. O funcionamento do CADE torna-se um *fim em si mesmo*. Cria-se uma lógica na qual o aprimoramento tecnocrático vira um moto-contínuo: independentemente da comprovação de efetividade, o produtivismo da autoridade concorrencial constitui-se como o principal referencial de seu desempenho. Nesse contexto, é notável a declaração do Presidente Alexandre Cordeiro Macedo ao identificar o CADE como "uma instituição pública de excelência, com um corpo notável e brilhante, com experiência internacional", afirmando que isso proporciona "a segurança de que seu processo será julgado com a celeridade necessária".[404]

Por fim, embora os indicadores usualmente empregados pelo CADE discutidos acima não permitam identificar qualquer impacto efetivo de atuação em relação aos resultados almejados pela autoridade concorrencial brasileira, é interessante notar que eles são amplamente celebrados pelos seus integrantes e lideranças. Desde 2016, anualmente, a autarquia organiza o "Oscar do CADE", enquanto um evento de divulgação interna de seus resultados. O desempenho dos servidores e de diferentes unidades da autoridade concorrencial, dentro desses parâmetros, é simbolicamente premiado com estatuetas, remetendo às entregues na premiação da indústria cinematográfica no Academy Awards. Embora anedótico, esse evento ilustra como os produtos imediatos da atuação do CADE são exaltados como resultados finais, recebendo o prestígio por parte dos integrantes da autoridade, mesmo diante da ausência de impacto material efetivo. O relatório de gestão do ano de 2022, nesse sentido, descreve que "[o] sentimento de dever cumprido tomou conta do evento e a cada discurso era percebido o orgulho pelas entregas apresentadas", sendo que "[a] cerimônia do Oscar é uma das iniciativas que faz o Cade um local incrível para trabalhar". Assim, práticas internas dessa natureza criam "a todos a sensação de pertencimento", além de direcionar a metas como agilização na análise ou ao maior volume de multas aplicadas o "reconhecimento e valorização dos servidores e colaboradores do CADE".[405] Isso ilustra como, gradualmente, a própria autoridade concorrencial brasileira e seus servidores internalizam a premissa de que seus resultados se concretizam automaticamente, enquanto a excelência de seu desempenho é considerada autoevidente.

Procurando explorar as estratégias adotadas para a implementação de um novo regime de defesa da concorrência no Brasil durante os anos 1990 e considerando as restrições materiais da capacidade estatal do país, o ex-Presidente do CADE, Vinícius Marques de Carvalho, destaca que a utilização de métodos de avaliação autorreferenciados desempenhou um papel crucial na imunização desse mecanismo regulatório, possibilitando sua consolidação como uma política pública.[406] Em complementação a essa leitura, a presente análise indica que essa abordagem de avaliação, expressa em documentos internos de gestão, por exemplo, contribui ativamente para o fortalecimento da retórica tecnocrática que legitima o desempenho do CADE. Embora os resultados pretendidos pela antipolítica concorrencial brasileira sejam claros e repetidos exaustivamente como argumento de legitimidade de sua atuação, essas afirmações carecem de comprovação. Os indicadores de performance adotados pelo CADE não permitem efetivamente verificar se objetivos como o aumento do bem-estar dos consumidores ou a melhora do ambiente de negócios no Brasil são atingidos, tendo seu escopo limitado aos *inputs*, as atividades e os *outputs* da operação da autoridade concorrencial no país. O autorreferenciamento da avaliação funciona, assim, como um instrumento de blindagem, impedindo uma análise crítica e objetiva de resultados tangíveis. A imagem da atuação benéfica do CADE é elevada ao patamar de dogma, tornando-se impermeável a disputas políticas ou a propostas de agendas alternativas para a defesa da concorrência.[407]

2.3. Conclusões parciais

No final de 2023, o Conselheiro Victor Oliveira Fernandes afirmou que "[s]e tornou quase um lugar comum" considerar o CADE como uma "ilha de excelência no serviço público federal brasileiro". Segundo o Conselheiro, a razão disso seria simples: "[t]emos lideranças incríveis em todas as nossas áreas-fim".[408] Ao concluir esta seção, é difícil não reconhecer nessa declaração uma metonímia bastante peculiar da força do ideal tecnocrático que orienta a autoridade concorrencial brasileira, mesmo quando carente de substrato real. Antes disso, como discutido acima, ao longo dos últimos anos, o CADE vem enfrentando alguns dos mais baixos níveis de preparo técnico em suas lideranças desde a Lei nº 8.884/1994. Objetivamente, o nível de domínio técnico em matérias específicas ou correlatas à defesa da concorrência por esses atores nunca foi particularmente elevado ao longo da história da autoridade concorrencial, embora tendências de crescimento e queda tenham sido identificadas ao longo do período analisado.

Paralelamente, não existem indícios ou metodologias efetivas que permitam verificar se essa atuação supostamente técnica do CADE é respaldada pelos resultados almejados por sua intervenção. Pelo contrário, os indicadores de desempenho da autoridade concorrencial são essencialmente destinados a medir outros fatores de sua operação, como seus *inputs*, atividades e *outputs*. Desse modo, cria-se um arranjo peculiar no qual esses produtos da atuação do CADE (tempo de análise de processos, multas aplicadas, utilização do orçamento, entre outros) são elevados à categoria de seu objetivo final. Isso acaba por criar uma dinâmica produtivista acrítica, em que a racionalização das atividades da autoridade concorrencial em torno desses parâmetros suplanta a ausência de reflexões concretas a partir da obtenção ou não dos resultados pretendidos pela defesa da concorrência. Essa lógica de funcionamento é ainda respaldada por premiações recebidas pelo CADE, fundamentadas principalmente na avaliação da produtividade e nas impressões de terceiros, como advogados, que se beneficiam indiretamente desse *modus operandi* da autoridade concorrencial, independentemente de seus efeitos a longo prazo.

Todo esse contexto indica a existência de um circuito fechado da antipolítica concorrencial no Brasil, muito similar à imagem do Barão de Münchhausen que se sustenta puxando os próprios cabelos.[409] A tecnocracia da defesa da concorrência parte da premissa de que o CADE é dirigido por um corpo técnico e, em razão disso, sua ação orientada a objetivos politicamente neutros leva a resultados inerentemente positivos, usufruídos pela coletividade. Seus indicadores de desempenho, apesar de incapazes de demonstrar essa afirmação, corroboram efeitos imediatos como, por exemplo, a redução no tempo de análise de atos de concentração ou na aplicação de multas sobre condutas anticompetitivas, equiparando-os aos resultados almejados pela sua atuação. Essa lógica de operação reforça a imagem do CADE como uma entidade técnica, eficiente e moderna, mesmo que suas lideranças não possuam comprovados níveis elevados de qualificação técnica, especialmente em matéria de defesa da concorrência. Ao final, a antipolítica concorrencial brasileira prescinde de elementos concretos, encontrando sua força ao longo dos anos em uma retórica vazia.

3. O RÉQUIEM DA TECNOCRACIA: DOMINAÇÃO ECONÔMICA E A ANTIPOLÍTICA CONCORRENCIAL

> Noise is relative to the silence *preceding* it. The more absolute the *hush*, the more shocking the *thunderclap*. Our masters have not heard the people's voice for *generations*, Evey and it is much, much louder than they care to *remember*.
>
> ALAN MOORE[410]

> I can't stand this indecision
> Married with a lack of vision
> Everybody wants to rule the world.
>
> TEARS FOR FEARS[411]

Não seria exagerado afirmar que atualmente nada parece mais distante do horizonte político que um suposto *fim da história*. Tornou-se consenso acadêmico a existência de uma franca crise do modelo de democracia liberal, diante da ascensão de líderes autoritários.[412] Em 2020, pela primeira vez, desde 2001, foi indicado que as democracias liberais não eram mais uma maioria ao redor do mundo.[413] O próprio Fukuyama constataria que "[v]inte cinco anos atrás, eu não tinha uma percepção ou uma teoria de como democracias podem retroceder", "mas creio que elas claramente podem".[414] O mar da história, como sempre, se mostrou agitado.

Entre os diversos e complexos fatores da recente crise democrática, é relevante destacar que ela possui um componente econômico significativo. Um cenário desfavorável, caracterizado pelo desemprego, aumento da desigualdade e estagnação econômica, resultante da crise de 2008, criaria condições propícias para a radicalização política e questionamentos à democracia liberal.[415] Dessa forma, a capacidade do sistema político em abordar essas necessidades torna-se um fator crucial para a sobrevivência das democracias, especialmente as mais recentes.[416] Ao mesmo tempo, a percepção pública em relação à arena política estaria permeada por um imaginário de *dominação econômica* enxergando instâncias de governança econômica como capturadas pelos interesses do *big business* em uma *New Gilded Age*.[417] Diversos comentários passaram a descrever a economia de mercado como um espaço de manobra de grupos privilegiados, rompendo com a imagem de um campo neutro e aberto de disputa econômica.[418] É precisamente esse cenário que abala as bases institucionais e ideológicas sobre as quais a tecnocracia repousou ao longo dos séculos XX e XIX.

Dessa forma, o tripé de legitimação tecnocrática passa a enfrentar obstáculos substanciais. Em primeiro plano, a mistificação em torno dos tecnocratas, enquanto agentes neutros e qualificados para a condução da agenda econômica, se esvai na medida em que são vistos como instrumentalizados por interesses particulares, sejam eles de agentes privados, sejam eles de agentes públicos. Assim, não seria estranho observar o questionamento crescente de uma elite epistêmica não eleita que ocupa posições de grande poder na governança econômica - especialmente mobilizada por retóricas conservadoras.[419] Em segundo plano, o próprio saber técnico ou científico passa a ser sucessivamente desvalorizado. Cada vez mais, o conhecimento informal suplanta o seu valor retórico no debate público, sendo facilmente mobilizado por líderes populistas.[420] Por fim, isso implica uma mudança substantiva do paradigma epistêmico acerca da possibilidade de ordenação do comportamento humano. Cada vez mais, a imprevisibilidade e a falta de controle do fenômeno social se impõem contra tentativas de planejamento e organização.[421] Aqui, o autoritarismo encontra espaço para sua expansão, aproveitando-se da percepção política de um estado de caos e do medo que o acompanha como uma estratégia política.[422]

Diante desse quadro, a tradução de uma chave de leitura da tecnocracia para a defesa da concorrência também permite ressignificar as diferentes dimensões da sua atual crise, discutidas na introdução, entendendo-a como uma falência do próprio modelo tecnocrático, da *antipolítica concorrencial*. Primeiro, o isolamento das autoridades concorrenciais não apenas implica um déficit de participação e engajamento nesses órgãos, mas também questiona se os *tecnocratas* devem ser os principais agentes na definição do conteúdo e na aplicação da política de defesa da concorrência. Nesse sentido, novas abordagens buscam reorientar completamente a administração da defesa da concorrência de dinâmicas *top-down* para dinâmicas *bottom-up*, abrindo os espaços decisórios dessas instâncias de governança.[423] Segundo, a *técnica*, para além de críticas crescentes quanto à sua solidez teórica, passa a ter sua própria existência relevada. Novas propostas visam à reorientação os objetivos da política concorrencial, empregando diferentes técnicas de avaliação dos efeitos da concentração do poder econômico – o que elimina a ideia de uma unicidade do léxico técnico.[424] Terceiro, diante da falta de obtenção dos resultados pretendidos pela agenda chicaguiana, a própria noção de *desempenho* é reavaliada. O ceticismo em relação aos resultados de décadas de tutela concorrencial, de alguma forma, acaba por evidenciar a natureza inerentemente política de escolhas de *enforcement* e de *policy* que circundam a defesa da concorrência, para além de uma interpretação politicamente neutra de seus objetivos e propósitos.[425]

Essa tendência também se refletiria em outras realidades institucionais, como o Brasil. Após os quase 14 anos de governos progressistas serem abruptamente interrompidos pelo choque traumático do *impeachment* da Presidenta Dilma Rousseff, o país observaria a ascensão de líderes de extrema-direita ao poder. A eleição de Bolsonaro em 2018, assim, representaria uma reversão quase integral do ambiente político nos anos que o precederam, cristalizada no avanço de motivações autoritárias e militaristas.[426] Ainda que esse processo tenha raízes complexas, um sentimento de relativa frustração democrática de governos anteriores[427] e um cenário econômico desfavorável, especialmente com a expansão da desigualdade no país,[428] foram determinantes para a catalização em Bolsonaro de um discurso neopopulista. Isso não significa que o governo de Bolsonaro não encontrou na tecnocracia, especialmente na pasta econômica, um mecanismo de legitimação.[429] Antes disso, Bolsonaro encontraria aliados nos tecnocratas para a consecução de seu projeto político.[430] No entanto, diferenças em relação a experiências autoritárias anteriores, trariam dificuldades para um novo equilíbrio entre política e tecnocracia.

Os contornos da crise tecnocrática também se manifestariam no país. Além do viés antiestablishment do governo Bolsonaro,[431] a pandemia de COVID-19 revelaria que retóricas anticientíficas[432] e obscurantistas[433] constituíam obstáculos significativos para a manutenção da tecnocracia no Brasil. No que diz respeito à agenda econômica, embora não haja comentários sobre o papel da percepção da dominação econômica na erosão democrática brasileira, essa análise não pode ser descartada. Especialmente considerando o discurso anticorrupção que impulsionou a ascensão da extrema-direita no Brasil,[434] a alegoria de um cenário generalizado de corrupção penetrando as instâncias mais elevadas do governo e promovendo os interesses privados de grandes empresas e seus magnatas, como a JBS S.A.[435] e a Odebrecht S.A.,[436] está intrinsecamente relacionada a essa percepção.

Especificamente no âmbito da defesa da concorrência, há indícios que apontam para uma fragilidade sistêmica da tutela concorrencial no país como instrumento de prevenção e repressão do poder econômico. Por um lado, no que se refere ao controle de estruturas, dados indicam a total leniência da atuação do CADE na análise de fusões e aquisições no país, com pouca ou nenhuma intervenção nessas operações,[437] além da ausência de uma análise sólida de eficiências nesses casos.[438] Por outro lado, no controle de condutas também existem indícios de que a análise de práticas anticompetitivas unilaterais no país é bastante restrita,[439] assim como as penalidades aplicadas, especialmente em casos de condutas colusivas, parecem ser sistematicamente ineficazes e desrespeitadas.[440] No entanto, outros indícios indicam de forma mais clara a mudança na percepção política em relação à defesa da concorrência no Brasil.

Em primeiro plano, há manifestações indicando que a tutela concorrencial no Brasil, após sua consolidação tecnocrática iniciada nos anos 1990, voltou a ser alvo de questionamentos políticos em relação aos seus propósitos e efeitos. Os sinais desse movimento remontam a 2019, quando, após meses de paralisação do Tribunal Administrativo do CADE durante a presidência de Bolsonaro, em razão na disputa com o Senado Federal pela nomeação de seu filho, Eduardo Bolsonaro, à embaixada dos EUA,[441] o Presidente finalmente indicaria novos lideranças à autarquia. O percebido baixo nível técnico desses nomes catalisou certa resistência para sua aprovação.[442] Até mesmo o Senador Major Olímpio, à época líder do Partido Social Liberal (PSL) no Senado Federal, afirmaria que, o CADE "faz do STF um tribunal de pequenas causas, tendo em vista a importância dos processos que passam pelo conselho, por isso precisamos de gente com experiência em direito concorrencial".[443]

Seria, no entanto, na sabatina do Superintendente-Geral Alexandre Barreto de Souza e do Conselheiro Victor de Oliveira em 5 de abril de 2022, que ataques à ideia de tecnocracia se tornariam mais claros.[444] Nessa ocasião, o Senador Jean Paul Prates do PT teceu críticas severas ao CADE, afirmando ser uma agência "capturada", especialmente ao abordar os posicionamentos relacionados à Petróleo Brasileiro S.A. (Petrobras). Nesse sentido, ele destacou o Termo de Compromisso de Cessação (TCC) celebrado no Inquérito Administrativo nº 08700.006955/2018-22 como um exemplo dos vieses de análise da autarquia, argumentando que o acordo foi marcado por graves falhas técnicas que prejudicaram os consumidores. Seguindo a mesma linha de crítica, o Senador Esperidião Amin do Partido Progressistas (PP) também questionou o TCC celebrado pelo CADE com a Petrobras para o desinvestimento de refinarias, ressaltando as características específicas do setor e a menor autonomia da empresa diante da dinâmica internacional do mercado de combustíveis, evidenciada pela drástica elevação de preços da gasolina. Em resposta a esses questionamentos, o Superintendente-Geral Alexandre Barreto de Souza afirmou que o processo e a celebração do acordo com a Petrobras seguiram os parâmetros legais de investigação de uma conduta unilateral de subsídios cruzados, sem qualquer influência não técnica sobre políticas públicas. No entanto, o Senador Esperidião Amin argumentou que essa negociação representaria uma "inversão de papéis" entre regulador e regulado, prejudicando o interesse público.

Na mesma ocasião, a Senadora Kátia Abreu do PP questionou os indicados sobre o elevado *spread* bancário brasileiro e os preços considerados abusivos das passagens aéreas, buscando compreender os potenciais mecanismos do CADE para lidar com setores concentrados. Em resposta, o Superintendente-Geral Alexandre Barreto de Souza destacou a liberdade para estipulação de preços, ressalvando que, caso haja indícios de atuação coordenada das empresas, seria possível investigar uma potencial prática anticompetitiva. A Senadora, porém, argumentou que existem indícios suficientes de concentração no setor bancário que justificariam uma investigação. O Superintendente-Geral explicou que a mera concentração não é, por si só, motivo para intervenção concorrencial. O Senador Rogério Carvalho do PT afirmou, então, que o CADE seria contraditório, dado que já agiu exatamente dessa forma em relação a investigações contra a Petrobras. Essa acusação foi refutada pelo indicado, que ressaltou que isso representaria um vício no procedimento administrativo da autarquia, algo que, segundo ele, não ocorreu. A Senadora Kátia Abreu encerrou a discussão afirmando que o CADE não poderia se manter omisso diante dessas problemáticas evidentes, enfatizando a necessidade de adotar medidas propositivas e não ancorar a inatividade em uma suposta carência de meios jurídicos ou técnicos.

Alguém poderia argumentar que esses eventos seriam casos isolados, não sendo representativos para indicar uma erosão da antipolítica concorrencial brasileira, principalmente porque todos os nomeados nessas ocasiões foram, ao final, aprovados pelo Senado Federal. Contudo, essa perspectiva parece não refletir totalmente a realidade. Ao levantar esse tipo de questionamento, os Senadores expressam um certo desconforto em relação ao arranjo tecnocrático da defesa da concorrência. Por um lado, observa-se a percepção de uma falha cognitiva por parte do CADE ao abordar de maneira adequada os impactos econômicos percebidos como vinculados às dinâmicas concorrenciais (como no caso do *spread* bancário e das tarifas aéreas) ou de interesse público e nacional (como no caso do TCC atípico celebrado com a Petrobras),[445] os quais incidem diretamente sobre os cidadãos brasileiros. Por outro, há uma frustração por parte dos tecnocratas, uma vez que, apesar da percebida importância da autoridade concorrencial na governança econômica do país (comparável à corte constitucional brasileira), a retórica técnica sobre o porquê não intervir nessas questões, argumentando que não são, teoricamente, de matéria concorrencial, parece insuficiente para atender a essas demandas políticas. Esse quadro parece, assim, caminhar também para um reequacionamento daquilo que legitima a atuação do CADE, evidenciando um certo esgotamento da antipolítica concorrencial. Embora esses eventos sejam recentes, não se pode ignorar a possibilidade de que tenham gerado impactos tangíveis, como, por exemplo, a mobilização intensa para revisar o TCC celebrado no caso da Petrobras, após a nova eleição de Lula à presidência da República em 2022.[446]

Em segundo plano, outros indícios revelam um histórico recente de mobilizações políticas dentro do próprio CADE e, de alguma forma, também colaboraram para evidenciar a falácia da impermeabilidade tecnocrática trazida pela antipolítica concorrencial. São inúmeros os relatos, por exemplo, da influência de agentes empresariais sobre a autarquia. Em 2019, por exemplo, o Global Antitrust Institute (GAI) da George Mason University, *think tank* cujos principais financiadores eram Google, Inc., Amazon.com, Inc., e Qualcomm, Inc.,[447] custeou a participação de lideranças e servidores do CADE ao evento GAI Economics Institute on Platforms, Empirical Methods, and Due Process for Competition Enforcement Officials.[448] Algum tempo depois, o CADE arquivaria três investigações contra o Google.[449]

No ano seguinte, em inquérito da Polícia Federal, foi divulgado que o ex-Ministro da Casa Civil, Ciro Nogueira do PP, em conversa com o empresário Joesley Batista, detentor da J&F Investimentos S.A., que se queixava sobre problemas junto ao CADE, afirmou que o Presidente Alexandre Cordeiro Macedo seria seu apadrinhado. "Um cara de bom senso. Meu menino, ele era meu chefe de gabinete, eu botei ele lá [...] E ele conseguiu se entrosar lá". Mais do que isso, o Ministro sustentou que era relevante manter o controle político sobre a agência: "[é] uma coisa que nós temos que, porque hoje nós temos a maioria lá, por isso que ele conseguiu (incompreensível)", "[n]ós não podemos perder a maioria".[450] Outros diálogos reportados pela imprensa entre o Ministro e o empresário também traziam o peso político na nomeação de Alexandre Cordeiro Macedo para lideranças no CADE.[451]

Outro exemplo, em 2020, foi a análise do Ato de Concentração nº 08700.000726/2021-08, referente à compra dos ativos de telefonia móvel do grupo Oi de empresas pela Claro S.A., Telefônica Brasil S.A. e TIM S.A., implicando em uma *concentration ratio* (CR) superior a 95% entre as três empresas em quase todos os cenários de análise adotados. Em seu voto pela reprovação da operação, o Conselheiro Relator Luis Braido – economista, professor da Fundação Getulio Vargas com doutorado pela Universidade de Chicago – ressaltou, dentro das diversas preocupações concorrenciais do caso, que "a alta concentração de poder de mercado em uma ou poucas empresas" seria elemento "capaz de estimular comportamentos oportunistas, com efeitos que ultrapassam o âmbito concorrencial, e que podem resultar em até mesmo em 'captura' de instituições de Estado".[452] O Conselheiro Relator afirmou ainda que "esse risco ultrapassa[ria] as preocupações teóricas", declarando que "nas semanas anteriores ao julgamento do caso, surgiram notas na internet com claro intuito de desinformação e, no limite, difamação do CADE", além de "notícias na imprensa apontando para possíveis movimentos de captura associados a esta operação".[453]

Ao final da análise do caso pelo Tribunal Administrativo do CADE, foi decidido, por voto de qualidade do Presidente Alexandre Cordeiro Macedo, a aprovação com restrições do referido ato de concentração. Poucos dias depois, durante o julgamento dos embargos de declaração no caso, o Conselheiro Sérgio Ravagnani, que se posicionava pela reprovação da concentração, afirmaria que "[o] que foi feito na decisão embargada [...] não reflete uma atuação segundo padrões éticos e de boa fé".[454] O Conselheiro Luis Braido concedeu entrevista a respeito do caso para o Estado de São Paulo. Nessa ocasião o Conselheiro Relator afirmou de forma aberta que os remédios adotados eram insuficientes para mitigar as preocupações concorrenciais decorrentes da concentração e que "os pacotes [entre as empresas] serão padronizados, forçando o consumidor a migrar para produtos de maiores preços". Mais do que isso, foram reafirmadas as teses de captura do Estado pelas empresas, afirmando que "[o] poder econômico é capaz de comprar narrativas e vi isso acontecer aqui", dado que "[a]s empresas tinham certeza de que iam ganhar desde o começo, não tinham dúvidas. Tiveram uma postura muito truculenta nas negociações, muito intransigente".[455]

Para além disso, a falácia da blindagem tecnocrática do CADE seria também evidenciada por indícios da permeabilidade da autarquia a interesse políticos diretos. No Ato de Concentração nº 08700.003662/2018-93, já mencionado acima, Alexandre Cordeiro Macedo, a época Superintendente-Geral, atipicamente reverteu uma decisão da CGAA1/CADE pela impugnação da operação analisada. Uma das empresas envolvidas nessa aquisição, Transfederal Transporte de Valores Ltda. (adquirida pela Prosegur Brasil S.A. Transportadora de Valores e Segurança), era detida pelo então Senador Eunício Oliveira do Movimento Democrático Brasileiro (MDB) – fato que chamou a atenção da imprensa à época.[456] Vale destacar que ao longo da gestão de Alexandre Cordeiro Macedo na SG/CADE foi noticiado que "ao menos seis servidores experientes deixaram o setor técnico do Cade com críticas a sua conduta".[457]

Ao menos desde 2019, como também indicado pela imprensa, em três investigações do CADE em face da Globo Comunicação e Participações S.A., "Cordeiro se envolveu diretamente e de forma incomum no andamento da investigação", sendo "o gabinete do superintendente-geral que produziu documentos decisivos – e não as coordenações-gerais, que normalmente são as responsáveis por apurar as denúncias, elaborar e assinar as notas técnicas". Nesse contexto, seu gabinete, diante de um total de cerca de 160 investigações também iniciadas entre 2019 e 2020, produziu apenas "sete notas técnicas desde 2019, sendo duas referentes a demandas administrativas", de maneira que "[d]as cinco que dizem respeito a investigações, quatro são relacionadas ao grupo Globo, e nenhuma delas é favorável". Tais eventos somam-se ao fato de que, em paralelo a essas investigações, o então Superintendente-Geral "estreitava relações com Fábio Wajngarten, então secretário especial de Comunicação Social do Ministério das Comunicações, muito próximo de Bolsonaro".[458]

Enquanto um dos mais significativos desses registros, durante as eleições de 2022, o Presidente Alexandre Cordeiro Macedo requereu a determinação instauração de inquérito administrativo em face dos institutos de pesquisa que subestimaram o apoio ao ex-Presidente Bolsonaro e seus aliados durante o primeiro turno das eleições de 2022. O Presidente argumentou que haveria indícios de "ação orquestrada dos institutos de pesquisa na forma de cartel para manipular em conjunto o mercado e, em última instância, as eleições".[459] Tamanha a atipicidade desse ato administrativo que uma nota pública de antigas lideranças e professores de direito e economia foi publicada, concluindo, em linhas gerais que a investigação proposta "jamais poderia ser concebida, a partir de uma análise antitruste minimamente técnica".[460] A ex-Conselheira Lucia Helena Salgado ressaltaria em declaração individual a existência de "flagrante desvio de finalidade e de vício de competência, o que arranha a reputação construída pela instituição em décadas de esforço coletivo de seus integrantes e da comunidade antitruste que a acompanha e respeita".[461]

Em setembro de 2023, o próprio CADE apresentou pedido ao Ministério Público Federal de abertura de investigação disciplinar em face da Conselheira Lenisa Rodrigues Prado "por suspeitas de favorecimento a uma empresa concorrente" no contexto do Ato de Concentração nº 08700.004940/2022-14. Nessa ocasião, "Lenisa informa[va] ter feito ajustes, com remédios (condicionantes) sugeridos ao acordo proposto por Ultragaz e Supergasbras para que, em vez de reprovada, a operação pudesse ser aprovada". Contudo, "ao abrir as propriedades do documento (registro do histórico das mudanças no arquivo), os demais conselheiros verificaram que ele havia sido escrito por um executivo da Copagaz [empresa rival das requerentes do ato de concentração]". Vale notar que o arquivo, "criado em 12 de agosto, às 18h57", teve sua "última modificação às 19h14", de maneira que "ficou claro para os conselheiros que, em 17 minutos, a conselheira não teria como fazer análise técnica aprofundada e modificações minuciosas nas 12 páginas". Destaca-se também que "o acordo era sigiloso e o acesso restrito somente aos conselheiros e às partes", sendo que "[a] Copagaz não poderia ter acesso a ele para, a partir de seu conteúdo, redigir um documento com uma proposta de remédios".[462]

Um último registro recente que evidencia a exposição política da defesa da concorrência no Brasil é a Nota Técnica nº 3/2024/DEE/CADE de 27 de fevereiro de 2024. O documento discute o Decreto nº 11.795/2023, referente à igualdade salarial em termos de gênero, raça e etnia.[463] O DEE sugerindo que "a regra, contida na lei, que determina que empresas com 100 ou mais empregados publiquem relatórios de transparência salarial para comparar a remuneração entre homens e mulheres, seja suspensa ou cancelada".[464] O evento causou certa repercussão midiática justamente pelo descompasso da retórica do CADE, que usualmente nega sua capacidade interventiva sobre esferas para além do bem-estar do consumidor. Fato curioso é que em nota oficial do próprio CADE sobre o evento, foi contraditoriamente afirmado que "[o] presidente do Cade, Alexandre Cordeiro Macedo, não determinou a elaboração do referido estudo", quando foi justamente um despacho ordinatório de seu gabinete[465] que determinou em de 20 de fevereiro de 2024 que o DEE realizasse a referida análise, a partir de ofício da Câmara Brasileira da Economia Digital (Câmara-e.net).

Em panorama, esses eventos demonstram que, embora a imagem da "ilha de excelência" do CADE tenha desempenhado um papel significativo na legitimação da autarquia ao longo das décadas, há sinais claros do esgotamento da tecnocracia para a defesa da concorrência no Brasil. Em primeiro plano, uma abordagem tecnocrática está se tornando progressivamente menos aceitável para a opinião pública. Mesmo que o reconhecimento da relevância do CADE tenha sido estabelecido ao longo do tempo, há o risco de esse prestígio ser erodido em um novo cenário econômico, dado que a autarquia é avessa a expandir seus horizontes de atuação a partir de um diálogo direto com essas percepções. Em segundo plano, se a tecnocracia nunca foi completamente eficaz em afastar as motivações políticas de seus membros,[466] essas motivações tornam-se cada vez mais explícitas. Não deixa de ser sintomático o diagnóstico feito por advogados brasileiros em 2023, expressando preocupações sobre a "independência institucional do órgão" e afirmando que o CADE conduziu casos por motivos "não técnicos", ao destacar a percepção geral de que a "influência política aumentou" sobre a autarquia.[467] Vale notar que mesmo a pontuação da autoridade concorrencial brasileira segundo o índice da GCR caiu de 2022 (quatro estrelas, considerado como "muito bom") para 2023 (três estrelas, considerado como "bom").[468]

Nesse contexto, a abordagem antipolítica em relação à concorrência no Brasil parece enfrentar uma encruzilhada: se, por um lado, ela está se transformando cada vez mais em um processo administrativo secundário e técnico diante dos dilemas econômicos contemporâneos, por outro, a imagem ilusória de tecnocratas ideologicamente neutros mascara os interesses e as agendas políticas que permeiam – e que sempre permearam – o funcionamento do CADE. Em ambas as direções, no entanto, há o risco tangível de o CADE gradativamente se tornar irrelevante para a governança econômica – tanto pelas restrições autoimpostas à sua esfera de atuação, afastando-se voluntariamente da opinião pública, quanto pela possibilidade de ser capturada por agentes políticos, sejam eles privados ou públicos. A figura do Presidente Alexandre Cordeiro Macedo não deixa de ser extremamente ilustrativa desse conflito no embate entre tecnocracia e política. Sendo ele um ator central em diversos dos eventos narrados acima, ao mesmo tempo Cordeiro não teria dificuldade em afirmar que "[o] Cade, pelo fato de ter característica de uma autarquia, não se mistura com a questão política".[469]

Ao final deste capítulo, o balanço da antipolítica concorrencial brasileira remonta novamente à imagem das ideias fora do lugar. Uma utilidade adicional dessa alegoria é que as *torções* identificadas no processo de importação de construções ideológicas para a realidade histórica brasileira tornam-se, curiosamente, um indicativo bastante explícito dos conflitos inerentes a essas ideias nas nações centrais em que se originaram.[470] Dessa forma, ao evidenciar os paradoxos que marcaram a abordagem tecnocrática para a defesa da concorrência no Brasil, também são apontados os dilemas da antipolítica concorrencial como um todo. Se atualmente identificamos um déficit de legitimidade democrática na defesa da concorrência como um todo, a tecnocracia subjacente à política concorrencial brasileira nunca ocultou seu viés abertamente antidemocrático, originando-se em experiências autoritárias e sendo moldada a partir dos anos 1990 por uma agenda *top-down* de reformas econômicas, com pouca ou nenhuma participação popular. Além disso, se atualmente se aponta para o risco de permeabilidade política dos tecnocratas, é importante notar que, aqui, eles sempre pautaram a construção de suas agendas em projetos, especialmente autoritários, e interesses políticos explícitos, mesmo que mantenham uma pretensa neutralidade ideológica no debate público. A antipolítica concorrencial no Brasil e o delineamento de sua crise, dessa forma, não devem ser interpretados como excrescências, mas sim como manifestações de uma dinâmica entre parte e todo no processo histórico de construção da defesa da concorrência ao redor do mundo.[471]

4. APÓS O FIM DA HISTÓRIA: O INTERREGNO DA ANTIPOLÍTICA CONCORRENCIAL

> E a pior de todas as coisas é que a noção de mercado e concorrência é de todas a mais carregada ideologicamente – e carregada de incoerências.
>
> MARIA DA CONCEIÇÃO TAVARES[472]

> Com a roupa encharcada, a alma
> Repleta de chão
> Todo artista tem de ir aonde o povo está
>
> MILTON NASCIMENTO E FERNANDO BRANT[473]

O período de crise enfrentado pelas democracias liberais e seus mecanismos de governança econômica, social e política pode ser simbolizado por um *interregno*, onde "o velho morre e o novo não pode nascer".[474] Precisamente considerando a natureza estrutural dos diversos fatores desse contexto de incertezas, torna-se ainda mais difícil antecipar com segurança os futuros contornos (ou pelo menos aqueles que deveriam ser almejados) da reconstrução dessas instituições.[475] Contudo, ao afirmar a presença de uma antipolítica concorrencial e destacar os fatores de seu ocaso, surge uma questão incontornável para a conclusão desta pesquisa: como resgatar o componente *político* da defesa da concorrência?

Alguns diagnósticos indicam um cenário bastante pessimista para esse processo. O direito se tornou um vetor da crise contemporânea das democracias liberais, sendo instrumentalizado pelo avanço de novas lideranças autoritárias ao redor do mundo.[476] Na Europa, especificamente na Polônia e na Hungria, a ascensão da extrema direita culminou na erosão das salvaguardas procedimentais de *checks and balances* e da legalidade do regime de defesa da concorrência, incorporando uma visão econômica iliberal, centralizada no Estado e orientada à promoção do patriotismo econômico.[477] Criada em 2007, alguns comentários indicam que a política de concorrência chinesa foi impulsionada pela proteção dos interesses nacionais, assimilando características autoritárias do regime político do país.[478] Mesmo no Brasil, a decisão do CADE de investigar institutos de pesquisa durante as eleições presidenciais de 2022, solicitada pelo Presidente Alexandre Cordeiro, dificilmente pode ser desvinculada de uma inclinação antidemocrática. Todas essas experiências institucionais parecem sugerir que a antipolítica concorrencial pode se transformar em uma forma ainda mais autoritária de tecnocracia,[479] destacando cada vez mais o conteúdo ideológico das decisões tomadas pelas autoridades de concorrência e corroendo a suposta neutralidade de seu paradigma teórico.

Considerando justamente esse risco autoritário, a noção de uma abordagem *democrática* para a defesa da concorrência não é apenas uma entre várias opções institucionais para resgatar o elemento político da tutela concorrencial, mas uma agenda necessária no contexto dos esforços de reestruturação das democracias liberais. "Democracia" não deve ser aqui lida como um "termo vago e banal sem qualquer significado preciso".[480] Da mesma forma, também não se parte de que a democracia surge como mera antítese à tecnocracia.[481] Antes disso, essa proposta deve ser compreendida como um princípio orientador para reconfigurar os elementos de legitimidade da defesa da concorrência, fundamentando-os no diálogo democrático em torno do processo decisório de sua aplicação, enquanto ferramenta de prevenção e repressão dos riscos associados à concentração do *poder econômico*.

Nesse sentido, as próprias concepções de "concorrência" e "poder econômico" devem ser reenquadradas, ressaltando sua fluidez para a política concorrencial ao longo da história.[482] A ideia de concorrência se aproximou muito mais de um instrumento redentor dos mercados, enquanto resposta ao poder econômico, do que de uma figura estática – garantindo suas virtudes e prevenindo seus vícios, mesmo que sua definição tenha variado durante o tempo.[483] Da mesma forma, as diversas posições em relação à política concorrencial evidenciam diferentes percepções do que constituiria o poder econômico por meio de seus efeitos (vícios) nos mercados.[484]

É relevante observar, dessa forma, que esses conceitos são ideologicamente construídos a partir de suas manifestações concretas. Por exemplo, o poder econômico, objeto da tutela concorrencial, seria identificado na dominância política do *big business* por ativistas da *Progressive Era*, como Wilson e Brandeis.[485] Por sua vez, a Escola de Harvard o associaria a estruturas de mercado concentradas em monopólios ou oligopólios.[486] Já a tradição chicaguiana restringiria o poder econômico apenas à possibilidade de seu abuso, manifestado pela restrição de *outputs* aos consumidores finais.[487] Todas essas manifestações seriam acompanhadas por interpretações ideológicas correlatas do que a ideia de concorrência poderia alcançar. Leituras mais remotas identificariam a concorrência como uma forma de contrabalanceamento do poder privado por meio de *checks and balances* em um ideal de democracia econômica. O paradigma harvardiano veria na desconcentração estrutural do mercado a garantia de estruturas competitivas eficientes. Os pressupostos da Escola de Chicago apontariam a liberalização econômica como a solução para situações de risco ao bem-estar de consumidores, buscando construir soluções de barganha Pareto-ótimas.

Assim, a despeito de uma sucessão de disputas em torno dos paradigmas técnico-econômicos, portanto, o fim ideológico da política concorrencial permaneceu inalterado ao longo dos anos: *garantir as virtudes dos mercados para a economia e sociedade e prevenir seus vícios, por meio do combate ao poder econômico*. Um falso debate sobre os objetivos e propósitos da defesa da concorrência ocultou esse consenso político subjacente sólido, ao concentrar-se excessivamente em aspectos operacionais entre diferentes posições teóricas.[488] Toda a disputa em torno da política concorrencial, assim, estruturou-se em outro nível: o da escolha de arranjos econômicos socialmente legítimos, partindo da premissa de que mercados competitivos são mecanismos institucionais necessários e desejáveis para organização econômica, política e social em democracias liberais.[489]

Isso implica reconhecer o poder econômico e sua resposta na concorrência como fenômenos sociais policêntricos – isto é, envolvendo uma pluralidade de centros de interesses e agentes legítimos em um esquema de afetação simultânea, assemelhando-se a "uma teia de aranha", onde ao puxar um fio "distribuirá as tensões em um padrão complexo por toda a teia como um todo".[490] O poder econômico, por exemplo, não apenas tem origens complexas, mas também transcende as dimensões de mercado,[491] expandindo seu campo de influência para uma ampla gama de atores.[492] Da mesma forma, a concorrência absorve valores de diferentes naturezas,[493] engajando uma ampla variedade de agendas em sua construção. Trata-se, portanto, de desenvolver uma abordagem capaz de explicitar essas posições legítimas, buscando ferramentas para sua composição.

A proposta de uma agenda democrática à defesa da concorrência, nesse sentido, refere-se à *construção de uma abordagem processual, centrada em esclarecer as escolhas e posições que envolvem a seleção desses arranjos legítimos, a partir da natureza policêntrica de seus componentes.* O direito adquire, assim, a função de estruturar organizadamente os diversos centros de interesse afetados pela regulação do poder econômico, assegurando instrumentos processuais para sua defesa e composição.[494] Essa abordagem democrática, dessa forma, fundamenta-se em uma abordagem processual para a governança econômica, garantindo o direito à participação de seus diferentes *stakeholders*.[495] A democracia e suas estruturas jurídicas convertem-se, assim, em um meio de promover resiliência sistêmica na política concorrencial, em busca de uma "igualdade complexa" entre seus atores, considerando as possíveis desigualdades estruturais e as perdas a elas correlatas decorrentes do exercício do poder econômico.[496]

Essa proposta, é importante ressaltar, busca se opor diretamente a interpretações consequencialistas que têm se sucedido na história da defesa da concorrência, centradas em objetivos teóricos abstratos, ocultando suas opções políticas e seus afetados.[497] A abordagem adotada justifica, ainda, a necessidade de reorientação da função do direito, abandonando uma posição passiva e indiferente aos valores e interesses que ele visa proteger, em prol de finalidades pré-jurídicas pretensamente científicas.[498]

Os mecanismos processuais concretos que compõem esse arcabouço naturalmente variam entre diferentes jurisdições, de acordo com as bases institucionais de seus modelos de democracia,[499] de seus sistemas de mercado[500] e de seus regimes de defesa da concorrência.[501] No entanto, ao menos três princípios podem servir de parâmetro para sua orientação: (i) conferir aos *stakeholders* efetivo poder decisório; (ii) estabelecer ambientes de mobilização, composição, contestação e responsabilização das *stakeholders*; e (iii) criar canais entre *stakeholders* e tomadores de decisão.[502]

Ao conferir poder decisório efetivo aos *stakeholders*, busca-se estimular sua participação por meio da garantia de eficácia em suas intervenções, utilizando instrumentos ativos que abram a tutela do poder econômico à atuação política desses agentes.[503] Ademais, a criação de espaços para mobilização, composição, contestação e responsabilização de *stakeholders* contribui para a ativação de grupos marginalizados, garantindo um processo mais amplo e inclusivo de ação coletiva na política concorrencial.[504] Além disso, ao estruturar canais entre *stakeholders* e tomadores de decisão, pretende-se criar interfaces na esfera pública para o envolvimento ativo desses atores pelos operadores dos regimes de defesa da concorrência, possibilitando outras formas de envolver produtivamente forças de contraposição.[505]

Esses parâmetros, em resposta a regimes tecnocráticos, buscam estabelecer mecanismos que permitam a reorientação do conhecimento técnico e de seus operadores pelas necessidades sociais materiais, racionalizando não apenas os meios da ação política, mas também seus fins.[506] De maneira análoga, essa abordagem amplia o espaço para o experimentalismo de soluções, oferecendo meios concretos para explorar abordagens às diversas questões que afetam os diferentes atores da tutela concorrencial do poder econômico.[507] Trata-se de transformar a percepção da defesa da concorrência, evidenciando-a como um objeto de interesse e administração comum para todos aqueles afetados pelo poder econômico.[508]

Para além de um esforço imaginativo, vale notar que diversos regimes de defesa da concorrência já comportam instrumentos (embora parciais), de participação, mobilização e comunicação entre *stakeholders* e tomadores de decisão, que possibilitam a realização de parte substancial da abordagem proposta. Alguns exemplos podem ser mencionados para o caso do controle de estruturas. A terceiros interessados é garantido o direito de participarem do processo de análise concorrencial de concentrações tanto na Europa (Artigo 18 do Regulamento n° 139/2004 do Conselho Europeu) quanto no Brasil (art. 50 da Lei nº 12.529/2011).[509] No Brasil, ainda é facultado o direito de interposição de recursos sobre decisões nesse contexto (art. 65 da Lei nº 12.529/2011), buscando assegurar poderes efetivos no processo de decisão a esses atores. Em termos de mobilização de *stakeholders* específicos, o direito concorrencial europeu (Artigo 18(4) do Regulamento n° 139/2004 do Conselho Europeu) também prevê expressamente a possibilidade de participação de empregados das empresas em concentração ao longo desse procedimento. Previsões similares também podiam ser identificadas na Lei nº 8.884/1944 (art. 58, § 1º), buscando mitigar efeitos de concentrações sobre o nível de emprego.[510] Esses mecanismos, além de canais diretos de comunicação (como consultas públicas e audiências públicas no caso brasileiro),[511] podem servir de base para a construção de outros instrumentos orientados por um ideal democrático para a política concorrencial.

No caso brasileiro, é pertinente questionar a efetiva utilização desses mecanismos. Desde o final de 2023, o CADE implementou um sistema de notificação digital de atos de concentração. Em 3 de abril de

2024, ocorreu a primeira submissão de uma operação por meio desse procedimento, aprovada sem restrições em menos de 24 horas[512] – um prazo significativamente inferior ao estabelecido pelo Regimento Interno do CADE para a manifestação e admissão de terceiros interessados sobre a operação.[513] O que é extremamente curioso é justamente é a presunção da própria autoridade concorrencial brasileira. A aprovação de uma operação antes mesmo que terceiros interessados possam se manifestar implica confiar implicitamente nas informações fornecidas pelas partes na notificação do ato de concentração, além de pressupor uma suposta "onisciência" do CADE quanto à veracidade e à completude dessas informações, ignorando o registro de assimetrias de informação entre o órgão regulador e os agentes regulados[514] – motivo pelo qual a participação de outros atores para além desse binômio é fundamental no processo regulatório.

É importante ressaltar que essa questão envolve uma escolha de política pública diante de várias opções que poderiam aumentar a eficiência administrativa da autoridade concorrencial. Se o atual volume de operações afeta a celeridade das decisões do CADE, outras soluções institucionais podem ser consideradas sem comprometer a eficácia dos canais de participação no processo de *enforcement*. Um exemplo é a correção dos critérios de faturamento para a notificação de atos de concentração, desatualizado há quase 12 anos. De acordo com as normas vigentes desde 2012, atos de concentração devem ser notificados ao CADE quando pelo menos um dos grupos econômicos envolvidos registrou um faturamento bruto de R$ 750 milhões no ano anterior à operação, enquanto o outro alcançou R$ 75 milhões durante o mesmo período.[515] Atualizando esses valores, eles representariam hoje cerca de R$ 1,72 bilhões e R$ 172 milhões, respectivamente – o que, evidentemente, reduziria de forma significativa o número de operações analisadas.[516] A opção do CADE por acelerar as decisões às custas de uma maior participação no processo decisório é, portanto, uma decisão política ativa de viés tecnocrático – uma dimensão que não pode ser ignorada ao se debater as diferentes opções de *enforcement* da defesa da concorrência. Mais do que isso, é exatamente essa abordagem tecnocrática que leva a autoridade concorrencial brasileira a priorizar a racionalidade de seus processos em detrimento da racionalidade de seus fins, tornando-se assim cada vez menos uma instância efetiva de governança econômica.

Dentro desse quadro, a possível subutilização desses mecanismos evidencia que a adoção de uma agenda democrática para a defesa da concorrência é sobretudo um processo cultural.[517] A antipolítica concorrencial, assim, encontra-se mais relacionada a escolhas políticas ativas dos seus operadores,[518] do que a uma ampla gama de transformações e reformas institucionais. Nesse contexto, o cerceamento de esferas de maior participação da sociedade civil, sob uma retórica tecnocrática, desincentiva *stakeholders* a defenderem a concorrência como uma solução para aspectos não convencionais do poder econômico em momentos futuros. Isso cria uma espiral negativa que fortalece a limitação tecnocrática da regulação concorrencial. Trata-se, sobretudo, de transformar as premissas epistemológicas que orientam as estruturas de governança econômica. Antes de assumir precipitadamente, com base em um conhecimento supostamente técnico, que uma determinada questão não se enquadra no escopo da concorrência, o executor da política de defesa da concorrência deve adotar uma abordagem oposta: reconhecendo a complexidade do poder econômico e da concorrência, estar disposto a considerar perspectivas diferentes e pouco exploradas sobre sua natureza.[519]

Dessa forma, uma agenda democrática para a defesa da concorrência pode oferecer respostas institucionais aos desafios enfrentados pela antipolítica concorrencial. Em primeiro plano, a abordagem proposta supera a problemática inerente à exigência da adoção de um paradigma técnico pretensamente totalizante para sua aplicação. Antes de abordar essa questão e reconhecendo a impossibilidade de construir um arcabouço teórico dessa natureza, a proposta assume diferentes instrumentos analíticos com suas próprias limitações e falhas. Isso não significa negar qualquer papel à expertise técnica, mas mobilizá-la dentro dos interesses legítimos de diferentes *stakeholders* afetados pela tutela da concorrência.[520] As diferentes opções de *enforcement* concorrencial, bem como as perspectivas analíticas a elas subjacentes, dessa forma, não são mais inviabilizadas de plano por um obstáculo intransponível representado por um dogma tecnocrático.

Em segundo plano, uma abordagem democrática para a política concorrencial visa modificar a dinâmica entre seus operadores e a sociedade civil. Ao rejeitar a possibilidade de formação de uma comunidade epistêmica de tecnocratas, postula-se que os diversos *stakeholders* que compõem o processo de defesa da concorrência desempenham um papel central ao, por exemplo: (i) informar as autoridades concorrenciais sobre diferentes dimensões da tutela concorrencial do poder econômico, suprindo pontos cegos de análise; (ii) explicitar as diversas finalidades que a tutela concorrencial pode assumir diante dessa diversidade de propósitos e as escolhas políticas a ela subjacentes; e (iii) contribuir na construção dos próprios instrumentos e remédios que a defesa da concorrência pode empregar para a concretização de seu *enforcement*. Dessa maneira, subverte-se a relação de domínio dos operadores da política concorrencial, enquanto tecnocratas, sobre a ação pública, elevando a sociedade civil, em toda a sua complexidade, como última destinatária e parte interessada.

Em terceiro plano, a própria concepção do desempenho desejado por autoridades concorrenciais sofre alterações na perspectiva proposta. A erosão da ideia do império de uma técnica orientando toda a aplicação da política concorrencial, deslegitimando outras perspectivas analíticas, abre espaço para a percepção de novas manifestações do poder econômico e funcionalidades da concorrência como respostas a esse problema. Dessa forma, os resultados almejados da ação pública também se transformam e diversificam à medida que as escolhas políticas que guiam o processo de intervenção e seus propósitos são explicitados. Assim, não decorre mais um único efeito almejado pela aplicação da política concorrencial, mas sim diversos efeitos, potencialmente conflitantes e sobrepostos, que devem ser objeto de uma escolha política consciente por parte dos envolvidos. Mais do que isso, decisões de intervenção que, no futuro, se revelem inadequadas para os fins para os quais foram concebidas não são consideradas aqui como erros, especialmente porque resultam de um processo participativo legítimo entre seus diversos *stakeholders*, mas sim como parte de um contínuo processo de construção e aprendizado institucional.

É importante destacar quatro ressalvas em relação a uma agenda democrática para a política concorrencial. Primeiro, a abordagem proposta para a defesa da concorrência não busca simplesmente desconsiderar as implicações institucionais da tecnocracia para a política concorrencial.[521] O viés tecnocrático foi indiscutivelmente responsável pelo próprio crescimento e do desenvolvimento da política concorrencial ao longo da história, em seus diferentes paradigmas teóricos e suas estruturas organizativas. Além disso, muitas vezes, a administração tecnocrática pode funcionar como um meio para a construção de um terreno comum entre posições extremas, proporcionando, pelo menos, uma tentativa de objetividade.[522] Analogamente, o emprego de uma equipe de profissionais altamente capacitados não é considerado intrinsecamente indesejável ou prejudicial nesse contexto. Antes disso, há espaço para a mobilização do conhecimento técnico dentro do modelo proposto, explicitados suas premissas e propósitos políticos.

Segundo, alguns poderiam argumentar que abandonar uma abordagem tecnocrática para a defesa da concorrência seria ingênuo, uma vez que isso poderia aumentar sua suscetibilidade a interesses privados, especialmente dos agentes já estabelecidos – um efeito contrário ao pretendido pela proposta aqui defendida.[523] No entanto, essa crítica é equivocada. Com uma agenda democrática, busca-se afirmar que "dobrar a aposta" tecnocrática, com base nesses mecanismos, apresenta limitações significativas na resposta aos fatores crise da antipolítica concorrencial, uma vez que não é capaz de efetivamente enfrentá-los. Vale notar que a influência política na defesa da concorrência não é um risco do qual a antipolítica concorrencial nos preveniu, mas sim uma realidade que existe independentemente de um regime tecnocrático, sendo geralmente ocultada por esse viés da sociedade civil. A agenda democrática proposta busca, justamente, explicitar esses interesses existentes, baseando-se justamente na capacidade de mobilização política dos seus *stakeholders* como um caminho para maior legitimidade da intervenção concorrencial.[524] Assim, ainda que o aprimoramento tecnocrático possa servir como ponto de base para uma reforma incremental da defesa da concorrência, ele é insuficiente para responder aos problemas que a própria tecnocracia criou.[525]

Terceiro, a agenda democrática proposta não questiona o consenso político subjacente à defesa da concorrência – isto é, de que mercados competitivos são mecanismos institucionais necessários e desejáveis para organização econômica, política e social em democracias liberais. Isso não significa reconhecer que essa premissa possa encontrar severas críticas, especialmente diante dos dilemas econômicos contemporâneos. Questões como a desigualdade ou a emergência climática podem apontar para a necessidade de arranjos institucionais distintos para a produção, distribuição e circulação de produtos e serviços, como, por exemplo, a criação de formas de gestão comum sobre a propriedade privada[526] ou mesmo a inexistência de determinados mercados[527] – o que implica em uma sistemática completamente distinta daquela sobre a qual se baseia a política concorrencial.[528] Outros sistemas de governança desses instrumentos de alocação de recursos podem, evidentemente, ser imaginados e debatidos, embora sua análise esteja fora do escopo da presente pesquisa.

Quarto, uma abordagem democrática para a defesa da concorrência parte da premissa de que uma formatação institucional pré-definida para a política concorrencial é ilusória. Isso se deve tanto ao reconhecimento da diversidade de experiências institucionais na estruturação de regimes de defesa da concorrência[529] quanto à compreensão de que o conjunto de ferramentas empregadas pelas autoridades concorrenciais pode evoluir ao longo do tempo.[530] São, assim, descabidas possíveis críticas de que a abordagem proposta desconfiguraria a política concorrencial em si. Como discutido acima, a configuração atual dos diversos regimes de defesa da concorrência reflete explicitamente um conjunto de ideologias e escolhas políticas que compõem a tutela concorrencial do poder econômico - não podendo ser naturalizadas como *falsas necessidades* do debate público.[531]

Ao final, uma abordagem democrática para a política concorrencial não objetiva (e nem poderia) negar ou eliminar as disputas relacionadas à defesa da concorrência - ela persiste como um campo aberto de confronto para os diversos interesses afetados pelo poder econômico. Sua proposta é menos pretensiosa: ao identificar esse mecanismo regulatório como uma arena de conflito, busca estruturar instrumentos capazes de catalisar em sua aplicação a participação, o compromisso e o consenso entre diferentes *stakeholders*. Dessa forma, assume-se o conteúdo ideológico de seus institutos e reconhece as limitações cognitivas de seus operadores diretos, encontrando justamente aí os elementos para a construção coletiva de sua agenda.

CONCLUSÕES

A história, especialmente ao tratar de relações de causa e consequência, pode ser interpretada por meio de sucessivos marcos de ruptura ou de processos de continuidade. Isso não significa que essas leituras sejam excludentes. Pelo contrário, frequentemente elas se complementam, de modo que, ao examinar períodos de longa duração, é possível identificar sua força através de pequenas mudanças e seu desfecho efetivo em eventos que representariam rupturas drásticas. Sugerir uma interpretação da tecnocracia como fundamental para a compreensão da evolução da governança econômica é, de certa forma, destacar essas dinâmicas. Sob essa perspectiva, apesar de sucessivas mudanças em seus contornos, a história das instituições relacionadas ao Estado e à economia de mercado, fundamentada na premissa epistemológica da capacidade de organização do fenômeno social, pode ser compreendida por meio de sua continuidade.

A política de defesa da concorrência tem sido interpretada com foco em mudanças de paradigmas teóricos ou "revoluções" de escolas de pensamento, negligenciando os processos mais longos de construção institucional. Ao concentrarem-se nesses eventos, essas leituras ocultam dimensões significativas da recente crise nos contornos da política concorrencial. O excessivo enfoque em microdimensões, como alterações nas premissas teóricas que orientam sua trajetória, conduz ao descolamento das transformações recentes de contextos mais amplos, minimizando sua relevância como uma ruptura efetiva e impedindo uma identificação correta de suas causas. Essa pesquisa, ao buscar um esforço contrário, pode ser lida como uma tentativa de confrontar essas questões por uma história de continuidade.

Compreender a tecnocracia como um modelo de governo é entender que ainda que esses agentes, esses paradigmas teóricos e as agendas concretas mudem substancialmente, os fatores de legitimação mais amplos aos quais esses aspectos estão atrelados (tecnocratas, técnica e desempenho) podem permanecer intactos. Mais do que isso, as próprias bases institucionais sobre as quais esses elementos de legitimidade se construíram persistem ao longo do tempo, independentemente de vieses políticos à esquerda ou à direita. Observar o desenvolvimento de uma antipolítica concorrencial nesse quadro é transportar essa leitura para a defesa da concorrência. Isso permite visualizar os contornos atuais de sua crise muito mais ligados a um primeiro choque drástico dos seus fatores de legitimação em si, produtos de uma construção longa durante todo o século XX, do que ao seu conteúdo material específico, que foi sujeito a sucessivos processos de quebra ao longo da história.

O Brasil, nesse contexto, consiste em um exemplo particularmente intrigante dessa dinâmica. Aqui os embates entre diversos protagonistas, paradigmas teóricos e agendas específicas se intensificaram notavelmente, entrelaçados nas significativas mudanças políticas do país ao longo do século XX, caracterizadas por golpes, alternância entre períodos autoritários e democráticos e bruscas transformações na política econômica, transitando entre abordagens drasticamente heterodoxas e ortodoxas. O ideal tecnocrático e a conformação de reformas institucionais cumulativas em torno se apresentariam como um emplastro milagroso nesse contexto político de incertezas. Não seria diferente para antipolítica concorrencial brasileira, onde a tecnocracia, desde os anos 1990, adquiriu uma influência retórica poderosa.

A despeito do apelo do ideal tecnocrático, os dados desta pesquisa demonstram que a tecnocracia, enquanto retórica mobilizada pelo CADE no Brasil, carece de fatores concretos. De um lado, a alegoria de uma "ilha de excelência" da administração pública com a qual lideranças do CADE se identificam não possui respaldo efetivo, diante da sua decrescente qualificação. De outro, a autoridade concorrencial brasileira não possui qualquer registro de entrega dos resultados pretendidos por sua ação, tais como o aumento do bem-estar do consumidor. Pelo contrário, o CADE, especialmente após as reformas dos anos 1990, representa mais uma profecia tecnocrática autorrealizável, na qual as atividades e as escolhas supostamente apolíticas que caracterizam sua operação ganham uma legitimação própria, independentemente de validação real.

Uma nova onda global de autoritarismo seria necessária para que o papel de elites técnicas na governança econômica fosse amplamente questionado, especialmente pela extrema direita. A percepção de um processo de dominação econômica, enquanto vetor da crise democrática, desencadeou ataques aos principais fundamentos de legitimidade da tecnocracia: a crença de que tecnocratas são inerentemente influenciados pelos interesses privados do grande empresariado; a desconsideração do conhecimento técnico como guia para a ação pública; e a frustação dos resultados pretendidos por essa agenda, especialmente diante da estagnação econômica e do aumento da desigualdade. Apesar do cenário grave, este quadro não deve ser interpretado como um convite ao cinismo, mas sim como uma oportunidade para reimaginar a estrutura e, acima de tudo, a legitimidade da governança econômica, incluindo a defesa da concorrência.

Uma proposta democrática para a tutela concorrencial, nesse sentido, busca estabelecer instrumentos que promovam a participação ativa, o compromisso e o consenso entre seus diversos *stakeholders*. Evidentemente os contornos específicos dessa transição variam de acordo com as realidades institucionais de diferentes sistemas de defesa da concorrência e exigem um esforço criativo para redefinir o papel do Estado na regulação. No entanto, uma agenda democrática implica, acima de tudo, em reconhecer a defesa da concorrência como uma arena de conflito e concentrar sua legitimidade no processo decisório em si, assumindo sua dimensão inerentemente política e enfrentando democraticamente os diversos interesses envolvidos em sua operação.

POSFÁCIO: ANA FRAZÃO

É com muito prazer e honra que, após ter participado como avaliadora da dissertação de Mestrado de Arthur Sadami Arelano Ikeda, aprovada com nota máxima e distinção, recebi o seu convite para posfaciar o livro dela resultante, cujo título é "Tecnocracia e a Antipolítica Concorrencial."

Tendo por base a tensão entre técnica e política, Arthur explora, de forma corajosa, a abordagem tecnocrática que vem prevalecendo na política concorrencial brasileira, inclusive para efeitos de avaliar, com base em evidências empíricas e os critérios por ele desenvolvidos, a capacitação técnica dos Conselheiros do CADE e os indicadores de desempenho da autarquia. É a partir dessa análise que ele conclui que "os elementos da legitimação tecnocrática do regime de defesa da concorrência no Brasil carecem de respaldo concreto, revelando a natureza essencialmente retórica da tecnocracia nesse sentido".

Tal conclusão já seria interessante por si só e consistiria em importante contribuição do trabalho para a reflexão jurídica. Entretanto, Arthur vai muito além, na medida em que questiona o próprio ideal tecnocrático que leva a uma "antipolítica concorrencial", mapeando as fronteiras e perspectivas para uma abordagem mais democrática da política concorrencial do século XXI.

Nessa instigante reflexão, Arthur toca, com muita destreza, erudição e uma boa dose de criatividade, em muitos temas importantes, tais como as relações entre tecnicismo e dominação econômica, traduzida na influência dos interesses privados do grande empresariado sobre os tecnocratas. E o faz a partir de instigante reconstrução de narrativas, declarações de autoridades concorrenciais e contextualizações de julgamentos importantes do CADE, o que proporciona ao leitor muitas provocações, surpreendendo tanto pelo que Arthur revela explicitamente, como também pelo que apenas sugere ou deixa nas entrelinhas.

É diante dos diagnósticos e preocupações cuidadosamente apresentados ao longo da obra que o autor procura defender uma agenda democrática para a política concorrencial, o que implica "reconhecer a defesa da concorrência como uma arena de conflito e concentrar sua legitimidade no processo decisório político em si, assumindo e enfrentando democraticamente os diversos interesses envolvidos em sua operação."

Apesar da complexidade do tema, da sofisticação da bibliografia e da diferenciação intelectual do autor, cuja capacidade crítica é incomum para um jurista tão jovem, o seu texto fluido e acessível, o que faz com que a leitura seja extremamente prazerosa.

Por todas essas razões, eu não tenho dúvidas de que a presente obra será de grande auxílio para todos aqueles que querem expandir suas reflexões não apenas sobre a política concorrencial, mas também sobre a tensão entre tecnicismo e democracia em sociedades complexas, dentre inúmeras outras questões mais abrangentes que Arthur nos apresenta com bastante competência e talento.

Brasília, 20 de maio de 2024.

Ana Frazão
Professora Associada de Direito Civil, Comercial e Econômico da Universidade de Brasília – UnB

NOTAS

INTRODUÇÃO

[1] Para algumas impressões acerca desse momento de incerteza da política concorrencial, conferir: BAKER, Jonathan B. *The Antitrust Paradigm*: Restoring a Competitive Economy. Cambridge: Harvard University, 2019, p. 32-52; DUNNE, Niamh. The Antitrust Anti-Consensus. *Project Syndicate*, Nova York, 11 de dez. de 2020; e TYLER, Eleanor. Antitrust Battles to Become Even More Heated in 2023. *Bloomberg Law*, Nova York, 11 de nov. de 2022.

[2] Algumas estimativas indicam que o número de jurisdições que haviam adotado um regime de defesa da concorrência praticamente dobrou ao longo dos anos 1990. Conferir: BRADFORD, Anu *et al.* Competition Law Gone Global: Introducing the Comparative Competition Law and Enforcement Datasets. *Journal of Empirical Legal Studies*, Hoboken, v. 16, n. 2, p. 411-443, 2019, p. 418. Vale destacar que essa expansão não pode ser dissociada de uma agenda mais ampla de reformas econômicas para a liberalização de mercados de nações do Sul Global durante esse período. Conferir: WAKED, Dina I. Adoption of Antitrust Laws in Developing Countries: Reasons and Challenges. *Journal of Law, Economics & Policy*, Fairfax, v. 12, n. 2, p. 193-230, 2016.

[3] É célebre a afirmação de Herbert Hovenkamp, proferida em 2005, de que "desfrutamos de um consenso maior sobre os objetivos da legislação antitruste do que em qualquer momento nos últimos cinquenta anos". No original: "[a]fter decades of debate, today we enjoy more consensus about the goals of the antitrust laws than at any time in the last half century" (HOVENKAMP, Herbert. *The Antitrust Enterprise*: Principle and Execution. Cambridge: Harvard University, 2005, p. 1). Adicionalmente, vale destacar a pesquisa de Anu Bradford e Adam S. Chilton, que, buscando mensurar o nível de convergência da política concorrencial ao redor do mundo, desenvolveu o Competition Law Index (CLI), com base em dois fatores-chave: (i) a presença de uma autoridade autônoma; (ii) e os aspectos substantivos de aplicação, divididos em (a) concentrações; (b) abusos de posição dominante; e (c) acordos colusivos. Os dados reunidos pelo estudo identificaram a progressiva convergência institucional da política concorrencial entre diferentes jurisdições a partir da década de 1990 em todos os parâmetros mencionados. Conferir: BRADFORD, Anu; CHILTON, Adam S. Competition Law Around the World from 1889 to 2010: The Competition Law Index. *Journal of Competition Law & Economics*, Oxford, v. 14, n. 3, p. 393-432, 2018.

[4] Isso decorreria em grande medida da influência da teoria do preço, especialmente nos trabalhos de Ronald H. Coase e George J. Stigler, sobre a abordagem chicaguiana da política concorrencial. Conferir: BORK, Robert. *The Antitrust Paradox*: A Policy at War with Itself. Nova York: Free Press, 1993, p. xiii; e POSNER, Richard A. The Chicago School of Antitrust Analysis. *University of Pennsylvania Law Re-*

view, Filadélfia, v. 127, p. 925-948, 1979, p. 932. Para alguns dos trabalhos desses economistas a esse respeito, conferir: COASE, Ronald H. The Nature of the Firm. *Economica*, Londres, v. 4, n. 16. p. 386-405, 1937; STIGLER, George J. A Theory of Oligopoly. *The Journal of Political Economy*, Chicago, v. 72, n. 1, p. 44-61, 1964; e STIGLER, George J. *The Theory of Price*. 4ª ed. Nova York: Macmillan, 1987.

[5] Conferir: BORK, *op. cit.*, 1993, p. 107-115.

[6] "A legislação antitruste, como posta, tem apenas um objetivo legítimo, e esse objetivo pode ser obtido com tanto rigor quanto qualquer teorema em economia. [...] (1) O único objetivo legítimo do direito antitruste estadunidense é a maximização do bem-estar do consumidor; e, consequentemente, (2) 'Concorrência,' para os propósitos da análise antitruste, deve ser entendida como um termo técnico significando qualquer situação na qual o bem-estar do consumidor não pode ser elevado por determinação judicial". No original: "[t]he antitrust laws, as they now stand, have only one legitimate goal, and that goal can be derived as rigorously as any theorem in economics. [...] (1) The only legitimate goal of American antitrust law is the maximization of consumer welfare; therefore, (2) 'Competition,' for the purposes of antitrust analysis, must be understood as a term of art signifying any state of affairs in which consumer welfare cannot be increased by judicial decree" (BORK, *op. cit.*, 1993, p. 51).

[7] Conferir: GLICK, Mark. The Unsound Theory Behind the Consumer (and Total) Welfare Goal in Antitrust. *The Antitrust Bulletin*, Thousand Oaks, v. 63, n. 4, p. 455-493, 2018; e GLICK, Mark. How Chicago Economics Distorts "Consumer Welfare" in Antitrust. *The Antitrust Bulletin*, Thousand Oaks, v. 64, n. 4, p. 495-513, 2019.

[8] Conferir: LIANOS, Ioannis. Polycentric Competition Law. *Current Legal Problems*, Oxford, v. 71, n. 1, p. 161-213, 2018, p. 163-164 ("[m]ainstream competition law focuses on consumer welfare, and more specifically the welfare resulting from lower prices, and ignores or only allows a marginal role, for the most part, the non--price dimensions of competition"). Note-se que essa problemática também seria extensível aos próprios consumidores, pouco informados dos outros fatores sociais que circulam os produtos. Nesse sentido, "o foco único no preço - que começa no nível do consumidor e afeta todos os outros níveis da cadeia de abastecimento", onde "[o]s consumidores, confiando na magia da máquina da concorrência e desfrutando dos preços baixos daí resultantes, parecem ser os beneficiários de toda esta competição acirrada e, portanto, talvez não seja surpreendente que não queiram espreitar o funcionamento interno da máquina para ver o que torna possível seus hambúrgueres, barras de chocolate, cafés e roupas baratos". No original: "[c]ommon to all of the above examples is the single-minded focus on price—which begins at the consumer level and affects every other level of the supply chain. The consumers, trusting in the magic of the competition machine and enjoying the low prices that result, would seem to be the beneficiaries of all this fierce competition, and therefore it is perhaps not surprising that they don't want to peer into the inner workings of the machine to see what makes their cheap hamburgers, candy bars, coffee, and clothing possible" (STUCKE, Maurice; EZRACHI, Ariel. *Competition Overdose*: How the Free Market Mythology Transformed Us from Citizen Kings to Market Servants. Nova York: HarperCollins, 2020, p. 56). Em sen-

tido similar, conferir: SALOMÃO FILHO, Calixto. *Teoria crítico-estruturalista do direito comercial.* São Paulo: Marcial Pons, 2015c, p. 48-53.

[9] Relatórios da International Competition Network (ICN), elaborados com base em questionários a autoridades concorrenciais, por exemplo, demonstram uma grande variabilidade entre aquilo que constitui o conteúdo do bem-estar do consumidor. Conferir: ICN. *Competition enforcement and consumer welfare*: setting the agenda. Haia, 2011, p. 4. Conferir também: ICN. *Report on the objectives of unilateral conduct laws, assessment of dominance/substantial market power, and state-created monopolies.* Moscou, 2007, p. 9.

[10] Conferir: LIANOS, Ioannis. Competition Law as a Form of Social Regulation. *The Antitrust Bulletin*, Thousand Oaks, v. 65, n. 1, p. 3-86, 2020, p. 18 ("competition law should gradually escape from the narrow straitjacket knitted by welfare economics, which forms the essence of its intellectual foundations, and envision additional/alternative sources of wisdom that may be more relevant for an area of law that aims to fulfil the complex task of becoming both part of economic policy and a tool of social regulation").

[11] Mais recentemente, essas lacunas no paradigma chicaguiano e seus pressupostos teóricos foram particularmente evidenciadas nas questões concorrenciais envolvendo plataformas digitais. Para dois comentários centrais nesse sentido, conferir: WU, Tim. Blind Spot: The Attention Economy and the Law. *Antitrust Law Journal*, Chicago, v. 82, n. 3, p. 771-806, 2019a; e KHAN, Lina. Amazon's Antitrust Paradox. *The Yale Law Journal*, New Haven, v. 126, n. 3, p. 710-805, 2017. No entanto, há registros mais remotos de críticas evidenciando essas lacunas, inclusive na literatura brasileira. Conferir: SALOMÃO FILHO, Calixto. A paralisia do antitruste. *Revista do IBRAC*, São Paulo, v. 16, n.1, p. 305-323, 2009.

[12] Conferir, exemplificativamente: STEINBAUM, Marshall; STUCKE, Maurice. The Effective Competition Standard: A New Standard for Antitrust. *The University of Chicago Law Review*, Chicago, v. 87, n. 2, p. 595-693, 2020; WU, Tim. After Consumer Welfare, Now What? The "Protection of Competition" Standard in Practice. *Competition Policy International*, Boston, v. 1, n. 1, p. 1-9, 2018a; e WU, Tim. *The Curse of Bigness*: Antitrust in the New Gilded Age. Nova York: Columbia Global Reports, 2018b, p. 135-136. Vale destacar, contudo, que essa ideia não é nova. A defesa da política antitruste enquanto garantidora de uma *processualidade econômica*, sob influência ordoliberal, também era há muito adiantada por Calixto Salomão Filho. Conferir: SALOMÃO FILHO, Calixto. *A Legal Theory of Economic Power*: Implications for Social and Economic Development. Cheltenham: Edward Elgar, 2011, p. 24.

[13] Maurice Stucke e Ariel Ezrachi não apenas propõem a defesa de um processo competitivo como um novo paradigma para a política concorrencial, mas também advogam pela necessidade de uma "concorrência virtuosa". Assim, a concorrência é concebida como uma forma pela qual os concorrentes se auxiliam mutuamente para atingir seu potencial máximo, engajando-se em uma competição intensa, mas guiada por uma profunda consciência social e moral. Conferir: STUCKE; EZRACHI, *op. cit.*, 2020, p. 254-256.

[14] Conferir: CLAASSEN, Rutger; GERBRANDY, Anna. Rethinking European Competition Law: From a Consumer Welfare to a Capability Approach. *Utrecht Law Review*, Utrecht, v. 12, n. 1, p. 1-15, 2016.

[15] Em meta-estudo que analisou 119 operações realizadas ao longo dos últimos trinta anos, o economista John Kwoka apontaria que "[h]á muito tempo há preocupação com os resultados das concentrações e a eficácia da política de fusões. Esses resultados indicam que tais preocupações são bem fundamentadas. Esses resultados cuidadosamente estudados de concentrações são dominados por casos de aumentos de preços significativos". No original: "[t]here has long been concern about the outcomes of mergers and the effectiveness of merger policy. These results imply that such concerns are well founded. These carefully studied mergers outcomes are dominated by cases of significant price increases" (KWOKA, John. *Mergers, Merger Control, and Remedies*: A Retrospective Analysis of U.S. Policy. Cambridge: MIT, 2015, p. 103-104). Em média, foi registrado um aumento de 4,3% no fator preço, podendo chegar a 15% em determinados setores e a 30% em casos específicos. Além disso, os dados revelaram que a aplicação de remédios, principalmente estruturais, era efetiva para redução de preocupações concorrenciais em operações, ainda que tenha sido subutilizada durante o período analisado. Conferir: KWOKA, *op. cit.*, 2015, p. 154-157. Outros estudos corroboram com essas conclusões, como a pesquisa conduzida por Orley Ashenfelter, Daniel Hosken e Matthew Weinberg, que indica que a agenda de Robert Bork para o controle de concentrações subestimou os efeitos negativos a consumidores finais de operações horizontais em mercados oligopolistas. Conferir: ASHENFELTER, Orley; HOSKEN, Daniel; WEINBERG, Matthew. Did Robert Bork Understate the Competitive Impact of Mergers? Evidence from Consummated Mergers. *The Journal of Law and Economics*, Chicago, v. 57, n. S3, p. 67-100, 2014. Vale destacar que, ainda que essas conclusões tenham sido questionadas por integrantes da Federal Trade Commission (FTC), inexiste, até o presente momento, um conjunto de dados mais amplos que permita efetivamente afastar a relevância das críticas de Kwoka. Conferir: VITA, Michael; OSINSKI, F. David. John Kwoka's *Mergers, Merger Control, And Remedies*: A Critical Review. *Antitrust Law Journal*, Chicago, v. 82, n. 1, p. 361-388, 2018; e KWOKA, John. *Mergers, Merger Control, And Remedies*: A Response to the FTC Critique. [S.l.: s.n.], 2017.

[16] "Assim, apesar de todas as sanções existentes, a colusão continua sendo uma estratégia negocial racional. Os cartéis são um crime que, em geral, compensa. Na verdade, compensa muito". No original: "[h]ence, despite all the existing sanctions, collusion remains a rational business strategy. Cartels are a crime that, on average, pays. In fact, it pays very well" (CONNOR, John; LANDE, Robert. Cartels as Rational Business Strategy: Crime Pays. *Cardozo Law Review*, Nova York, v. 34, n. 2, p. 427-490, 2012, p. 430). Além disso, John Connor e Robert Lande apontariam que seus resultados indicam que "o valor das sanções impostas nos EUA tem sido muito menor do que deveria ser para que a sociedade obtivesse uma dissuasão ótima contra cartelização" – isto é, "apenas de 16 a 21 por cento do seu nível ótimo". No original: "[t]he overall results for a sample of 75 cartels show that on average the value of the imposed U.S. sanctions has been much less than they should have been

for society to obtain optimal deterrence against cartelization. If means of overcharge figures are used, the total value of the imposed sanctions are only 16 to 21 percent of their optimal level" (CONNOR, John; LANDE, Robert. Does Crime Pay? Cartel Penalties and Profits. *Antitrust*, Chicago, v. 33, n. 2, p. 29-36, 2019, p. 32).

[17] Conferir: CONNOR; LANDE, *op. cit.*, 2019, p. 33; e CONNOR; LANDE, *op. cit.*, 2013, p. 479-484.

[18] Tal abordagem ao combate a condutas anticompetitivas é originalmente pautada tanto no modelo de dissuasão ótima proposto e aprimorado por integrantes da tradição chicaguiana, onde se assume simplesmente que se as sanções esperadas forem superiores aos benefícios pretendidos, os agentes estariam dissuadidos de cometer infrações. Soma-se a isso também a maior relevância dada a falsos-negativos do que a falsos-positivos e a possibilidade de excludentes de ilicitude via argumentação de eficiências, contribuindo para a construção de um ambiente também permissivo com condutas anticompetitivas. Conferir: EASTBROOK, Frank. Limits of Antitrust. *Texas Law Review*, Austin, v. 63, n. 1, p. 1-40, 1984.

[19] No original: "[c]oncerns about over-deterrence are simply inappropriate. [...] In other words, we believe that many or most prospective cartelists share the intuition behind the opinion voiced by Judge Easterbrook at the beginning of this section that crime pays. In the spirit of Judge Posner's battlefield imagery, the 'cluster bombs' that constitute the current anti-cartel sanctions have been duds" (CONNOR; LANDE, *op. cit.*, 2013, p. 478-479). Outra pesquisa de John Connor e Yuliya Bolotova também conclui que os cartéis cobram sobrepreços menores em jurisdições com um controle rígido da política concorrencial, sendo que abordagens mais lenientes estimularia a formações de cartéis nacionais e internacionais. Conferir: CONNOR, John; BOLOTOVA, Yuliya. Cartel overcharges: Survey and meta-analysis. *International Journal of Industrial Organization*, Amsterdã, v. 24, n. 6, p. 1109-1137, 2006, p. 1134.

[20] O Open Markets Institute compilou evoluções históricas de estruturas de mercados em 54 setores distintos nos EUA, identificando tendências de progressiva concentração nesses setores, bem como presença de diversos monopólios e oligopólios virtuais. Conferir: OPEN MARKETS INSTITUTE. *America's Concentration Crisis:* An Open Markets Institute Report. Washington, D.C., 2019. Essa tendência de concentração também foi identificada em outras economias ao redor do mundo, com efeitos sobre a inovação e mercados de trabalho. Conferir: DIEZ, Frederico J.; LEIGHT, Daniel; TAMBUNLERTCHAI, Suchanan. Global Market Power and its Macroeconomic Implications. *IMF Working Paper*, Washington, D.C., n. WP/18/137, 2018.

[21] O Council of Economic Advisers dos EUA, por exemplo, indicou que a concentração industrial estaria correlacionada com a diminuição de saídas e, mais relevantemente, de entradas de novos concorrentes no mercado. Conferir: EUA. Council of Economic Advisers. *Benefits of Competition and Indicators of Market Power*. Washington, D.C., 2016. A revista Economist também expressou sua preocupação acerca da concentração de mercados no país, identificando a mesma per-

da de dinamismo da economia do país. Conferir: THE ECONOMIST. Too much of a good thing. *The Economist*, Londres, 26 de mar. de 2016.

[22] Conferir: ENNIS, Sean F.; GONZAGA, Pedro; PIKE, Chris. Inequality: A hidden cost of market power. *Oxford Review of Economic Policy*, Oxford, v. 35, n. 3, p. 518-549, 2019; ZAC, Amit *et al.* Competition Law And Income Inequality: A panel data econometric approach. *Centre for Competition Law and Policy Working Paper*, Oxford, n. 52, 2020; e DECKER, Christopher *et al.* Competition Law Enforcement and Household Inequality in the United Kingdom. *Journal of Competition Law & Economics*, Oxford, v. 18, n. 4, p. 905-935, 2022.

[23] Conferir: STEINBAUM, Marhsall; BERNSTEIN, Eric Harris; STURM, John. *Powerless*: How Lax Antitrust and Concentrated Market Power Rig the Economy Against American Workers, Consumers, and Communities. Nova York: Roosevelt Institute, 2018; SCHUBERT, Gregor; STANSBURY, Anna. Antitrust Should Be Used as a Targeted Response to Employer Concentration, But It Can't Do Everything. *ProMarket*, Chicago, 8 de dez. de 2021; MARINESCU, Ioana; QIU, Yue; SOJOURNER, Aaron. Wage Inequality and Labor Rights Violations. *IZA Institute of Labor Economics Discussion Paper*, Bonn, n. 14112, 2021; EECKHOUT, Jan. *The Profit Paradox*: How Thriving Firms Threaten the Future of Work. Princeton: Princeton University, 2021; e AZAR, José; MARINESCU, Ioana; STEINBAUM, Marshall. Labor Market Concentration. *Journal of Human Resources*, Madison, v. 57, p. S167-S199, 2022.

[24] Conferir: PRZYBYLA, Marcin; ROMA, Moreno. Does Product Market Competition Reduce Inflation? Evidence from EU Countries and Sectors. *European Central Bank Working Paper Series*, Frankfurt, n. 453, 2005.

[25] Alguns dados relevantes indicam que estruturas progressivamente concentradas resultam em maiores impactos ambientais por agentes dominantes. Conferir: ONU. Environment Programme. *Universal Ownership*: Why environmental externalities matter to institutional investors. Genebra, 2008; ONU. FOA. *Natural Capital Impacts in Agriculture*: Supporting Better Business Decision-Making. Roma, 2015; CDP. *The Carbon Majors Database*: CDP Carbon Majors Report, Londres, 2017, p. 8; CDP. *Treading Water*: Corporate Responses to Rising Water Challenges. Londres, 2018; ONU. Environment Programme. *Global Resources Outlook 2019*: Natural Resources for the Future We Want. Nairobi, 2019, p. 2, 68, 76 e 88. Outras evidências indicam também que a concentração de mercado está relacionada a menores incentivos à adoção de medidas de governança ambiental, a despeito de indícios de que esse fator é cada vez mais relevante a consumidores finais. Conferir: FLAMMER, Caroline. Does product market competition foster corporate social responsibility? Evidence from trade liberalization. *Strategic Management Journal*, Hoboken, v. 36, n. 10, p. 1469- 1485, 2015; MENG, X. H. *et al.* The impact of product market competition on corporate environmental responsibility. *Asia Pacific Journal of Management*, Nova York, v. 33, p. 267-291, 2016; TSENDSUREN, Chuluunbat *et al.* Influence of product market competition and managerial competency on corporate environmental responsibility: Evidence from the US. *Journal of Cleaner Production*, Amsterdã, v. 304, 12706515, 2021; AROURI, Mohamed; GHOUL, Sadok El; GOMES, Mathieu. Greenwashing and product market com-

petition. *Finance Research Letters*, Amsterdã, v. 42, 101927, 2021; e PWC. *February 2023 Global Consumer Insights Pulse Survey*. Londres, 2023.

[26] Observe-se que a própria Organização para a Cooperação e Desenvolvimento Econômico (OCDE) iniciou discussões sobre esses efeitos não ortodoxos da concentração de poder econômico, abordando casos como o crescimento da pobreza e o aumento da inflação. Conferir: OCDE. *Competition and Poverty Reduction*. Paris, 2013; e OCDE. *Competition and Inflation*: OECD Competition Policy Roundtable Background Note. Paris, 2022.

[27] Para alguns comentários críticos em que se utiliza esse termo para descrever essa agenda de reformas, conferir: ORBACH, Barak. Antitrust Populism. *NYU Journal of Law & Business*, Nova York, v. 14, n. 1, p. 1-25, 2017; SHAPIRO, Carl. Antitrust in a time of populism. *International Journal of Industrial Organization*, Amsterdã, v. 61, p. 714-748, 2018; e LIVINI, Ephrat; GANDEL, Stephen. Larry Summers Criticizes Biden's 'Populist Antitrust' Approach. *The New York Times*, Nova York, 24 de mai. de 2022.

[28] A nomenclatura foi originalmente cunhada por John Newman, enquanto "uma maneira útil de se referir à resistência que surgiu em resposta ao Hipster Antitrust". No original: "[w]hat has been lacking thus far is a useful way to refer to the resistance that sprang up in response to Hipster Antitrust" (NEWMAN, John. Reactionary Antitrust. *Concurrences*, Paris, n. 4, p. 66-72, 2019, p. 69).

[29] Conferir, exemplificativamente: ORBACH, *op. cit.*, 2017; SHAPIRO, *op. cit.*, 2018; HOVENKMAP, Herbert. Is Antitrust's Consumer Welfare Principle Imperiled? *Journal of Corporation Law*, Iowa City, v. 45, n. 1, p. 65-94, 2019b; MELAMED, A. Douglas; PETIT, Nicolas. The Misguided Assault on the Consumer Welfare Standard in the Age of Platform Markets. *Review of Industrial Organization*, Nova York, v. 54, n. 4, p. 741-774, 2019; WRIGHT, Joshua D. *et al.* Requiem for a Paradox: The Dubious Rise and Inevitable Fall of Hipster Antitrust. *Arizona State Law Journal*, Phoenix, v. 51, n. 1, p. 293-369, 2019; e SCHREPEL, Thibault. Antitrust Without Romance. *NYU Journal of Law & Liberty*, Nova York, v. 13, p. 326-431, 2020.

[30] Pesquisas conduzidas pela Gallup em 2021 indicam que, após uma década em que a opinião pública nos Estados Unidos sobre o *big business* era predominantemente positiva ou dividida, a maioria (53%) agora o enxerga de forma negativa, enquanto 46% ainda mantêm uma visão positiva dessa categoria de negócios, marcando uma tendência de queda iniciada em 2010. Conferir: SAAD, Lydia. Do Americans Like or Dislike 'Big Business'? *Gallup*, Washington, D.C., 27 de jul. de 2022.

[31] Para uma narrativa desse histórico, conferir: SORKIN, Andrew Ross. *Too Big to Fail*: The Inside Story of How Wall Street and Washington Fought to Save the Financial System—and Themselves. Londres: Penguin Books, 2010. Para dados acerca da concentração do sistema bancário nos EUA, conferir: FOHLIN, Caroline; JAREMSKI, Matthew. U.S. banking concentration, 1820–2019. *Economics Letters*, Amsterdã, v. 190, p. 1-3, 2020.

[32] Em 17 de março de 2009 foi realizada uma audiência junto ao Subcommittee on Courts and Competition Policy da Câmara dos Representantes dos EUA, cujo objetivo foi justamente discutir o possível papel de uma abordagem permissiva da

defesa da concorrência na crise de 2008, considerando seus efeitos sobre a concentração bancária. Conferir: EUA. Subcommittee on Courts and Competition Policy of the House of Representatives. "*Too big to fail?*": the role of antitrust law in government-funded consolidation in the banking industry. Washington, D.C., 2009. Outros comentários subsequentes também destacaram a potencial influência de uma tutela concorrencial leniente sobre os grandes bancos e seus potenciais impactos sobre o *crash* financeiro. Conferir: BUSH, Darren. Too Big to Bail: The Role of Antitrust in Distressed Industries. *Antitrust Law Journal*, Chicago, v. 77, n. 1, p. 277-312, 2010; STRAHAN, Philip E. Too Big to Fail: Causes, Consequences, and Policy Responses. *Annual Review of Financial Economics*, Palo Alto, v. 5, p. 43-61, 2013; e DOMBRET, Andreas; KENADJIAN, Patrick S. (Orgs.). *Too Big to Fail III*: Structural Reform Proposals. Should We Break Up the Banks? Berlim: De Gruyter, 2015.

[33] Em uma pesquisa realizada em 2020, a Knight Foundation identificou que a maioria dos adultos nos EUA (aproximadamente 84%) possui preocupações em relação ao tamanho e ao poder das grandes empresas de mídias sociais (84%). Conferir: BRENAN, Megan; STUBBS, Helen. Americans are critical of technology companies despite changes to misinformation policies. *Knight Foundation*, Miami, 21 de out. de 2020. Outras pesquisas da Gallup também indicam que as impressões negativas nos EUA a respeito das *big techs* aumentaram significativamente, com uma demanda crescente pela sua regulação. Conferir: BRENAN, Megan. Views of Big Tech Worsen; Public Wants More Regulation. *Gallup*, Washington, D.C., 18 de fev. de 2021.

[34] Conferir: CONFESSORE, Nicholas. Cambridge Analytica and Facebook: The Scandal and the Fallout So Far. *The New York Times*, Nova York, 4 de abr. de 2018.

[35] Uma audiência também foi conduzida pelo Subcommittee on Antitrust, Commercial and Administrative Law da Câmara dos Representantes dos EUA a respeito da dinâmica concorrencial em mercados digitais. Conferir: EUA. Subcommittee on Antitrust, Commercial and Administrative Law of the House of Representatives. *Investigation of Competition in Digital Markets*: Majority Staff Report and Recommendations. Washington, D.C., 2022.

[36] Para um panorama desses protestos e algumas de suas principais demandas, conferir: GELDER, Sarah van. (Org.). *This Changes Everything*: Occupy Wall Street and the 99% Movement. São Francisco: Berrett-Koehler, 2011.

[37] Conferir: WARREN, Elizabeth. Break Up Big Tech. *Warren*, Washington, D.C., 9 de dez. de 2019; KOLHATKAR, Sheelah. How Elizabeth Warren Came Up with a Plan to Break Up Big Tech. *New Yorker*, Nova York, 20 de ago. de 2019; e MORRISON, Sara. Elizabeth Warren's plan to break up Big Everything. *Vox*, Washington, D.C., 5 de abr. de 2022.

[38] Vale destacar as nomeações de Lina Khan, Tim Wu e Jonathan Kanter, usualmente caracterizados como populistas, para integrar a agenda *trust buster* da presidência de Joe Biden. Conferir: KANG, Cecilia. A Leading Critic of Big Tech Will Join the White House. *The New York Times*, Nova York, 5 de mar. de 2021a; KANG, Cecilia. Biden nominates Lina Khan, a vocal critic of Big Tech, to the F.T.C. *The*

New York Times, Nova York, 22 de mar. de 2021b; CASSIDY, John. The Biden Antitrust Revolution. *The New Yorker*, Nova York, 12 de jul. de 2021; e ZAKRZEWSKI, Cat; PAGER, Tyler. Biden to nominate Big Tech adversary Jonathan Kanter to helm the Justice Dept.'s antitrust division. *The Washington Post*, Washington, D.C., 20 de jul. de 2021.

[39] Ao analisar esses movimentos, Eleanor Fox aponta para um declínio da influência dos EUA na política concorrencial mundial, uma vez que o país passa a ser fortemente influenciado por outras tradições institucionais de defesa da concorrência, como a europeia. Conferir: FOX, Eleanor M. The battle for reform of US antitrust law. *Journal of Antitrust Enforcement*, Oxford, v. 11, n. 2, p. 179-184, 2023; e FOX, Eleanor M. The Decline, Fall, and Renewal of U.S. Leadership in Antitrust Law and Policy. *Competition Policy International*, Boston, v. 4, n. 1, p. 8-13, 2022.

[40] No original: "[t]o conclude, competition policy remains a tool that serves the needs of European citizens – as consumers who benefit from lower prices, wider choice and higher quality; as workers who benefit from a vibrant labour market; and as business owners who benefit from innovative, diverse and reliable inputs, and a level playing field" (VESTAGER, Margrethe. "Check against delivery". *European Comission*, Bruxelas, 18 de nov. de 2021). Vale notar que a nomeação de Margrethe Vestager à Comissão Europeia impulsionou um colapso do "consenso de Bruxelas" do *more economic approach* da política concorrencial à nível continental europeu. Conferir: COLOMO, Pablo Ibáñez. Whatever Happened to the 'More Economics-Based Approach'? *Journal of European Competition Law & Practice*, Oxford, v. 11, n. 9, p. 473-474, 2020.

[41] Conferir: LAROUCHE, Pierre; STREEL, Alexandre de. The European Digital Markets Act: A Revolution Grounded on Traditions. *Journal of European Competition Law & Practice*, Oxford, v. 12, n. 7, p. 542-560, 2021.

[42] Conferir: ANDRIYCHUK, Oles. Analysing UK Digital Markets, Competition and Consumers Bill through The Prism of EU Digital Markets Act. *Concurrences*, Paris, n. 3, 2023.

[43] Conferir: FRANCK, Jens-Uwe; PEITZ, Martin. Digital Platforms and the New 19a Tool in the German Competition Act. *Journal of European Competition Law & Practice*, Oxford, v. 12, n. 7, p. 513-528, 2021.

[44] "Desde a revolução da Escola de Chicago na década de 1970, a aplicação federal do antitruste tornou-se consideravelmente menos democrática e mais tecnocrática. Tornou-se cada vez mais separada da política popular, isolada de pressões democráticas diretas, delegada a especialistas em política industrial e compartimentalizada como uma disciplina regulatória. Presidentes já não lhe prestam atenção, as plataformas dos principais partidos políticos já não a mencionam e o público não a acompanha". No original: "[s]ince the Chicago School revolution in the 1970s, federal antitrust enforcement has become considerably less democratic and more technocratic. It has become increasingly separated from popular politics, insulated from direct democratic pressures, delegated to industrial policy specialists, and compartmentalized as a regulatory discipline. Presidents no longer pay it attention, the major political parties' platforms no longer mention it, and the public does not

follow it" (CRANE, Daniel A. Technocracy and Antitrust. *Texas Law Review*, Austin, v. 86, n. 6, p. 1159-1221, 2008, p. 1160).

[45] Nesse sentido é a defesa da tecnocracia concorrencial por Daniel A. Crane. Conferir: CRANE, *op. cit.*, 2008.

[46] Conferir: FIRST, Harry; WALLER, Spencer Weber. Antitrust's Democracy Deficit. *Fordham Law Review*, Nova York, v. 81, n. 5, p. 2543-2574, 2013, p. 2574 ("[a] ntitrust has moved too far from democratic institutions and toward technocratic control, in service to a laissez-faire approach to antitrust enforcement"); CHOPRA, Rohit; KHAN, Lina. The Case for "Unfair Methods of Competition" Rulemaking. *The University of Chicago Law Review*, Chicago, v. 87, n. 2, p. 357-379, 2020, p. 359 ("the reliance on case-by-case adjudication yields a system of enforcement that generates ambiguity, unduly drains resources from enforcers, and deprives individuals and firms of any real opportunity to democratically participate in the process"); e LANCIERI, Filippo; POSNER, Eric A.; ZINGALES, Luigi. The Political Economy of the Decline of Antitrust Enforcement in the United States. *Antitrust Law Journal*, Chicago, v. 85, n. 2, p. 441-519, 2023 (descrevendo a falta de legitimidade democrática nos EUA na reorientação da política de concorrência para uma aplicação mais leniente).

1. TECNOCRACIA E A ANTIPOLÍTICA CONCORRENCIAL

[47] BUSH, George H. W. "A Thousand Points of Light". In: HARRIS, Douglas B.; BAILEY, Lonce H. *The Republican Party*: Documents Decoded. Londres: Bloomsbury, 2014, p. 163.

[48] *Harder, Better, Faster, Stronger*, 2001.

[49] Para mais comentários a respeito de uma tradição gramsciana de análise de fenômenos populistas, conferir: JONES, Paul K. *Critical theory and demagogic populism*. Manchester: Manchester University, 2020, p. 92-118. Vale destacar que a obra de Gramsci exerceu influência algumas das principais leituras sobre o populismo no Brasil, como é o caso dos trabalhos de Francisco Weffort. Conferir: WEFFORT, Francisco C. *O populismo na política brasileira*. 5ª ed. Rio de Janeiro: Paz e Terra, 2003.

[50] "César, Napoleão I, Napoleão III, Cromwell, etc. Catalogar os eventos históricos que culminaram em uma grande personalidade 'heróica'. Pode-se afirmar que o cesarismo expressa uma situação na qual as forças em luta se equilibram de modo catastrófico, isto é, equilibram-se de tal forma que a continuação da luta só pode terminar com a destruição recíproca. Quando a força progressista A luta contra a força regressiva B, não só pode ocorrer que A vença B ou B vença A, mas também pode suceder que nem A nem B vençam, porém se debilitem mutuamente, e uma terceira força, C, intervenha de fora, submetendo o que resta de A e de B" (GRAMSCI, Antonio. *Cadernos do cárcere, volume 3*. 3ª ed. Rio de Janeiro: Civilização Brasileira, 2007a, p. 76).

[51] GRAMSCI, *op. cit.*, 2007a, p. 77.

[52] Gramsci encontraria nas diferentes de soluções capitalistas para economias programáticas, uma formulação teórica mais robusta para descrição de movimentos

de extrema-direita. Nesse sentido, delineia-se uma dicotomia entre o fascismo, caracterizado pela presença de Estados policialescos e a predominância de mecanismos coercitivos de sustentação, e o americanismo, onde a coerção (traduzida pela "destruição do sindicalismo operário de base territorial") é "sabiamente combinada com a persuasão e o consenso", proporcionando "uma maior retribuição que permita um determinado padrão de vida", através de "altos salários, diversos benefícios sociais, habilíssima propaganda ideológica e política" (GRAMSCI, Antonio. *Cadernos do cárcere, volume 4.* 2ª ed. Rio de Janeiro: Civilização Brasileira, 2007b, p. 247 e 273). Assim, "[a] análise de Fordismo por Gramsci é um pouco como um reflexo invertido da problemática da economia/produção/política do período da *Ordine Nuovo*. [...] Fordismo era, em grande parte, um 'contramodelo' à fase dos conselhos operários". No original: "Gramsci's analysis of Fordism is a bit like an inverted reflection of the problematic of economy/production/politics of the *Ordine Nuovo* period. [...] Fordism was very much a 'counter-model' to the stage of workers' councils" (BUCI-GLUCKSMANN, Christine. *Gramsci and the State.* Londres: Lawrence and Wishart, 1980, p. 318). Os EUA trilharam esse caminho divergente, em razão: (i) da ausência de uma classe parasitária a drenar seu sustento a partir da burocracia estatal ou da especulação; (ii) da mudança dos aparatos de hegemonia, que "nasce da fábrica e necessita apenas, para ser exercida, de uma quantidade mínima de intermediários profissionais da política e da ideologia" (GRAMSCI, *op. cit.*, 2007b, p. 247-248); e (iii) da racionalização do trabalho em um novo modelo de classe trabalhadora marcada pela taylorização e superexploração. Conferir: BUCI-GLUCKSMANN, *op. cit.*, 1980, p. 318-320.

[53] Conferir: MARTINS, Carlos Estevam. *Tecnocracia e capitalismo*. São Paulo: Brasiliense; CEBRAP, 1974, p. 13 ("os cientistas sociais variam de alfa a omega no que diz respeito às configurações sociais que têm em mente quando se utilizam do termo tecnocracia"); e CENTENO, Miguel Angel. The New Leviathan: The Dynamics and Limits of Technocracy. *Theory and Society*, Nova York, v. 22, n. 3, p. 307-335, 1993, p. 309 ("[f]ew terms in political sociology are used as loosely as is technocracy").

[54] Isso se assemelha ao processo de construção de um "tipo ideal" weberiano, enquanto uma "síntese de uma grande quantidade de fenômenos individuais", organizada em "uma construção analítica unificada", que "não pode ser encontrada empiricamente em nenhum lugar na realidade". No original: "[a]n ideal type is formed by the one-sided *accentuation* of one or more points of view and by the synthesis of a great many diffuse, discrete, more or less present and occasionally absent *concrete individual* phenomena, which are arranged according to those one-sidedly emphasized viewpoints into a unified *analytical construct* (*Gedankenbild*). In its conceptual purity, this mental construct (*Gedankenbild*) cannot be found empirically anywhere in reality. It is a *utopia*. Historical research faces the task of determining in each individual case, the extent to which this ideal-construct approximates to or diverges from reality, to what extent for example, the economic structure of a certain city is to be classified as a 'city-economy'" (WEBER, Max. "Objectivity" in Social Science and Social Policy. In: SHILS, Edward A.; FINCH, Henry A. (Orgs.). *The Methodology of the Social Sciences*. Glencoe: Free, 1949, p. 90).

[55] Para descrições históricas da evolução da regulação, especialmente nos EUA, conferir: RABIN, Robert L. Federal Regulation in Historical Perspective. *Stanford Law Review*, Stanford, v. 38, n. 5, p. 1189-1326, 1986; GLAESER, Edward L.; SHLEIFER, Andrei. The Rise of the Regulatory State. *Journal of Economic Literature*, Nashville, v. 41, n. 2, p. 401-425, 2003; MORAN, Michael. The Rise of the Regulatory State. In: COEN, David; GRANT, Wyn; WILSON Graham (Orgs.). *The Oxford Handbook of Business and Government*. Oxford: Oxford University, 2010; YEUNG, Karen. The Regulatory State. In: BALDWIN, Robert; CAVE, Martin; LODGE, Martin (Orgs.). *The Oxford Handbook of Regulation*. Oxford: Oxford University, 2010; PARKER, Christine; BRAITHWAITE, John. Regulation. In: TUSHNET, Mark; CANE, Peter (Orgs.). *The Oxford Handbook of Legal Studies*. Oxford: Oxford University, 2012; e LEVI-FAUR, David. The Odyssey of the Regulatory State: From a "Thin" Monomorphic Concept to a "Thick" and Polymorphic Concept. *Law & Policy*, Hoboken, v. 35, n. 1-2, p. 29-50, 2013. Para reconstruções históricas da política concorrencial, também com enforque nos EUA, conferir: PERITZ, Rudolph J. R. *Competition Policy in America*: History, Rhetoric, Law. 2ª ed. Oxford: Oxford University, 2000; WU, *op. cit.*, 2018b; HOVENKAMP, Herbert. *Federal Antitrust Policy*: The Law of Competition and Its Practice. 6ª ed. St. Paul: West, 2020, p. 69-103; e MORGAN, Thomas D.; PIERCE, JR., Richard J. *Cases and Materials on Modern Antitrust Law and Its Origins*. 7ª ed. St. Paul: West Academic, 2023.

[56] Possivelmente, uma das primeiras formulações teóricas nesse sentido é a ideia de filósofos-reis de Platão, enquanto governantes qualificados por sua excelência moral e intelectual, desenvolvida ao longo dos livros quinto e sétimo da *República*. Conferir: PLATO. *The Republic*. Cambridge: Cambridge University, 2000, p. 144-185 e 220-251. Para comentários indicando a relação do pensamento de Platão com um paradigma embrionário tecnocrático, conferir: MARTINS, Carlos Estevam. *A tecnocracia na história*. São Paulo: Alfa Omega, 1975, p. 23-38; e ESMARK, Anders. *The New Technocracy*. Bristol: Bristol University, 2020, p. 84.

[57] A identificação desse marco não implica, contudo, que não seja possível reconhecer o processo de construção do capitalismo e suas estruturas de governança como um fenômeno de *longa duração*, conforme postulado por Fernand Braudel. No entanto, esse recorte proposto, devido às suas características intrínsecas, proporciona uma maior visibilidade à proposta analítica aqui desenvolvida. Conferir: BRAUDEL, Fernand. Histoire et Sciences sociales : La longue durée. *Annales. Économies, Sociétés, Civilisations*, Paris, n. 4, p. 725-753, 1958; BRAUDEL, Fernand. *Civilization and Capitalism, 15th-18th*: The Structure of Everyday Life. Berkeley: University of California, 1992b; BRAUDEL, Fernand. *Civilization and Capitalism, 15th-18th*: The Wheels of Commerce. Berkeley: University of California, 1992c; e BRAUDEL, Fernand. *Civilization and Capitalism, 15th-18th*: The Perspective of the World. Berkeley: University of California, 1992a.

[58] Conferir: SAINT-SIMON. *Catéchisme des industriels*. Paris: Sétier, 1823, p. 2 ("[l]a classe industrielle doit occuper le premier rang, parce qu'elle est la plus importante de toutes; parce qu'elle peut se passer de toutes les autres, et qu'aucune autre ne peut se passer d'elle; parce qu'elle subsiste par ses propres forces, par ses travaux personnels. Les autres classes doivent travailler pour elle, parce qu'elles

sont ses créatures, et qu'elle entretient leur existence; en un mot, tout se faisant par l'industrie, tout doit se faire pour elle").

59 Para comentários acerca da influência de Saint-Simon, enquanto o primeiro marco teórico na descrição de um ideal tecnocrático para uma sociedade industrial nascente, conferir: CARLISLE, Robert B. The Birth of Technocracy: Science, Society, and Saint-Simonians. *Journal of the History of Ideas*, Filadélfia, v. 35, n. 3, p. 445-464, 1974; MARTINS, *op. cit.*, 1975, p. 39-54; e ESMARK, *op. cit.*, 2020, p. 25-28.

60 Conferir: SCHMAUS, Warren; PICKERING, Mary; BOURDEAU, Michel. Introduction: The Significance of Auguste Comte. In: BOURDEAU, Michel; PICKERING, Mary; SCHMAUS, Warren (Orgs.). *Love, Order, and Progress*: The Science, Philosophy & Politics of Auguste Comte. Pittsburgh: University of Pittsburgh, 2018, p. 11-12 ("[e]ager to join the elite of scientists and philosophers committed to helping the common people, in 1817 Comte began to work as a writer for the social reformer Henri de Saint-Simon. Years before, Saint-Simon had called for the creation of a new unified system of scientific knowledge that would include the study of society. This system, which he at times referred to as 'positive philosophy,' would lead to a new stage of history, where capable industrialists and scientists would replace do-nothing military leaders and priests. Comte devoted himself to realizing this goal, which by 1817 Saint-Simon had largely abandoned in favor of more practical projects. [...] He would develop Saint-Simon's ideas and achieve an originality of his own, blending arguments from left-leaning thinkers, such as Condorcet and the Idéologues, and conservative writers, such as Joseph de Maistre").

61 Conferir: COMTE, Auguste. *Cours de philosophie positive*. 5ª ed. Paris: Société Positiviste, 1892. Jeffrey Friedman identifica, sobretudo em uma perspectiva positivista, embora não rigidamente circunscrita aos limites comteanos, um dos elementos fundamentais para a edificação do pensamento econômico contemporâneo, caracterizado pela pressuposta previsibilidade total do comportamento humano, representando assim um dos momentos na construção de uma pretensão epistêmica tecnocrática. Conferir: FRIEDMAN, Jeffrey. *Power without Knowledge*: A Critique of Technocracy. Oxford: Oxford University, 2019, p. 201-209. Um dos exemplos de influência direta do positivismo de Comte foi Émile Durkheim. Conferir: PICKERING, Mary. Conclusion: The Legacy of Auguste Comte. In: BOURDEAU, Michel; PICKERING, Mary; SCHMAUS, Warren (Orgs.). *Love, Order, and Progress*: The Science, Philosophy & Politics of Auguste Comte. Pittsburgh: University of Pittsburgh, 2018, p. 262 ("Comte's influence is evident in Durkheim's belief that society could be studied in a scientific manner; his desire to shape sociology around the search for consensus, social solidarity, and moral values; and his stress on the specificity of social phenomena and distinctiveness of sociology").

62 Conferir: COMTE, Auguste. *Plan des travaux scientifiques nécessaires pour réorganiser la société*. Paris: Hermann, 2020.

63 Conferir: REZNECK, Samuel. Mass Production Since the War Between the States. In: WILLIAMSON, Harold F. (Org.). *The Growth of the American Economy*. 2ª ed. Nova York: Prentice-Hall, 1959.

64 Conferir: ENGERMAN, Stanley L.; SOKOLLOFF, Kenneth L. Technology and Industrialization, 1790-1914. In: ENGERMAN, Stanley L.; GALLMAN, Robert E. (Orgs.). *The Cambridge Economic History of the United States*. Cambridge: Cambridge University, 2000, v. II.

65 Para uma análise do debate historiográfico em torno desse período, indicando como ele representa o surgimento do capitalismo corporativo nos EUA, conferir: SCHNEIROV, Richard. Thoughts on Periodizing the Gilded Age: Capital Accumulation, Society, and Politics, 1873-1898. *The Journal of the Gilded Age and Progressive Era*, Cambridge, v. 5, n. 3, p. 189-224, 2006.

66 A popularização do termo para descrever os magnatas da indústria nos EUA, especialmente considerando seu crescente poder político, deve-se ao trabalho de Matthew Josephson durante a década de 1930, apesar de alguns registros históricos anteriores. Conferir: JOSEPHSON, Matthew. *The Robber Barons*: The Great American Capitalists, 1861–1901. San Diego: Harvest/HBJ Book, 1934.

67 Um dos arranjos monopolistas mais notáveis da época foi truste criado por S. C. T. Dodd para as empresas de John D. Rockefeller. Conferir: DODD, S. C. T. The Present Legal Status of Trusts. *Harvard Law Review*, Cambridge, v. 7, n. 3, p. 157-169, 1893.

68 Conferir: HOFSTADTER, Richard. *Social Darwinism in American Thought*. Boston: Beacon, 1955, p. 9 ("[c]ertainly in America the roles of the liberal and the conservative have been so often intermingled, and in some ways reversed, that clear traditions have never taken form. This will go far to reveal not only why our nonconservatives have such a hard time explaining themselves today but also why social Darwinism has such a peculiar ring as a conservative social philosophy. [...] From Alexander Hamilton through Nicholas Biddle to Carnegie, Rockefeller, Morgan, and their fellow tycoons, the men who held aristocratic or even plutocratic views in matters political were also men who took the lead in introducing new economic forms, new types of organization, new techniques"). Para um panorama do processo de concentração econômica ao longo do período, conferir: BAIN, Joe S. Industrial Concentration and Government Antitrust Policy. In: WILLIAMSON, Harold F. (Org.). *The Growth of the American Economy*. 2ª ed. Nova York: Prentice--Hall, 1959; e LAMOREAUX, Naomi R. Entrepreneurship, Business Organization, and Economic Concentration. In: ENGERMAN, Stanley L.; GALLMAN, Robert E. (Orgs.). *The Cambridge Economic History of the United States*. Cambridge: Cambridge University, 2000, v. II.

69 No original: "[t]o stop co-operation of individuals and aggregation of capital would be to arrest the wheels of progress-to stay the march of civilization-to decree immobility of intellect and degradation of humanity" (DODD, S. C. T. *Trusts*. Nova York: [s.n.], 1900, p. 10).

70 Para uma retomada histórica de teorias da administração científica nesse contexto, conferir: THOMPSON, C. Bertrand. The Literature of Scientific Management. *The Quarterly Journal of Economics*, Oxford, v. 28, n. 3, p. 506-557, 1914; e DRURY, Horace Bookwalter. *Scientific Management*: A History and Criticism. Tese (Doutorado em Economia) – Columbia University Faculty of Political Science, Nova York, 1915.

71 Essa teoria da administração científica foi originalmente formulada pelo engenheiro Frederick Winslow Taylor, propondo um modelo de produção industrial orientado à maximização de sua eficiência, através de mecanismos de controle e organização do trabalho. Conferir: TAYLOR, Frederick Winslow. *The Principles of Scientific Management*. Nova York: Harper & Brothers, 1919, p. 9 ("[t]he principal object of management should be to secure the maximum prosperity for the employer, coupled with the maximum prosperity for each employé. [...] [M]aximum prosperity for each employé means not only higher wages than are usually received by men of his class, but, of more importance still, it also means the development of each man to his state of maximum efficiency, so that he may be able to do, generally speaking, the highest grade of work for which his natural abilities fit him, and it further means giving him, when possible, this class of work to do").

72 Conferir: LITTLER, Craig R. Understanding Taylorism. *The British Journal of Sociology*, Hoboken, v. 29, n. 2, p. 185-202, 1978; e AITKEN, Hugh G. J. *Scientific Management in Action*: Taylorism at Watertown Arsenal, 1908-1915. Princeton: Princeton University, 1985, p. 13-48.

73 Para comentários acerca do *ethos* progressista da *Progressive Era*, bem como das reformas pragmáticas promovidas pelo Estado durante esse período sobre dinâmicas econômicas, sociais, de gênero e raciais nos EUA, conferir: SCOTT, Andrew M. The Progressive Era in Perspective. *The Journal of Politics*, Chicago, v. 21, n. 4, p. 685-701, 1959; e CHAMBERS, John Whiteclay. *The Tyranny of Change*: America in the Progressive Era, 1890-1920. 2ª ed. New Brunswick: Rutgers University, 2000.

74 Para uma descrição de como o ideário da administração científica foi progressivamente transferido para esferas além da indústria, como as instâncias de governo, conferir: OLSON, Richard G. *Scientism and Technocracy in the Twentieth Century*: The Legacy of Scientific Management. Lanham: Lexington Books, 2016.

75 Anders Esmark descreveria o período e sua relação com a consolidação de uma sociedade industrial nos EUA como uma "segunda revolução" tecnocrática. Conferir: ESMARK, *op. cit.*, 2020, p. 28-29. Jeffrey Friedman ressalta que essa dinâmica decorria justamente de uma premissa epistemológica tecnocrática de capacidade de planificação do comportamento humano através do Estado. Conferir: FRIEDMAN, *op. cit.*, 2019, p. 87 ("[i]n the Progressive version of naive technocratic realism, citizen-technocrats reliably perceive the existence and nature of social problems and reliably know how to solve them, so long as they are not deliberately hoodwinked. This tacit epistemology led directly to the long list of Progressive political (as opposed to social) reforms, such as initiatives, referenda, and primaries, each designed to empower the electorate. As Roosevelt explained during the 1912 campaign, 'We advocate, not as ends in themselves, but as weapons in the hands of the people, all governmental devices which will make the representatives of the people more easily and certainly responsible to the people's will.' Roosevelt's premise was that the people's will is adequately informed, or easily enough could be").

76 Conferir: YEUNG, *op. cit.*, 2010, p. 72 ("[t]he administrative reforms advocated by the Progressives rested on a belief that politics and administration could be separated, the latter being a 'science' that could be entrusted to 'expert' adminis-

trators and thus insulated from, and transcend, electoral politics (Wilson, 1887). From this perspective, the independent regulatory commission was a natural choice for locating administration, and it was this institutional form that provided the model for the establishment of the Interstate Commerce Commission (1887), the Federal Reserve Board (1913), and the Federal Trade Commission (1914), all of which were designed primarily to deal with various aspects of market failure. Under the presidencies of Roosevelt and Wilson, significant growth in regulatory activity occurred, as executive political alliances were forged outside party channels by new cadres of professionals outside established centres of institutional power"). Nesse contexto, K. Sabeel Rahman também destaca que os ativistas da *Progressive Era*, com uma tendência mais acentuada durante o *New Deal*, viam em uma abordagem gerencial orientada pelo conhecimento técnico, supostamente neutro, uma ferramenta para proteger o interesse público e seus propósitos contra a captura por agentes privados. Conferir: RAHMAN, Sabeel. *Democracy Against Domination*. Oxford: Oxford University, 2017, p. 33-39.

[77] No original: "[t]he science of administration is the latest fruit of that study of the science of politics which was begun some twenty-two hundred years ago. It is a birth of our own century, almost of our own generation" (WILSON, Woodrow. The Study of Administration. *Political Science Quarterly*, Nova York, v. 2, n. 2, p. 197-222, 1887, p. 198).

[78] No original: "[s]cientific management seeks to do for industry systematically and comprehensively in conserving effort, materials, and capital, what heretofore has been done sporadically and partially. Its engineers refuse to recognize that there is any legitimate sphere in industry for ignorance or lack of skill. Ignorance and unskillfulness necessarily spell waste, – and waste is sinful, whether it be due to lack of training, of selection, of equipment or of planning" (BRANDEIS, Louis D. *Business – A Profession*. Boston: Small, Maynard & Company, 1914, p. 40).

[79] Para um comentário a respeito da sua influência de Veblen no desenvolvimento de uma abordagem econômica do direito e sua relação com a *Progressive Era*, conferir: HOVENKAMP, Herbert. *The Opening of American Law*: Neoclassical Legal Thought, 1870-1970. Oxford: Oxford University, 2014, p. 84-86.

[80] Conferir: VEBLEN, Thorstein. *The Theory of Business Enterprise*. Nova York: Charles Scribner's Sons, 1904.

[81] Conferir: VEBLEN, Thorstein. *The Theory of the Leisure Class*. Oxford: Oxford University, 2007.

[82] Para comentários acerca do papel de Veblen, enquanto principal influência teórica para o desenvolvimento de ideologias tecnocráticas na primeira metade do século XXI, conferir: ADAIR, David. *The Technocrats 1919-1967*: A Case Study of Conflict and Change in a Social Movement. Dissertação (Mestrado em Ciência Política) – Simon Fraser University Department of Political Science, Sociology and Anthropology, Vancouver, 1970, p. 13-21; MARTINS, *op. cit.*, 1975, p. 55-76; AKIN, William E. *Technocracy and the American Dream*: The Technocrat Movement, 1900-1941. Berkeley: University of California, 1977, p. 14-26; e ESMARK, *op. cit.*, 2020, p. 29-31.

[83] Conferir: VEBLEN, Thorstein. *The Engineers and the Price System.* Nova York: B. W. Huebsch, 1921.

[84] Para comentários indicando o legado de Veblen nesse tocante, através da criação de um modelo teórico capaz de compreender, por exemplo, o papel de instituições no desempenho econômico e as relações entre dimensões micro e macroeconômicas, conferir: HODGSON, Geoffrey M. The Revival of Veblenian Institutional Economics. *Journal of Economic Issues*, Abingdon-on-Thames, v. 41, n. 2, p. 324-340, 2007; e HODGSON, Geoffrey M. Thorstein Veblen: The Father of Evolutionary and Institutional Economics. In: REINERT, Erik S.; VIANO, Francesca Lidia. *Thorstein Veblen*: Economics for an Age of Crises. Cambridge: Cambridge University, 2012.

[85] Para uma descrição desse evento, bem como sua memória enquanto um fator determinante para a configuração da governança econômica nas décadas seguintes, conferir: GALBRAITH, John Kenneth. *The Great Crash, 1929.* Boston: Houghton Mifflin, 1997. Para uma discussão acerca do efeito de narrativas econômicas em torno da crise 1929, conferir: SHILLER, Robert J. *Narrative Economics*: How Stories Go Viral & Drive Major Economic Events. Princeton: Princeton University, 2019, 228-238.

[86] Para um panorama histórico acerca do movimento, conferir: ADAIR, *op. cit.*, 1970; AKIN, *op. cit.*, 1977; e ESMARK, *op. cit.*, 2020, p. 35-37.

[87] Vale destacar, inclusive, que parte do Movimento Tecnocrático foi absorvido pelo suporte político em torno do *New Deal.* Conferir: ADAIR, *op. cit.*, 1970, p. 25.

[88] Conferir: GRAHAM, JR., Otis L. *Toward a Planned Society*: From Roosevelt to Nixon. Oxford: Oxford Univestiy, 1976, p. 1-90 (discutindo a relevância do *New Deal* e da presidência de Roosevelt para o desenvolvimento de instrumentos de planejamento econômico nos EUA); YEUNG, *op. cit.*, 2010, p. 72 ("[t]he so-called 'New Deal' refers to a package of political reforms and underlying outlook offered by Franklin Roosevelt between 1933 and 1948 when the US federal government assumed a far greater responsibility for the nation's economy in response to the profound sense of insecurity created by the crippling impact of the Great Depression. It comprised a raft of public works and social insurance programmes that effectively placed the federal government squarely in the position of employer and insurer of last resort. The New Deal was a watershed, for it transformed the earlier 'weak' associational impulse of the Progressive era into a commitment to permanent market stabilisation activity by the federal government"); e RAHMAN, *op. cit.*, 2017, p. 35 ("[b]ut despite these more populist overtones, the New Deal ultimately helped consolidate a very different ethos of economic governance, the managerialist view that focused on correcting market failures through technocratic expertise. As Alan Brinkley has argued, during the New Deal, ideas of the state shifted as policymakers sought to achieve familiar economic goals such as regulation of monopolies through resort to more centralized technocratic policymaking, rather than decentralized and participatory democratic alternatives").

[89] Conferir: BURNHAM, James. *The Managerial Revolution*: What Is Happening in the World. Nova York: The John Day, 1941 (descrevendo uma "revolução gerencial", por meio da qual "gerentes", enquanto atores engajados na direção e coorde-

nação técnicas do processo produtivo, passaram a ocupar o estado e direcionar sua atuação à produção de resultados).

[90] Para comentários acerca da centralidade de Landis para a criação da SEC e estruturação dos contornos básicos do modelo de regulação contemporânea, conferir: RITCHIE, Donald A. *James M. Landis*: Dean of the Regulators. Cambridge: Harvard University, 1980; e MCCRAW, Thomas K. *Prophets or Regulation*: Charles Francis Adams; Louis D. Brandeis; James M. Landis; Alfred E. Kahn. Cambridge: Bellknap, 1984, p. 153-221.

[91] Conferir: LANDIS, James M. *The Administrative Process*. New Haven: Yale University, 1938, p. 24 ("[i]f the administrative process is to fill the need for expertness, obviously, as regulation increases, the number of our administrative authorities must increase. [...] A consequence of an expanding interest of government in various phases of the industrial scene must be the creation of more administrative agencies if the demand for expertness is to be met. Increasing their number of itself need not disturb us, provided that the relationships between them, and in turn their relationship to the other departments of government, are properly solved. Efficiency in the processes of governmental regulation is best served by the creation of more rather than less agencies. And it is efficiency that is the desperate need").

[92] Conferir: CUÉLLAR, Mariano-Florentino. James Landis and the Dilemmas of Administrative Government. *The George Washington Law Review*, Washington, D.C., v. 83, n. 4/5, p. 1330-1357, 2015; e RAHMAN, *op. cit.*, 2017, p. 35-39.

[93] Para uma análise do papel e do legado do pensamento econômico ao longo do *New Deal*, conferir: ROSENOF, Theodore. *Economics in the Long Run*: New Deal Theorists and Their Legacies, 1933-1993. Chapel Hill: University of North Carolina, 1997. Para um histórico da relação entre direito e economia na estruturação da governança econômica durante o período, conferir: HOVENKAMP, *op. cit.*, 2014, p. 75-90.

[94] Para um estudo acerca da relação complexa, caracterizada por continuidades e conflitos, entre ambos os períodos e seus atores, especialmente dada a diversidade interna desses grupos, conferir: GRAHAM, JR., Otis L. *An Encore for Reform*: The Old Progressives and the New Deal. Oxford: Oxford University, 1967.

[95] Para comentários acerca da influência da agenda de reformas do *New Deal* sobre os contornos institucionais do Estado regulador contemporâneo, inclusive em relação a esses mecanismos, conferir: GLAESER; SHLEIFER, *op. cit.*, 2003, p. 407-408; e MORAN, *op. cit.*, 2010, p. 387-388.

[96] Conferir: YEUNG, *op. cit.*, 2010, p. 72 ("[d]uring this period, the number of regulatory agencies grew rapidly (e.g. 1933–4 saw the creation of more than 60 new agencies) as did the size of the federal administration. While some scholars claimed that the justification for such agencies was largely a technocratic one, reflecting a faith in the ability of experts to develop effective solutions to the economic disruptions created by the market system, others deny that the New Deal recovery programme rested on any single coherent reform strategy or articulated regulatory philosophy"). James E. Anderson nos anos 1960 seria um ativo observador desse processo de proliferação dessas instâncias de governo. Conferir: ANDER-

SON, James E. *The Emergence of the Modern Regulatory State*. Washington, D.C.: Public Affairs, 1962. Para uma retomada histórica mais abrangente da evolução de agências regulatórias autônomas nos EUA, conferir: BREGER, Marshall J.; EDLES, Gary J. *Independent Agencies in the United States*: Law, Structure, and Politics. Oxford: Oxford University, 2015, p. 18-57.

[97] Para uma análise desse legado na esfera do planejamento econômico, conferir: GRAHAM, JR., *op. cit.*, 1976.

[98] Conferir: RAHMAN, *op. cit.*, 2017, p. 39 ("[w]hile the New Deal helped establish this managerial idea of the state, the problem with this account is that it rests the value and legitimacy of economic regulation on thin grounds. The goal is simply to make the market work better, through means of technocratic oversight and expertise. Once morally neutral goals of growth and welfare are seen as better served through another mechanism—such as deregulated, competitive markets—and once experts themselves are seen as less reliable and more corruptible, the foundations for this idea of the state crumble. This vulnerability is embedded in the managerial vision, and it came to the fore over the course of the late twentieth century rise of neoliberalism"); e VERMEULE, Adrian. Bureaucracy and Distrust: Landis, Jaffe, and Kagan on the Administrative State. *Harvard Law Review*, Cambridge, v. 130, n. 9, p. 2463-2488, 2017 (analisando como, embora houvesse algum grau de divergência sobre onde essa independência deveria se fundamentar, diferentes posições compartilhavam essa premissa de orientação da regulação e atuação do Estado).

[99] Conferir: BERLE, JR., Adolf A.; MEANS, Gardiner C. *The Modern Corporation and Private Property*. Nova York: Macmillan, 1933; SCHUMPETER, Joseph A. *Capitalism, Socialism and Democracy*. Abingdon-on-Thames: Routledge, 2003; e GALBRAITH, John Kenneth. *The New Industrial State*. Princeton: Princeton University, 2007. Carlos Estevam Martins identificaria em John Kenneth Galbraith uma postura tecnocrática eminentemente ideológica, ao assumir a tecnocracia não apenas como um projeto, mas como uma realidade concreta e observável. Conferir: MARTINS, *op. cit.*, 1975, p. 77-97.

[100] Conferir: EARLE, Joe; MORAN, Cahal; WARD-PERKINS, Zach. *The Econocracy*: The Perils of Leaving Economics to Experts. Manchester: Manchester University, 2017 (discutindo a ideia de uma econocracia enquanto um processo tanto de restrição social do debate econômico quanto de redução de seus paradigmas teóricos para resolução de problemas pretensamente técnicos). Conferir também: SELF, Peter. *Econocrats and the Policy Process:* The Politics and Philosophy of Cost-Benefit Analysis. Londres: Macmillan, 1975 (sustentando a existência de uma classe de econocratas em diferentes cargos de destaque na burocracia estatal a restringir as decisões direcionando a ação pública em temas políticos e sociais complexos a análises de custo-benefício e abordagens quantitativa); e DAVIS, Aeron. The New Professional Econocracy and the Maintenance of Elite Power. *Political Studies*, Thousand Oaks, v. 65, n. 3, p. 1-17, 2017 (identificando a ascensão de um número crescente de indivíduos com formação ou experiência profissional em economia a posições de liderança tanto no mercado quanto no governo, configurando uma nova elite econocrática, com seu próprio circuito de poder).

[101] Conferir: DEQUECH, David. Neoclassical, mainstream, orthodox, and heterodox economics. *Journal of Post Keynesian Economics*, Abingdon-on-Thames, v. 30, n. 2, p. 279-302, 2007 (propondo uma definição para os adjetivos "neoclássica", "*mainstream*", "ortodoxa" e "heterodoxa" para descrever diferentes correntes da teoria econômica, com ênfase no caráter negativo atribuído ao último).

[102] Conferir: EARLE; MORAN; WARD-PERKINS, *op. cit.*, 2017; e FITOUSSI, Jean-Paul. Newspeak and Economic Theory: How We Are Being Talked To. *Capitalism and Society*, Nova York, v. 16, n. 1, 2022.

[103] Nesse sentido, vale ressaltar os esforços teóricos da sociologia econômica de Karl Polanyi têm como objetivo analisar as dimensões do mercado e do não-mercado na economia, com foco especial nas dinâmicas de enraizamento e desenraizamento de sua governança. Conferir: POLANYI, Karl. *The Great Transformation*: The Political and Economic Origins of Our Time. Boston: Beacon, 2001. Para um comentário a respeito da atualidade da leitura polanyiana, com ênfase especial na evolução de uma abordagem determinista da economia e de sua regulação ao longo da segunda metade do século XX, conferir: THOMASBERGER, Claus. The Belief in Economic Determinism, Neoliberalism, and the Significance of Polanyi's Contribution in the Twenty-First Century. *International Journal of Political Economy*, Abingdon-on-Thames, v. 41, n. 4, p. 16-33, 2012.

[104] Conferir: HERMANN, Christopher. *The Critique of Commodification*: Contours of a Post-Capitalist Society. Oxford: Oxford University, 2021, p. 40-61 (descrevendo a economicização da esfera pública). Para análises específicas acerca da extensão desse processo para o Estado e o direito, progressivamente orientados por análise de custo-benefício, conferir: SELF, *op. cit.*, 1975; e SUNSTEIN, Cass R. *The Cost-Benefit Revolution*. Cambridge: MIT, 2018.

[105] Como exemplo desse processo, Thomas K. McCraw ressaltaria o papel do economista Alfred E. Kahn na reorientação econômica da regulação, especialmente em movimentos de desregulação. Conferir: MCCRAW, *op. cit.*, 1984, p. 222-299. Conferir também: KAHN, Alfred E. *The Economics of Regulation*: Principles and Institutions. Cambridge: MIT, 1988.

[106] Para um panorama acerca do período, conferir: MARGLIN, Stephen A.; SCHOR, Juliet B. (Orgs.). *The Golden Age of Capitalism*: Reinterpreting the Postwar Experience. Oxford: Oxford University, 1992.

[107] Conferir: HARVEY, David. *A Brief History of Neoliberalism*. Oxford: Oxford University, 2005; BURGIN, Angus. *The Great Persuasion*: Reinventing Free Markets since the Depression. Cambridge: Harvard University, 2012, p. 152-213; e HUBER, Matthew T. *Lifeblood*: Oil, Freedom, and the Forces of Capital. Minneapolis: University of Minnesota, 2013, p. 97-127.

[108] Conferir: HORN, Rob Van; MIROWSKI, Philip. The Rise of the Chicago School of Economics and the Birth of Neoliberalism. In: MIROWSKI, Philip; PLEHWE, Dieter (Orgs.). *The Road from Mont Pèlerin*: The Making of the Neoliberal Thought Collective. Cambridge: Harvard University, 2009; e JONES, Daniel Stedman. *Masters of the Universe*: Hayek, Friedman, and the Birth of Neoliberal Politics. Princeton: Princeton University, 2013.

[109] Para descrições acerca dessa transformação ideológica orientada pela razão neoliberal, conferir: FOUCAULT, Michel. *The Birth of Biopolitics*: Lectures at the Collège de France, 1978-1979. Nova York: Palgrave Macmillan, 2008; e DARDOT, Pierre; LAVAL, Christian. *The New Way of the World*: On Neoliberal Society. Londres: Verso, 2013. Para um comentário específico de como essas premissas se relacionam a um ideal tecnocrático, conferir: CENTENO, Miguel A. The Politics of Knowledge: Hayek and Technocracy. In: CENTENO, Miguel A.; SILVA, Patricio (Orgs.). *The Politics of Expertise in Latin America*. Londres: Macmillan, 1998.

[110] Conferir: RUGITSKY, Fernando. The ideologies of positive economics: technocracy, laissez-faire, and the tensions of Friedman's methodological claims. *Estudos Econômicos*, São Paulo, v. 45, n. 3, p. 499-525, 2015; e LARUFFA, Francesco. Neoliberalism, Economization and the Paradox of the New Welfare State. *European Journal of Sociology*, Cambridge, v. 63, n. 1, p. 131-163, 2022.

[111] Martin Shapiro descreve um paradoxo da proliferação de agências técnicas independentes, nesse contexto, em que "[a] desconfiança na administração do governo leva à criação de mais instâncias, mais fragmentadas, de administração". No original: "[b]oth US and EU independent agencies generate serious problems of policy coordination, but ones that tend to become salient long after the creation of the agencies. In both, the agencies rise out of a curious paradox. The distrust of government administration leads to the creation of more, and more fragmented, administration" (SHAPIRO, Martin. A comparison of US and European independent agencies. In: ROSE-ACKERMAN, Susan; LINDSETH, Peter L.; EMERSON, Blake. (Orgs.). *Comparative Administrative Law*. 2ª ed. Cheltenham: Edward Elgar, 2017, p. 247).

[112] Isso também explica por que alguns autores, como Giandomenico Majone, situariam o Estado regulador em um contexto institucional mais específico a partir do final dos anos 1970, marcado por processos de privatização, liberalização, reforma de políticas sociais e desregulação, dando forma a um modelo de governança centrado na autonomia de agências tecnocráticas. Conferir: MAJONE, Giandomenico. From the Positive to the Regulatory State: Causes and Consequences of Changes in the Mode of Governance. *Journal of Public Policy*, Cambridge, v. 17, n. 2, p. 139-167, 1997. De todo modo, entende-se que a interpretação de Majone acerca do Estado regulador é excessivamente restritiva, não compreendendo sua diversidade institucional. Conferir: LEVI-FAUR, *op. cit.*, 2013.

[113] Para comentários a respeito da relação entre neoliberalismo e a aceleração de feições tecnocráticas a partir dos anos 1980, conferir: RAHMAN, *op. cit.*, 2017, p. 39-44; ESMARK, *op. cit.*, 2020, p. 101-105; e SÁNCHEZ-CUENCA, Ignacio. Neoliberal technocracy: The challenge to democratic self-government. In: BERTSOU, Eri; CARAMANI, Daniele (Orgs.). *The Technocratic Challenge to Democracy*. Abingdon-on-Thames: Routledge, 2020.

[114] Jeffrey Friedman realiza uma retomada das premissas epistemológicas que levam à assunção de que tecnocratas são agentes capazes de efetivamente prever e ordenar o comportamento social em direção à sua otimização, bem como a fragilidade desses pressupostos. Conferir: FRIEDMAN, *op. cit.*, 2019. Essa observa-

ção não é nova, encontrando percursores já na teoria crítica, especialmente em Herbert Marcuse, com a ideia do "homem unidimensional" enquanto transição da ontologia pela tecnologia na sociedade industrial, em uma transição. Conferir: MARCUSE, Herbert. From Ontology to Technology: Fundamental Tendencies of Industrial Society. In: BRONNER, Stephen Eric; KELLNER, Douglas MacKay (Orgs.). *Critical Theory and Society*: A Reader. Abingdon-on-Thames: Routledge, 1989; e MARCUSE, Herbert. *One-Dimensional Man*. Abingdon-on-Thames: Routledge, 2006.

115 Conferir: PETTIT, Philip. Depoliticizing Democracy. *Ratio Juris*, v. 17, n. 1, p. 52-65, 2004 (defendendo, de forma mais incisiva, que a despolitização é uma parte necessária e integrante das democracias contemporâneas, especialmente diante de sua operacionalidade e do risco de inibição da ação governamental por instrumentos diretos de participação popular); e FLINDERS, Matthew; WOOD, Matt. Depoliticisation, governance and the state. *Policy & Politics*, Bristol, v. 42, n. 2, p. 135-149, 2014 (conceituando a despolitização enquanto o fim da política através de regimes tecnocráticos pós-democráticos).

116 Conferir: FUKUYAMA, Francis. The End of History? *The National Interest*, Washington, D.C., n. 16, p. 1-18, 1989.

117 É importante destacar que o término dessa dicotomia não significa que a União Soviética não tenha vivenciado sua própria incursão tecnocrática ao longo da história. Antes disso, a ascensão de uma sociedade industrial no país também resultaria, ao seu modo, na consolidação de elites tecnocráticas como uma classe de dirigentes. Tudo isso sugere que, apesar de projetos econômicos e políticos específicos exercerem influência sobre os contornos institucionais de um ideal tecnocrático do Estado, sua origem histórica e compartilhada entre essas experiências reside precisamente nos dilemas relacionados à organização de uma sociedade industrial. Conferir: BAILES, Kendall E. The Politics of Technology: Stalin and Technocratic Thinking among Soviet Engineers. *The American Historical Review*, Oxford, v. 79, n. 2, p. 445-469, 1974; e ROWNEY, Don K. *Transition to Technocracy*: The Structural Origins of the Soviet Administrative State. Ithaca: Cornell University, 1989.

118 Para análises dessa dinâmica, conferir: HUNTINGTON, Samuel P. *The Third Wave*: Democratization in the Late Twentieth Century. Norman: Oklahoma, 1991; e FUKUYAMA, Francis. *The End of History and the Last Man*. Nova York: Free, 1992.

119 Para descrições críticas desse processo, conferir: STIGLITZ, Joseph E. *Globalization and Its Discontents*. Nova York: W. W. Norton, 2002; e RODRIK, Dani. *The Globalization Paradox*: Democracy and the Future of the World Economy. Nova York: W. W. Norton, 2011.

120 Conferir: KENNEDY, David. *A World of Struggle*: How Power, Law, and Expertise Shape Global Political Economy. Princeton: Princeton University, 2016.

121 Possivelmente o melhor exemplo de manifestação do projeto tecnocrático nesse contexto é a própria concepção e operação da União Europeia, conforme apontado por Jürgen Habermas. Conferir: HABERMAS, Jürgen. *The Lure of Technocracy*. Cambridge: Polity, 2015. Vale notar também que, nesse contexto, não surpreende o debate da "nova governança" indicando que a proliferação de redes de regulação

econômica, com viés tecnocrático, para além do próprio Estado. Conferir: RHODES, R. A. W. The New Governance: Governing without Government. *Political Studies*, Thousand Oaks, v. 44, n. 4, p. 652-667, 1996.

[122] Outras definições, naturalmente, são possíveis. A proposta de conceituação busca, de certa forma, incorporá-las e orientá-las por meio de uma realidade concreta (o desenvolvimento de uma sociedade industrial), conferindo ao termo "tecnocracia" uma natureza de chave de leitura para os fenômenos aqui analisados. Para outras propostas de definição, conferir: ROWNEY, *op. cit.*, 1989, p. 5 ("[b]y 'technocracy' I mean organizations in which individuals trained or professionally experienced in modern technical fields (for example, the sciences, engineering, medicine) have both dominant operational roles and the formal authority and power to allocate resources such as money and promotions and to decide policy issues that are relevant to the organization"); CENTENO, *op. cit.*, 1993, p. 314 ("I define technocracy as: *The administrative and political domination of a society by a state elite and allied institutions that seek to impose a single, exclusive policy paradigm based on the application of instrumentally rational techniques*"); FRIEDMAN, *op. cit.*, 2019, p. 5 ("[a] working definition of a technocracy, then, is: *A polity that aims to solve, mitigate, or prevent social and economic problems among its people*"); CARAMANI, Daniele. Introduction: the technocratic challenge to democracy. In: BERTSOU, Eri; CARAMANI, Daniele (Orgs.). *The Technocratic Challenge to Democracy*. Abingdon-on-Thames: Routledge, 2020, p. 3 ("[i]f one defines politics as the conflict for the power to 'allocate values' (i.e. decide on the 'goals' of policies), then technocracy is a form of power in which decisions over the allocation of values are made by experts or technical elites based on their knowledge, independently and in the long-term interest of the whole of society"); e ESMARK, *op. cit.*, 2020, p. 4 ("[r]ather than specific political institutions and procedures of meritocratic appointment, I focus on governmental rationality and practice in a wider sense, which is to say technocracy as an 'art of government'. In contrast to the image of a form of government 'as old as time', second, I understand technocracy in more *historically specific* terms as a distinctly modern regime, arising from industrial society and 'doctrines formulated in the industrial era"). Carlos Estevam Martins, ainda, afirma que uma definição de "tecnocracia" implica identificá-la segundo quatro "dimensões positivas" – isto é, "como um tipo específico de modo de produção", "como regime político, como componente de um sistema de alianças ou como mera ideologia" (MARTINS, *op. cit.*, 1974, p. 49).

[123] Conferir: VARCOE, Ian. Technocracy and Democratic Politics. In: KILMINSTER, Richard; VARCOE, Ian (Orgs.). *Culture, Modernity and Revolution*: Essays in Honour of Zygmunt Bauman. Abingdon-on-Thames: Routledge, 1996, p. 71 ("[t]he 'technocrat' represents a different basis and type of power. Their prototype is perhaps the modern official, who owes his or her position to the fact of being qualified for the office. The office, not the person or their private fortune, is the source of authority"); SCHUDSON, Michael. The trouble with experts – and why democracies need them. *Theory and Society*, Nova York, v. 35, n. 5/6, p. 491-506, 2006, p. 500 ("[e]xperts can speak truth to power. When expertise is doing its appointed task in a democracy, it is providing to decision-makers, publicly or priva-

tely, a record of truth as an alternative source of information and authority to the established view of the leader. When their counsel is made public, they model a form of authority to which, to a degree, a general public can aspire, and which a general public can use for its own decision-making purposes"); e FRIEDMAN, *op. cit.*, 2019, p. 22 ("a recognition of the public's political ignorance may legitimately heighten our concern about public-choice problems. After all, the public cannot resist the influence of special interests if the public does not know about it in a particular case").

124 Conferir: CENTENO, *op. cit.*, 1993, p. 313 ("[t]echnocratic legitimacy is based on the appeal to scientific knowledge. This claim accompanies an implicit, and often explicit, rejection of 'politics' as inefficient and possibly corruptive. While the politicians' state is an 'empty vessel' into which their constituencies pour their needs and aspirations, the technocrat sees the state as embodying a unit that is greater than the mere sum of its parts"); MAJONE, *op. cit.*, 1997, p. 157 ("[r]egulation depends so heavily on scientific, engineering and economic knowledge that, as already noted, expertise has always been an important source of legitimisation of regulatory agencies. Both supporters and opponents of particular regulatory measures usually cast their arguments in the language of 'regulatory science' rather than in the more traditional language of interest or class policies. Paradoxically, the very fact that the scientific basis is often uncertain and contestable tends to increase the role of experts at every stage of the regulatory process"); e DARGENT, Eduardo. *Techonocracy and Democracy in Latin America*: The Experts Running Government. Cambridge: Cambridge University, 2015, p. 5 ("[t]echnocrats' main source of autonomy is expertise, which legitimizes *técnicos* and their preferred policies while also giving them considerable leverage over sociopolitical actors. Technocrats are usually appointed to deal with complex issues that *políticos* lack the knowledge to successfully address")

125 Conferir: CENTENO, *op. cit.*, 1993, p. 320 ("[a]s the responsibility of the state expands, it shifts its claims of legitimacy from those based on representation of some ideal (be it nationalistic identity, democratic representation, or revolutionary legacy) to those based on its ability to provide certain services, which inevitably increase the complexity of its functions. [...] In this case, the state derives its legitimacy not through responsiveness to popular demands or through adherence to some symbolic national ideology, but by demonstrating a capacity to foster and maintain economic efficiency"); RAHMAN, *op. cit.*, 2017, p. 58 ("[w]here the state seemed to promote the partial interests of a particular social group or class, such state actions would be illegitimate. The preference for market-based social order thus emerged in part out of a search for an institutional form of social order that was robust against the self-interest of competing social groups"); e FRIEDMAN, *op. cit.*, 2019, p. 75-76 ("technocratic decision-makers need to know, more often than not, how to establish the existence of social problems, how to roughly prioritize them according to their significance, how to discern their causes, and how to solve them well enough to do more good than the costs these solutions generate").

126 Outras características poderiam, naturalmente, ser destacadas. Conferir, exemplificativamente: PUTNAM, Robert D. Elite Transformation in Advanced Indus-

trial Societies: An Empirical Assessment of the Theory of Technocracy. *Comparative Political Studies*, Thousand Oaks, v. 10, n. 3, p. 383-412, 1977; e ESMARK, *op. cit.*, 2020, p. 4-8.

[127] Conferir: OLSON, *op. cit.*, 2016 (discutindo longamente como as estruturas de governança assumiram a natureza industrial e as premissas das teorias de administração científica, como o taylorismo, ao longo dos séculos XX e XXI); e ESMARK, *op. cit.*, 2020, p. 51 ("the particular historical era in which technocracy has flourished, the intimate relationship with the various industrial revolutions that has shaped the technocratic idea of government as a form of (post-)industrial management, the logic of social engineering and its roots in the broader social epistemology of enlightenment engineering, the decreasing importance of the engineers themselves and the arrival of a new technocratic elite in possession of theoretical and scientifically codified knowledge, the belated realization and increased influence of technocracy under the conditions of advanced industrialism, and ultimately the point where industrial technocracy reaches its limits, roughly from the 1980s onwards").

[128] Conferir: PUTNAM, *op. cit.*, 1977, p. 385 ("[a]bove all, the technocrat believes that '*technics must replace politics*' (Ridley, 1966: 43) *and defines his own role in apolitical terms*"); HABERMAS, Jürgen. *Toward a Rational Society*: Student Protest, Science, and Politics. Boston: Beacon, 1989, p. 75 ("[t]he depoliticization of the mass of the population and the decline of the public realm as a political institution are components of a system of domination that tends to exclude practical questions from public discussion. The bureaucratized exercise of power has its counterpart in a public realm confined to spectacles and acclamation"); e RAHMAN, *op. cit.*, 2017, p. 9-10 ("[b]y removing policy decisions from the reach of democratic politics, the appeal to expert management depoliticizes these issues, immunizes them from democratic contest, and in so doing achieves the necessary latitude to make socially optimal policy decisions on the basis of rationality rather than politics. In these accounts, democracy recedes into the background, at worst rejected outright; at best, relegated to the status of a distant authorizer or delegator of authority to the more effective system of markets or regulatory agencies"). Conferir também: FLINDER, Matthew; BULLER, Jim. Depoliticisation: Principles, Tactics and Tools. *British Politics*, Nova York, v. 1, p. 293-318, 2006 (discutindo como a despolitização pode assumir diferentes estratégias institucionais, como a separação de centros políticos de instâncias administrativas, a redução de espaços decisórios e o emprego de recursos ideológicos, retóricos e discursivos de maneira a limitar o léxico político de esferas de decisão).

[129] Conferir: MEYNAUD, Jean. *Technocracy*. Nova York: Free, 1969, p. 201 ("[t]he technocrat will stand revealed by his inclination to attribute prime importance to the economic aspects of society, and especially to productivity"); PUTNAM, *op. cit.*, 1977, p. 387 ("[i]n terms of values, the technocrat is strongly committed to technological progress and material productivity; he is less concerned about distributive questions of social justice"); CENTENO, *op. cit.*, 1993, p. 311 ("technocrats would probably deny allegiance to any particular dogma other than the pursuit of systemic efficiency. They would claim that their recommendations deal only with

means to achieve ends that are defined in political arenas out- side of their control"); e ESMARK, *op. cit.*, 2020, p. 6 ("[p]rogressivism is thus intrinsically bound up with utopianism and, at the margins, with the imaginary technological futures of outright science fiction. On occasion, this has led technocratic thinking to advance somewhat radical and partially obscure visions of societal development, sometimes resulting in outright ridicule and scorn").

130 Essa é, essencialmente, a formulação e discussão do fenômeno da burocracia por Max Weber. Conferir: WEBER, Max. *The Protestant Ethic and the Spirit of Capitalism*. Abingdon-on-Thames: Routledge, 2001; e WEBER, Max. Bureaucracy. In: WATERS, Tony; WATERS, Dagmar (Orgs.). *Weber's Rationalism and Modern Society*: New Translations on Politics, Bureaucracy, and Social Stratification. Nova York: Palgrave Macmillan, 2015.

131 Para comentários sobre a distinção desses conceitos e suas utilidades analíticas distintas, conferir: MEYNAUD, *op. cit.*, 1969; MARTINS, *op. cit.*, 1974, p. 28-48; e ESMARK, *op. cit.*, 2020, p. 79-109.

132 Conferir: MEYNAUD, *op. cit*, 1968 (descrevendo a tecnocracia enquanto estágio superior da burocracia, inclusive ressaltando a possibilidade de estruturas burocráticas clássicas dificultarem a atuação de tecnocratas). De alguma forma, essa é a própria transformação apontada por Majone ao apresentar sua descrição a respeito do Estado regulador. Conferir: MAJONE, *op. cit.*, 1997.

133 Com base em estudos sobre os papéis dos tecnocratas na América Latina, Eduardo Dargent ressalta, por exemplo, a autonomia desses atores a partir de um conjunto fatores intrínsecos à própria organização tecnocrática – isto é, como o custo de baixo desempenho, a presença de mecanismos de controle por *stakeholders* distintas, a complexidade da política pública, e o consenso entre *experts*. Conferir: DARGENT, *op. cit.*, 2015, p. 2-8.

134 Conferir: FISS, Owen. The Death of Law? *Cornell Law Review*, Ithaca, v. 72, n. 1, p. 1-16, 1986 (descrevendo como o *law and economics* e o *critical legal studies*, enquanto interpretações que orientam o direito por elementos extrajurídicos (a eficiência e a política, respectivamente), sugerem a sua anulação).

135 Conferir: SALOMÃO FILHO, Calixto. *Monopolies and Underdevelopment*: From Colonial Past to Global Reality. Cheltenham: Edward Elgar, 2015b, p. 31 ("[w]e repeat, for a positivist mind, the 'scientific' discussion of interpretative methods that propose pre-legal purposes (such as efficiency), which might because of their generality be identified in any rule and that are able to leave intact the self-centredness of the jurist and the core of the positivist theory about the possible forms of legislative production, more than acceptable, is welcome. The task of formulating economic and legislative policies is transferred to the economist, and to the jurist is assigned the task of scribing or at most interpreting the goals established by economists in the laws"); e KENNEDY, *op. cit.*, 2016, p. 71 ("[p]rofessional vocabularies often provide the arguments and images for interpreting and contesting who and where one is, who can do what, who has what authority over whom, who can call upon the cavalry to what end. A vernacular for making claims may be fine grain—an interpretation in conditions of uncertainty of the specific

powers, privileges, and other entitlements of people in particular circumstances. Law is often about this"). Para uma descrição específica desse fenômeno para a política concorrencial, conferir: ANDRADE, José Maria Arruda de. *Economicização do Direito Concorrencial* São Paulo: Quartier Latin, 2014, p. 154 ("no plano da argumentação das decisões jurídicas (no caso, de direito concorrencial brasileiro), o estudo do emprego de argumentos micro econômicos para construir a norma jurídica deva ser uma análise epistemológica, uma *análise de gramática* dos argumentos e não uma *teoria epistemológica* ou a defesa apriorística de que uma determinada parcela da teoria econômica deva ser o novo norte a guiar as aplicações ou análises do direito").

[136] Conferir: FLINDER; BULLER, *op. cit.*, 2006 (discutindo como diversas estratégias institucionais podem criar posições de vantagem de tecnocratas em relação a outros interessados no processo decisório, no sentido de sua despolitização); e RAHMAN, *op. cit.*, 2017, p. 38-39 (descrevendo como o *New Deal* criou essas novas posições jurídicas de poder em torno de tecnocratas, uma tendência acentuada por outros instrumentos jurídicos de insulamento tecnocráticos de agências regulatórias).

[137] Conferir: KLABBERS, Jan. Conceptualizing Expert Accountability: Towards Virtue. In: ARCURI, Alessandra; COMAN-KUND, Florin (Orgs.). *Technocracy and the Law*; Accountability, Governance and Expertise. Abingdon-on-Thames: Routledge, 2021 (analisando as dificuldades intrínsecas da construção de relações de responsabilidade em relação à atuação de tecnocratas); e TAEKEMA, Sanne. Expert Accountability and the Rule of Law: Intertwinement of Normative and Functional Standards? In: ARCURI, Alessandra; COMAN-KUND, Florin (Orgs.). *Technocracy and the Law*; Accountability, Governance and Expertise. Abingdon-on-Thames: Routledge, 2021 (discutindo como a própria ideia de legalidade é transformada dentro desse contexto).

[138] Conferir: POPE, Clayne. Inequality in the Nineteenth Century. In: ENGERMAN, Stanley L.; GALLMAN, Robert E. (Orgs.). *The Cambridge Economic History of the United States*. Cambridge: Cambridge University, 2000, v. II.

[139] Conferir: HOVENKAMP, *op. cit.*, 2020, p. 72 (2020) ("[a] theory with more explanatory power is that the Sherman Act was passed at the behest of small business who had been injured by the formation of larger, more efficient firms. This was the one group of people who were injured, were well organized and had long been effective in making their case to legislative bodies"); e STIGLER, George J. The Origin of the Sherman Act. *The Journal of Legal Studies*, Chicago, v. 14, n. 1, p. 1-12, 1985 (concluindo que, embora algumas evidências modestas apoiem a teoria da influência de pequenos negócios na aprovação do Sherman Act, outros elementos são importantes para compreender a promulgação da legislação concorrencial nos EUA).

[140] Conferir: BUCK, Solon Justus. *The Granger Movement*: a Study of Agricultural Organisation and its Political, Economic, and Social Manifestations, 1870-1880. Cambridge: Harvard University, 1913; e ATACK, Jeremy; BATERMAN, Fred; PARKER, William. The Farm, the Farmer, and the Market. In: ENGERMAN, Stanley

L.; GALLMAN, Robert E. (Orgs.). *The Cambridge Economic History of the United States*. Cambridge: Cambridge University, 2000, v. II.

141 Herbert Hovenkamp identifica o epicentro do *Granger Movement* em quatro Estados dos EUA, todos caracterizados por economias predominantemente agrícolas na época e, consequentemente, dependentes do transporte ferroviário: Illinois; Iowa; Minnesota; e Wisconsin. Conferir: HOVENKAMP, Herbert. Regulatory Conflict in the Gilded Age: Federalism and the Railroad Problem. *The Yale Law Journal*, New Haven, v. 97, n. 6, p. 1017-1072, 1988.

142 Para alguns comentários a respeito da diversidade de ideais políticos que permeou a promulgação e aplicação do Sherman Act em seus primeiros anos, conferir: PITOFSKY, Robert. The Political Content of Antitrust. *University of Pennsylvania Law Review*, Filadélfia, v. 127, p. 1051-1075, 1979; HAZLETT, Thomas W. The Legislative History of the Sherman Act Re-examined. *Economic Inquiry*, Hoboken, v. 30, n. 2, p. 263-276, 1992; SAWYER, Laura Phillips. U.S. Antitrust Law and Policy in Historical Perspective. *Harvard Business School Working Paper*, Cambridge, n. 19-110, 2019; e PAUL, Sanjukta. Recovering the Moral Economy Foundations of the Sherman Act. *The Yale Law Journal*, New Haven, v. 131, n. 1, p. 175-255, 2021.

143 Conferir: LETWIN, William. The First Decade of the Sherman Act: Judicial Interpretation. *The Yale Law Journal*, New Haven, v. 68, n. 5, p. 900-929, 1959b, p. 900 ("[a]s the first effort to control the economy at large, the Sherman antitrust law posed special problems for judges. Antitrust cases required more thorough and delicate analysis of economic issues than had ever been needed in resolving questions under the older branches of law. In some instances, they called for a fuller understanding of monopolistic and competitive behavior than economic theory could offer then, or can now"); e LETWIN, William. The First Decade of the Sherman Act: Early Administration. *The Yale Law Journal*, New Haven, v. 68, n. 3, p. 464-495, 1959a, p. 495 ("once the courts have handed down a series of decisions which suggest that the statute is, after all, applicable in some degree, a striking absence of enforcement must be attributed to government policy").

144 Sob essa abordagem, as infrações antitruste eram tratadas como uma forma de delito comum, sendo definidas em sua substância pela jurisprudência. Conferir: DEWEY, Donald. The Common-Law Background of Antitrust Policy. *Virginia Law Review*, Charlottesville, v. 41, n. 6, p. 759-786, 1955, p. 759 ("[d]uring the debates on the Sherman bill, its backers on several occasions assured the floor that their object was to provide for federal enforcement of the common-law prohibitions of combinations contracts, and conspiracies in restraint of trade"); LETWIN, *op. cit.*, 1959b, p. 900 ("[t]he gravest problems of interpretation arose from ambiguities in both the legal theory and language of the act. It was based on the common law, and judges generally agreed that it should be interpreted according to the common law; yet they varied widely in their opinions of what the precedents dictated"); BAXTER, William F. Separation of Powers, Prosecutorial Discretion, and the Common Law Nature of Antitrust Law. *Texas Law Review*, Austin, v. 60, n. 4, p. 661-704, 1982, p. 663 ("[t]he antitrust laws were written with awareness of the diversity of business conduct and with the knowledge that the detailed statutes which would prohibit socially undesirable conduct would lack the flexibility needed to

encourage (and at times even permit) desirable conduct. To provide this flexibility, Congress adopted what is in essence enabling legislation that has permitted a common-law refinement of antitrust law through an evolution guided by only the most general statutory directions"); e HOVENKAMP, *op. cit.*, 2020, p. 73-74 ("[o]ne solution to the problem of ambiguous statutory language and legislative history is to assume that antitrust violations are a kind of 'common law' offense, where judicial precedent defines the substance of the legal rules to be applied. [...] The earliest Sherman Act decisions construed the statute in that way: they generally decided cases by reference to common law precedents").

[145] Essa posição derivava de outras interpretações da *common law*, que argumentavam que apenas restrições comerciais consideradas como irrazoáveis eram ilegais sob o Sherman Act, criando um teste de razoabilidade. Essa abordagem foi particularmente defendida pelo Chief Justice Edward D. White em seus votos. Embora seu voto no caso Standard Oil Co. v. United States, 221 U.S. 1, 63-67 (1911) seja reconhecido como uma das primeiras menções à ideia de razoabilidade como padrão para a legalidade para casos de natureza antitruste, referências a essa ideia já estavam presentes em seu voto divergente no caso United States v. Trans-Missouri Freight Ass'n, 166 U.S. 290 (1897). Conferir: LETWIN, *op. cit.*, 1959b, p. 920-922; BAXTER, *op. cit.*, 1982, p. 666-667; BORK, *op. cit.*, 1993, p. 21-41; e BICKEL, Alexander M.; SCHMIDT JR., Benno C. *The Judiciary and Responsible Government*: 1910-21. Nova York: Macmillan, 1984, p. 86-199.

[146] Conferir: HOVENKAMP, Herbet. The Slogans and Goals of Antitrust Law. *N.Y.U. Journal of Legislation and Public Policy*, Nova York, v. 25, n. 1, p. 705-779, 2023, p. 708-710.

[147] Conferir: LAMOREAUX, Naomi R. *The Great Merger Movement in American Business, 1895-1904*. Cambridge: Cambridge University, 1985, p. 2 ("more than 1,800 firms disappeared into consolidations, many of which acquired substantial shares of the markets in which they operated. Of the ninety-three consolidations whose market shares I have been able to trace, seventy-two controlled at least 40 percent of their industries and forty-two at least 70 percent"); e BITTLINGMAYER, George. Did Antitrust Policy Cause the Great Merger Wave? *The Journal of Law and Economics*, Chicago, v. 28, n. 1, p. 77-118, 1985 (argumentando que a aplicação inconsistente do Sherman Act durante a década de 1890 está correlacionada com o surgimento da grande onda de concentrações entre 1895 e 1904, especialmente considerando que a lei proibia apenas mecanismos colusivos de concentração de mercado, e não fusões e aquisições).

[148] Conferir: ROOSEVELT, Theodore. *American Problems*. Nova York: Outlook, 1910, p. 59 ("[t]he greatest evils in our industrial system to-day are those which rise from the abuses of aggregated wealth; and our great problem is to overcome these evils and cut out these abuses. [...]When aggregated wealth demands what is unfair, its immense power can be met only by the still greater power of the people as a whole, exerted in the only way it can be exerted, through the Government; and we must be resolutely prepared to use the power of the Government to any needed extent, even though it be necessary to tread paths which are yet untrod").

Para uma descrição do impacto da presidência de Roosevelt para o início de uma maior efetividade da política concorrencial, conferir: WU, *op. cit.*, 2018b, p. 47-49.

[149] Conferir: HAWLEY, Joshua David. *Theodore Roosevelt*: Preacher of Righteousness. New Haven: Yale University, 2008, p. 176-177 ("Roosevelt's belief in the benevolent power of executive action found particularly vivid expression in his mature conservation program. [...] As in the field of economic regulation, Roosevelt concluded here as well that, when it came to conservation policy, Congress was not up to the task. The issues were too complex, the competing demands of resource protection and rational development too politically charged to be entrusted to a group of partisan legislators. Roosevelt believed conservation policy should be set scientifically and administered by experts, not politicians. His conservation narrative sounded in the grand themes of his broader regulatory vision: nonpartisan executive action could quell the chaos and curb the physical destruction wrought by runaway individualism. The trusts threatened to exhaust the country's natural wealth with no thought for the future, but government would check the trusts. Government intervention would bank the fires of selfish, special interest exploitation and redirect public policy toward the long-term good of the whole").

[150] Conferir: WERDEN, Gregory J. Establishment of the Antitrust Division of the U.S. Department of Establishment of the Antitrust Division of the U.S. Department of Justice. *St. John's Law Review*, Nova York, v. 92, n. 3, p. 419-430, 2018.

[151] Ao longo da presidência de Roosevelt seriam apresentadas 44 ações antitruste. Conferir: EUA. *The Federal Antitrust Laws with Amendments*. Washington, D.C., 1926, p. 72-82. Isso lhe renderia a acunha de *trust buster* diante da opinião pública. Conferir: WU, *op. cit.*, 2018b, p. 47-49.

[152] Vale notar, por exemplo, que o Presidente William Howard Taft iniciaria oitenta demandas de natureza antitruste em quatro anos, consolidando a tendência iniciada pela presidência de Roosevelt. Conferir: EUA, *op. cit.*, 1926, p. 83-105.

[153] Conferir: HOFSTADTER, Richard. Whatever Happened to the Antitrust Movement? In: HOFSTADTER, Richard (Org.). *The Paranoid Style in American Politics and Other Essays*. Nova York: Harper & Row, 1964, p. 207-208.

[154] Para comentários de Wilson a respeito dos efeitos políticos da concentração industrial, conferir: WILSON, Woodrow. *The New Freedom*: A Call for the Emancipation of the Generous Energies of a People. Nova York: Doubleday, Page & Company, 1913, p. 3-5 ("[t]here is one great basic fact which underlies all the questions that are discussed on the political platform at the present moment. [...] We have changed our economic conditions, absolutely, from top to bottom; and, with our economic society, the organization of our life. The old political formulas do not fit the present problems; they read now like documents taken out of a forgotten age. [...] There was a time when corporations played a very minor part in our business affairs, but now they play the chief part, and most men are the servants of corporations").

[155] Louis D. Brandeis foi advogado da Wisconsin Central Railroad no caso Wisconsin Railroad Co. v. Price County, 133 U.S. 496, 10 S. Ct. 341 (1890), perante a Suprema Corte dos EUA. Seu envolvimento nos conflitos relacionados ao transporte ferroviário durante o *Granger Movement* no início de sua carreira pode ter

sido um elemento decisivo em suas posições subsequentes sobre a defesa da concorrência. Para as ideias de Brandeis sobre liberdade e democracia industriais, conferir: BRANDEIS, Louis D. Big Business and Industrial Liberty. In: FRAENKEL, Osmond K. (Org.). *The Curse of Bigness*: Miscellaneous Papers of Louis D. Brandeis. Nova York: Viking, 1934a; BRANDEIS, Louis D. How Far Have We Come on the Road to Industrial Democracy? In: FRAENKEL, Osmond K. (Org.). *The Curse of Bigness*: Miscellaneous Papers of Louis D. Brandeis. Nova York: Viking, 1934c; e BRANDEIS, Louis D. On Industrial Relations. In: FRAENKEL, Osmond K. (Org.). *The Curse of Bigness*: Miscellaneous Papers of Louis D. Brandeis. Nova York: Viking, 1934d. Em seu voto divergente no caso American Column & Lumber Co. v. United States, 257 U.S. 377 (1921), as posições de Brandeis sobre uma compreensao mais ampla da natureza do poder econômico estão alinhadas a essas ideias, ao argumentar que "a essência de uma restrição é o poder". No original: "[f]or the essence of restraint is power, and power may arise merely out of position. Wherever a dominant position has been attained, restraint necessarily arises".

[156] Conferir: MCCRAW, *op. cit.*, 1984, p. 80 ("[a]s the 'people's lawyer' of the Progressive Era, Brandeis embodied the popular revolt against the sudden domination of the nation's economic life by big business. [...] Brandeis watched the business revolution as it developed, tried his best to understand it, and found it, on the whole, hostile to his own values of autonomous individualism. For that reason he fought it, and in his crusades against what he called the 'curse of bigness' he was a formidable champion").

[157] Conferir notas de rodapé 77 e 78 acima.

[158] Mais de 88 demandas de natureza antitruste seriam apresentadas durante a presidência de Woodrow Wilson. Conferir: EUA, *op. cit.*, 1926, p. 106-140.

[159] Conferir: WINERMAN, Marc. The Origins of the FTC: Concentration, Cooperation, Control, and Competition. *Antitrust Law Journal*, Chicago, v. 71, n. 1, p. 1-97, 2003, p. 32-48 (discutindo o papel de Wilson e Brandeis na aprovação e elaboração dos Atos FTC e Clayton, com foco especial em suas visões econômicas, sociais e políticas).

[160] Para um panorama do histórico e dos principais aspectos desse marco legal, conferir: MARTIN, David Dale. *Mergers and The Clayton Act*. Berkeley: University of California, 1959.

[161] Para uma retomada histórica desse marco legal, bem como a disputa em torno do papel de tecnocratas em sua operação durante a presidência de Wilson. Conferir: WINERMAN, *op. cit.*, 2003; e CRANE, Daniel A. *The Institutional Structure of Antitrust Enforcement*. Oxford: Oxford University, 2011, p. 27-48.

[162] No original: "[j]ust as the Open Door policy may be said to have ended the debate between imperialists and anti-imperialists, so the Wilson legislation ended the debate over the legitimacy of the large corporation - if nothing else, it took the trust question and the central bank question 'out of politics' - by beginning the setting down in law, on a comprehensive scale that had not yet been possible under Roosevelt and Taft, of rudimentary adjustments to, and regulation of, the domestic and international requirements of corporate capitalism" (SKLAR, Martin J. *The*

Corporate Reconstruction of American Capitalism, 1890-1916: The Market, the Law, and Politics. Cambridge: Cambridge University, 1988, p. 425).

[163] Para a identificação desse processo de tecnocratização iniciado durante a presidência de Wilson, conferir: CRANE, *op. cit.*, 2011, p. 69-90.

[164] Para um panorama dessa relação, conferir: HAWLEY, Ellis W. *The New Deal and the Problem of Monopoly.* Nova York: Fordham University, 1995.

[165] Conferir: HOVENKAMP, *op. cit.*, 2020, p. 80 (descrevendo as perspectivas conflitantes sobre a política concorrencial durante a década de 1930, bem como a vitória temporária de uma abordagem mais leniente em relação à concentração econômica, especialmente por meio dos Codes of Fair Competition de Roosevelt, que representavam uma legalização virtual de diversas formas de colusão); WU, *op. cit.*, 2018b, p. 78-79 ("[t]he laws did suffer a near-death experience in the early 1930s, at a time when nationalization and central planning were in fashion around the world. During FDR's first New Deal, Congress effectively suspended the laws in a failed effort to generate economic recovery"); e WALLER, Spencer Weber. The Antitrust Legacy of Thurman Arnold. *St. John's Law Review*, Nova York, v. 78, n. 3, p. 569-614, 2004, p. 569-574 (discutindo como os primeiros anos da política econômica do New Deal se basearam na cooperação industrial, em detrimento da concorrência, com pouca ou nenhuma aplicação da legislação antitruste). Para mais comentários a respeito dos impactos do NRA sobre a política econômica do New Deal, conferir: BRAND, Donald R. *Corporatism and the Rule of Law*: A Study of the National Recovery Administration. Ithaca: Cornell University, 1988; e HIMMELBERG, Robert. *The Origins of the National Recovery Administration*: Business, Government, and the Trade Association Issue, 1921-1933. Nova York: Fordham University, 2000.

[166] Conferir: SAWYER, Laura Phillips. *American Fair Trade*: Proprietary Capitalism, Corporatism, and the "New Competition," 1890-1940. Nova York: Cambridge University, 2018, p. 269 ("[i]ndustrial corporate leaders appeared to embrace New Deal plans to alleviate the destructive practices of free market competition and harmonize supply and demand so as to raise prices in all sectors of the economy"); e HOVENKAMP, *op. cit.*, 2020, p. 80.

[167] Conferir: WALLER, *op. cit.*, 2004, p. 594; HOVENKAMP, *op. cit.*, 2020, p. 80; e WU, *op. cit.*, 2018b, p. 79.

[168] Conferir: HAWLEY, *op. cit.*, 1995, p. 428-432.

[169] Para um histórico legislativo do Robinson-Patman Act, conferir: HOVENKAMP, *op. cit.*, 2020, p. 734-735. Vale destacar que votos anteriores de Louis D. Brandeis, como no caso Louis K. Liggett Co. v. Lee, 288 U.S. 517 (1933), indicam a origens desse marco legal. Para uma descrição dos posicionamentos de Brandeis sobre a temática de relações de revenda, conferir: MCCRAW, *op. cit.*, 1984, p. 104-105.

[170] Para uma análise mais aprofundada desse processo, com destaque para os elementos que revelam a resistência de Roosevelt a uma política concorrencial mais incisiva, assim como a influência central dos agentes do New Deal na nomeação de Arnold, conferir: MISCAMBLE, Wilson D. Thurman Arnold Goes to Washington:

A Look at Antitrust Policy in the Later New Deal. *Business History Review*, Cambridge, v. 56, n. 1, p. 1-15, 1982.

171 Para comentários a respeito da evolução e da influência do ideário econômico sobre a política concorrencial, conferir: ROWE, Frederick M. The Decline of Antitrust and the Delusions of Models: The Faustian Pact of Law and Economics. *Georgetown Law Journal*, Washington, D.C., v. 72, n. 5, p. 1511-1570, 1984; HOVENKAMP, Herbert. Antitrust Policy After Chicago. *Michigan Law Review*, Ann Arbor, v. 84, n. 2, p. 213-284, 1985, p. 217-226; MURIS, Timothy J. Economics and Antitrust. *George Mason Law Review*, Arlington, v. 5, n. 3, p. 303-312, 1997; HUTCHISON, Camden. Law and Economics Scholarship and Supreme Court Antitrust Jurisprudence, 1950-2010. *Lewis & Clark Law Review*, Portland, v. 21, n. 1, p. 145-210, 2017; e GLICK, Mark. Antitrust and Economic History: The Historic Failure of the Chicago School of Antitrust. *The Antitrust Bulletin*, Thousand Oaks, v. 64, n. 3, p. 295-340, 2019.

172 Conferir: PERITZ, *op. cit.*, 2000, p. 170 ("[t]he neoclassical discourse of economics, particularly its devotion to the 'price mechanism,' also appeared in numerous opinions during the later New Deal years"); e WALLER, *op. cit.*, 2004, p. 608 ("[f]or all his populist rhetoric, it was Arnold who changed the age-old debate about the virtues and vices of size. For Arnold, size alone was no offense and might even be desirable, if, and only if, it were efficient and savings were passed along to consumers. By linking antitrust to consumer interests, and in defining consumer interests as he did, Arnold set the stage for modern antitrust and the debates that continue today as to the meaning of harm to competition and how best to protect the interests of consumers. Arnold introduced a symbiotic relationship between antitrust law and economics which still exists today, albeit in a very different form").

173 Conferir: EUA. *Report of the Attorney General's National Committee to Study the Antitrust Laws*. Washington, D.C., 1955.

174 Conferir: ARNOLD, Thurman. Roosevelt's Contribution to the American Competitive Ideal. *The Centennial Review*, East Lansing, v. 9, n. 2, p. 192-208, 1965.

175 Conferir: HOVENKAMP, *op. cit.*, 2020, p. 80 ("[u]ndoubtedly the most lasting legacy of the problems attending the New Deal and the recovery was the increasing attempt by antitrust policy makers after World War II to take efficiency concerns more seriously, and to recognize that bigness and even a certain amount of oligopoly were a fact of life. This required a more sophisticated dialogue between antitrust and economic theory").

176 Edward H. Chamberlin, Joe S. Bain e Edward S. Mason se destacariam como os principais expoentes dentro dessa perspectiva acerca da organização industrial. Para suas principais obras sobre o tema, conferir: CHAMBERLIN, Edward H. *The Theory of Monopolistic Competition*: A Re-orientation of the Theory of Value. Cambridge: Harvard University, 1933; BAIN, Joe S. *Barriers to New Competition*: Their Character and Consequences in Manufacturing. Cambridge: Harvard University, 1956; e MASON, Edward S. *Economic Concentration and the Monopoly Problem*. Cambridge: Harvard University, 1957.

[177] Em linhas gerais, o modelo SCP partia de em abordagem estruturalista da organização industrial, onde estruturas de mercado concentradas (oligopólios e monopólios) facilitariam a adoção de condutas anticompetitivas por agentes econômicos, resultando em um desempenho econômico inferior em comparação com estruturas menos concentradas. Para um histórico e panorama desse modelo, conferir: WEISS, Leonard W. The Structure-Conduct-Performance Paradigm and Antitrust. *University of Pennsylvania Law Review*, Filadélfia, v. 127, n. 4, p. 1104-1140, 1979; e PANHANS, Matthew T. The Rise, Fall, and Legacy of the Structure--Conduct-Performance Paradigm. *Journal of the History of Economic Thought*, Cambridge, p. 1-21, 2023.

[178] Areeda desempenharia várias funções na Casa Branca ligadas à política econômica durante as décadas de 1960 e 1970. Conferir: WRIGHT, Andrew L. Law Scholar Areeda, 'Antitrust Guru,' Dies. *The Harvard Crimson*, Cambridge, 5 de jan. de 1996.

[179] Turner chefiou a Antitrust Division do DOJ entre 1965 e 1968. Conferir: SHEPHERD, William G. Donald Turner and the economics of antitrust. *The Antitrust Bulletin*, Thousand Oaks, v. 41, n. 4, p. 935-948, 1996.

[180] Para descrições desse processo, conferir: DAVIES, William. Economics and the 'nonsense' of law: the case of the Chicago antitrust revolution. *Economy and Society*, Abingdon-on-Thames, v. 39, n. 1, p. 64-83, 2010; BOUGETTE, Patrice; DESCHAMPS, Marc; MARTY, Frédéric. When Economics Met Antitrust: The Second Chicago School and the Economization of Antitrust Law. *Enterprise & Society*, Cambridge, v. 16, n. 2, p. 313-353, 2015; e GLICK, *op. cit.*, 2019.

[181] Conferir nota de rodapé 4 acima.

[182] Bork foi nomeado por Reagan para assumir o cargo de juiz da Corte de Apelações dos EUA para o Circuito do Distrito de Columbia em 1982. É relevante observar que, em 1987, Reagan o indicou novamente, desta vez para a Suprema Corte. No entanto, sua nomeação foi rejeitada pelo Senado devido a diversas posições conservadoras que ele mantinha em temas como direitos civis, privacidade e liberdade de expressão. Conferir: COASTON, Jane. "Borking," explained: why a failed Supreme Court nomination in 1987 matters. *Vox,* Washington, D.C., 27 de set. de 2018.

[183] Easterbrook foi nomeado por Reagan para se ocupar o posto juiz da Corte de Apelações dos EUA para o Sétimo Circuito.

[184] Baxter foi indicado por Reagan para liderar a Antitrust Division do DOJ em 1981. Conferir: WEINSTEIN, Michael M. W. F. Baxter, 69, Ex-Antitrust Chief, Is Dead. *The New York Times*, Nova York, 2 de dez. de 1998.

[185] Pode-se destacar a priorização de identificar falsos negativos em detrimento de falsos positivos, uma abordagem mais indulgente em relação a concentrações em geral, especialmente integrações verticais, e uma orientação quase exclusiva das investigações antitruste para combater cartéis, com pouca ou nenhuma atenção a outros tipos de infrações. Conferir: TOLLISON, Robert D. Antitrust in the Reagan administration: A report from the Belly of the beast. *International Jour-*

nal of Industrial Organization, Amsterdã, v. 1, n. 2, p. 211-221, 1983 (descrevendo como a política de concorrência foi remodelada em termos de controle de fusões, um foco em questões horizontais, desregulamentação, proteção do consumidor e um papel mais amplo da análise econômica na fiscalização); CAMPBELL, Thomas J. The Antitrust Record of the First Reagan Administration. *Texas Law Review*, Austin, v. 64, n. 2, p. 353-370, 1985 (discutindo como o objetivo da presidência de Reagan de promover eficiência econômica por meio da política concorrencial influenciou a jurisprudência e as escolhas de *enforcement*, além de outros impactos institucionais); KOVACIC, William E. Built to Last? The Antitrust Legacy of the Reagan Administration, *Federal Bar News & Journal*, Arlington, v. 35, n. 5, p. 244-250, 1988a (indicando que durante a presidência de Reagan, a administração da política de concorrência não contestou nenhuma fusão vertical, o que representou efetivamente o abandono do Robinson-Patman Act); KOVACIC, William E. Public Choice and the Public Interest: Federal Trade Commission Antitrust Enforcement during the Reagan Administration. *The Antitrust Bulletin*, Thousand Oaks, v. 33, n. 3, p. 467-504, 1988b (destacando que a presidência de Reagan conseguiu reorientar a aplicação da lei pela FTC exclusivamente para questões de bem-estar do consumidor e eficiência, melhorar a relação institucional da agência com o Congresso, reduzir seu orçamento e adotar uma abordagem mais tolerante em relação à comunidade empresarial como um todo); LANDE, Robert H. A Framework for Evaluating the Antitrust Legacy of the Reagan Administration. *Federal Bar News & Journal*, Arlington, v. 35, n. 5, p. 228-231, 1988 (examinando o tratamento leniente de concentrações horizontais e verticais, como um dos principais exemplos do redirecionamento do *enforcement* concorrencial durante a presidência de Reagan); e MILLSTEIN, Ira M.; KESSLER, Jeffrey L. The antitrust legacy of the Reagan Administration. *The Antitrust Bulletin*, Thousand Oaks, v. 33, n. 3, p. 505-541, 1988 (ressaltando o impacto da teoria econômica da Escola de Chicago sobre a aplicação da política concorrencial durante a presidência de Reagan).

[186] Conferir: GLICK, *op. cit.*, 2019, p. 336 ("[t]he rise of the Chicago School had little to do with the brilliance of its participants and much more to do with the ideological policy shift from the New Deal policy structure to the rise of neoliberalism"); e HUTCHISON, op. cit., 2017 (discutindo como as nomeações conservadoras feitas durante a presidência de Richard Nixon para a Suprema Corte dos EUA alteraram seu equilíbrio ideológico, acarretando mudanças em casos de natureza concorrencial).

[187] Conferir: HOVENKAMP, Herbert. Post-Chicago Antitrust: A Review and Critique. *Columbia Business Law Journal*, Na York, v. 2001, n. 2, p. 257-338, 2001; CRANE, Daniel A. Chicago, Post-Chicago, and Neo-Chicago. *The University of Chicago Law Review*, Chicago, v. 76, n. 4, p. 1911-933, 2009; e YOO, Christopher S. The Post-Chicago Antitrust Revolution: A Retrospective. *University of Pennsylvania Law Review*, Filadélfia, v. 168, p. 2145-2169, 2020.

[188] Conferir nota de rodapé 2 acima.

[189] Para o conceito apresentado por John Williamson de "Consenso de Washington" e seu histórico, conferir: WILLIAMSON, John. Democracy and the "Washington Consensus". *World Development*, Amsterdã, v. 21, n. 8, p. 1329-1336, 1993;

WILLIAMSON, John. From Reform Agenda to Damaged Brand Name. *Finance & Development*, Washington, D.C., v. 40, n. 3, p. 10-13, 2003; WILLIAMSON, John. The strange history of the Washington consensus. *Journal of Post Keynesian Economics*, Abingdon-on-Thames, v. 27, n. 2, p. 195-206, 2004; e WILLIAMSON, John. A Short History of the Washington Consensus. *Law and Business Review of the Americas*, Dallas, v. 15, n. 1, p. 7-23, 2009.

[190] Conferir: CRANE, Daniel A. Ordoliberalism and the Freiburg School. In: CRANE, Daniel A.; HOVENKAMP, Herbert (Orgs.). The Making of Competition Policy: Legal and Economic Sources. Oxford: Oxford University, 2013; GERBER, David J. Constitutionalizing the Economy: German Neo-liberalism, Competition Law and the "New" Europe. *The American Journal of Comparative Law*, Oxford, v. 42, n. 1, p. 25-84, 1994, p. 49-56; e MÖSCHEL, Wernhard. Competition Policy from an Ordo Point of View. In: PEACOCK, Alan; WILLGERODT, Hans (Orgs.). *German Neo-Liberals and the Social Market Economy*. Nova York: Palgrave Macmillan, 1989.

[191] Conferir: EHLERMANN, Claus-Dieter. The Contribution of EC Competition Policy to the Single Market. *Common Market Law Review*, Amsterdã, v. 29, p. 257-282, 1922.

[192] Para uma defesa no contexto europeu de uma aproximação da prática concorrencial estadunidense nesse sentido, conferir: KORAH, Valentine. From Legal Form toward Economic Efficiency—Article 85(1) of the EEC Treaty in Contrast of U.S. Antitrust. *The Antitrust Bulletin*, v. 35, n. 4, p. 1009-1036, 1990. Para um panorama do *more economic approach* na Europa, conferir também: WITT, Anne C. *The More Economic Approach to EU Antitrust Law*. Oxford: Hart, 2016; e DREXL, Josef; KERBER, Wolfgang; PODSZUN, Rupprecht (Orgs.). *Competition Policy and the Economic Approach*: Foundations and Limitations. Cheltenham: Edward Elgar, 2011.

[193] Trata-se dos Comissários Frans Andriessen (1981-1985), Peter Sutherland (1985-1989) e Leon Brittan (1989-1993).

[194] No original: "[t]he influence of US antitrust law was profound during the early years of the development of competition policy in Europe and has continued ever since. This influence has helped to ensure that today, after almost 50 years of application and development of antitrust rules in Europe, we can confidently say that we share the same goals and pursue the same results on both sides of the Atlantic: namely to ensure effective competition between enterprises, by conducting a competition policy which is based on sound economics and which has the protection of consumer interest as its primary concern" (MONTI, Mario. Antitrust in the US and Europe : a History of convergence. *European Commission*, Bruxelas, 14 de nov. de 2001).

[195] Para comentários acerca do papel da OCDE nesse contexto, conferir: OCDE. OECD: Report on the Operation of the 1967 Council Recommendation concerning Cooperation between Member Countries on Restrictive Business Practices Affecting International Trade [C(67)53(FINAL)] during the Period 1967-1975. *The Antitrust Bulletin*, Thousand Oaks, v. 22, n. 2, p. 459-485, 1977; WINSLOW, Terry. The OECD's Global Forum on Competition and Other Activities. *Antitrust Magazine*, Chicago, v. 16, p. 38-40, 2001; e SOKOL, D. Daniel. Monopolists without

Borders: The Institutional Challenge of International Antitrust in a Global Gilded Age. *Berkeley Business Law Journal*, Berkeley, v. 4, n. 1, p. 37-122, 2007, p. 46-48.

[196] Para comentários acerca do papel da UNCTAD nesse contexto, conferir: WOOD, Diane P. The Impossible Dream: Real International Antitrust. *The University of Chicago Legal Forum*, Chicago, p. 277-313, 1992, p. 285-287; SHENEFIELD, John H. Coherence or Confusion: The Future of the Global Antitrust Conversation. *The Antitrust Bulletin*, Thousand Oaks, v. 49, n. 1-2, p. 385-434, 2004, p. 391; LIANOS, Ioannis. The Contribution of the United Nations to the Emergence of Global Antitrust Law. *Tulane Journal of International & Comparative Law*, Nova Orleans, v. 15, n. 2, p. 1-49, 2007; e SWEENEY, Brendan. International Competition Law and Policy: A Work in Progress. *Melbourne Journal of International Law*, Melbourne, v. 10, n. 1, p. 58-69, 2009, p. 66-67.

[197] Para comentários acerca do papel da ICN nesse contexto, conferir: LUGARD, Paul (Org.). *The International Competition Network at Ten*: Origins, Accomplishments and Aspirations. Cambridge: Intersentia, 2011.

[198] Para uma análise a respeito de como essas instâncias de governança pretensamente neutra representam importantes centros de influência e formatação da política concorrencial a nível local, conferir: TOWNLEY, Chirstopher; GUIDI, Mattia; TAVARES, Mariana. *The Law and Politics of Global Competition*: Influence and Legitimacy in the International Competition Network. Oxford: Oxford University, 2022.

[199] A escolha do termo "antipolítica" também busca dialogar com uma literatura existente sobre movimentos que não apenas despolitizam, mas também se opõem ativamente à política, inclusive dentro da governança econômica. Conferir, exemplificativamente: SCHEDLER, Andreas (Org.). *The End of Politics? Explorations into Modern Antipolitics*. Nova York: Macmillan, 1997; e FAWCETT, Paul *et al.* (Orgs.). *Anti-Politics, Depoliticization, and Governance*. Oxford: Oxford University, 2017.

[200] Nesse sentido, esse entusiasmo tecnológico do impacto industrial sobre o progresso social e o arranjo político já se encontrava em Brandeis, ao afirmar que "[a] eficiência é a esperança da democracia", significando "uma maior produção com menor esforço e a menor custo, através da eliminação de desperdícios, esforços humanos e materiais desnecessários". "Como de outra forma podemos esperar alcançar nossos ideais sociais?", se questionava, afirmando que "melhores condições de vida não podem ser concebivelmente atingidas sem que a produtividade do homem seja aumentada". No original: "[e]fficiency is the hope of democracy. Efficiency means greater production with less effort and at less cost, through the elimination of unnecessary waste, human and material. [...] These demands for shorter working time, for higher earnings and for better conditions cannot conceivably be met unless the productivity of man is increased" (BRANDEIS, Louis D. Efficiency and social ideals. In: FRAENKEL, Osmond K. (Org.). The Curse of Bigness: Miscellaneous Papers of Louis D. Brandeis. Nova York: Viking, 1934b, p. 51). Wilson também argumentava que "[*b*]*ig business*, sem dúvidas, em grande medida são necessários e naturais. O desenvolvimento de negócios em grande escala, em grande escala de cooperação, é inevitável, e, deixe-me adicionar, é provavelmente

desejável". Além disso, afirmava que o caráter perverso e indesejável dos *trusts* se encontrava no fato de que "eles foram conjugados, não por um processo natural, mas por vontade, pelo planejamento deliberado, de homens que eram mais poderosos que seus vizinhos no mundo dos negócios, e que desejavam assegurar seu poder contra a concorrência", em espírito de "[s]e não sou eficiente o suficiente para vencer meus rivais, o que estou inclinado a fazer é me juntar com eles e dizer: 'Não vamos cortar nossas gargantas; vamos nos combinar e determinar preços nós mesmos; [...] e dominar e controlar o mercado'". No original: "[b]ig business is no doubt to a large extent necessary and natural. The development of business upon a great scale, upon a great scale of co-operation, is inevitable, and, let me add, is probably desirable. [...] But that is a very different matter from the development of trusts, because the trusts have not grown. They have been artificially created; they have been put together, not by natural processes, but by the will, of men who were more powerful than their neighbors in the business world, and who wished to make their power secure against competition. [...] If I haven't efficiency enough to beat my rivals then the thing I am inclined to do is to get together with my rivals and say: 'Don't let's cut each other's throats; let's combine and determine prices for ourselves; determine the output, and thereby determine the prices: and dominate and control the market" (WILSON, *op. cit.*, 1913, p. 164-166).

201 Conferir: HOFSTADTER, *op. cit.*, 1964.

202 No original: "[t]his Article began with a historical question about whatever happened to the antitrust movement. The short answer is that antitrust grew up. It ceased to be the stuff of political banners and loose rhetoric and turned into a serious discipline, applying defensible legal and empirical techniques to problems within its range of competence" (HOVENKAMP, Herbert. Whatever Did Happen to the Antitrust Movement? *Notre Dame Law Review*, Notre Dame, v. 94, n. 2, p. 583-638, 2019a, p. 636).

203 Conferir: MOMMSEN, Wolfgang J. *The Age of Capitalism and Bureaucracy*: Perspectives on the Political Sociology of Max Weber. 2ª ed. Nova York: Berghahn, 2021, p. 77-92.

204 No original: "[t]he rulers themselves de not believe in objective necessity, even if they sometimes call their machinations by that name. They posture as engineers of world history. Only their subjects accept the existing development, which renders them a degree more powerless with each prescribed increase in their standard of living, as inviolably necessary" (HORKHEIMER, Max; ADORNO, Theodor W. *Dialectic of Enlightenment*: Philosophical Fragments. Stanford: Stanford University, 2002, p. 30).

205 Conferir: ADORNO, Theodor W. Society. In: BRONNER, Stephen Eric; KELLNER, Douglas MacKay (Orgs.). *Critical Theory and Society*: A Reader. Abingdon-on--Thames: Routledge, 1989, p. 273-274 ("[a] rational and genuinely free society could do without administration as little as it could do without the division of labor itself. But all over the globe, administrations have tended under constraint towards a greater self-sufficiency and independence from their administered subjects, reducing the latter to objects of abstractly normed behavior. As Max Weber saw, such a tendency points back to the ultimate means-ends rationality of the economy itself. Because the

latter is indifferent to its end—namely, that of a rational society—and as long as it remains indifferent to such an end, for so long will it be irrational for its own subjects. The Expert is the rational form that such irrationality takes. His rationality is founded on specialization in technical and other processes, but has its ideological side as well. The even smaller units into which the work process is divided begin to resemble each other again, once more losing their need for specialized qualifications").

2. A ANTIPOLÍTICA CONCORRENCIAL NOS TRÓPICOS: O CASO BRASILEIRO

206 CAMPOS, Roberto de Oliveira. *Do outro lado da cerca...*: três discursos e algumas elegias. 2ª ed. Rio de Janeiro: APEC, 1968, p. 131.

207 *Olho de Boi*, 2019.

208 A respeito de uma agenda de pesquisa acerca das peculiaridades institucionais do capitalismo em distintos contextos concretos, conferir: HALL, Peter A.; SOSKICE, David. An Introduction to Varieties of Capitalism. In: HALL, Peter A.; SOSKICE, David (Orgs.). *Varieties of Capitalism*: The Institutional Foundations of Comparative Advantage. Oxford: Oxford University, 2004.

209 Conferir: MIOLA, Iagê Zendron. *Law and the Economy in Neoliberalism*: the Politics of Competition Regulation in Brazil. Tese (Doutorado em Direito) – Università degli Studi di Milano, Milão, 2014, p. 6 ("[b]esides being an arena of economic regulation at the core of the intersection between the state and the economy, as the worldwide spread of competition or antitrust laws in the 1990s evidence, it emerged in parallel to and as part of the agenda to reform states and economies under the auspices of neoliberalism. In Brazil, the landmark of this process was the enactment of law number 8.884 of 1994, which reformed the Brazilian antitrust authority – the Administrative Council for Economic Defence (CADE) – accordingly to international standards. Since then, together with the regulation of corporate conduct, Brazilian competition policy also started to supervise economic concentrations in the form, for instance, of mergers and acquisitions, becoming a 'modern' regulatory arena").

210 Para descrições históricas da evolução da defesa da concorrência no Brasil, conferir: SCHUARTZ, Luis Fernando. A Desconstitucionalização do Direito de Defesa da Concorrência. *Revista do IBRAC*, São Paulo, v. 16, n. 1, p. 325-352, 2009; TODOROV, Francisco Ribeiro; TORRES FILHO, Marcelo Maciel. History of Competition Policy in Brazil: 1930-2010. *The Antitrust Bulletin*, Thousand Oaks, v. 57, n. 2, p. 207-257, 2012; BRASIL. CADE. *Defesa da concorrência no Brasil*: 50 anos. Brasília, 2013a; CAMPILONGO, Celso Fernandes; PFEIFFER, Roberto. Apresentação. In: CAMPILONGO, Celso; PFEIFFER, Roberto (Orgs.). *A evolução do antitruste no Brasil*. São Paulo: Singular, 2018; FORGIONI, Paula. *Os fundamentos do antitruste*. 10ª ed. São Paulo: Revista dos Tribunais, 2018, p. 93-133; RIBEIRO, Eduardo Pontual; PIRES-ALVES, Camila; PRADO, Luiz Carlos D. Antitrust and Competition Policy in Brazil. In: AMANN, Edmund; AZZONI, Carlos R.; BAER, Werner (Orgs.). *The Oxford Handbook of the Brazilian Economy*. Oxford: Oxford

University, 2018; e CABRAL, Mário André Machado. *A construção do antitruste no Brasil*: 1930-1964. São Paulo: Singular, 2020a.

211 "Neste contexto, portanto, as ideologias não descrevem sequer falsamente a realidade, e não gravitam segundo uma lei que lhes seja própria – por isso as chamamos de segundo grau. [...] Neste sentido dizíamos que o teste da realidade e da coerência não parecia, aqui, decisivo, sem prejuízo de estar sempre presente como exigência reconhecida, evocada ou suspensa conforme a circunstância. [...] Combinando-se à prática de que, em princípio, seria a crítica, o Liberalismo fazia com que o pensamento perdesse o pé" (SCHWARZ, Roberto. *Ao vencedor as batatas*: forma literária e processo social nos inícios do romance brasileiro. 5ª ed. São Paulo: Duas Cidades, 2000, p. 18-19).

212 Conferir: RICUPERO, Bernardo. Da formação à forma: ainda as "idéias fora do lugar". *Lua Nova*, São Paulo, n. 73, p. 59-69, 2008, p. 64. De qualquer forma, vale destacar que o próprio emprego dessa imagem formulada originalmente por Roberto Schwarz é amplamente discutido dentro do pensamento social brasileiro. Conferir: FRANCO, Maria Sylvia de Carvalho. As idéias estão em seu lugar. *Cadernos de Debate*, São Paulo, n. 1, p.61- 64, 1976; COUTINHO, Carlos Nelson. Cultura brasileira: um intimismo deslocado, à sombra do poder? *Cadernos de Debate*, São Paulo, n. 1, p. 65-67, 1976; BOSI, Alfredo. *Dialética da colonização*. 3ª ed. São Paulo: Companhia das Letras, 1996, p. 194-245; e SCHWARZ, Roberto. *Sequências brasileiras*: ensaios. São Paulo: Companhia das Letras, 1999, p. 61-85.

213 Para uma descrição desses impactos, impulsionando um processo de industrialização no Brasil, conferir: MELLO, João Manuel Cardoso de. *O Capitalismo Tardio*: Contribuição à Revisão Crítica da Formação e do Desenvolvimento da Economia Brasileira. 8ª ed. São Paulo: Brasiliense, 1982, p. 156-173; e FURTADO, Celso. *Formação Econômica do Brasil*. 34ª ed. São Paulo: Companhia das Letras, 2007, p. 251-335.

214 Para uma retomada do período, conferir: FAUSTO, Boris. Brazil: the social and political structure of the First Republic, 1889–1930. In: BETHELL, Leslie (Org). *The Cambridge History of Latin America*. Cambridge: Cambridge University, 1986, v. 5.

215 Alberto Torres, partindo de um viés cientificista e nacionalista, já defendia a centralização e planificação da sociedade brasileira através do Estado, dirigido por uma comunidade epistêmica de governantes, em duas de suas obras publicadas originalmente em 1914: *O Problema Nacional Brasileiro* e *A Organização Nacional*. Conferir: TORRES, Alberto. *O Problema Nacional Brasileiro*: Introdução a um programma de Organização Nacional. São Paulo: Nacional, 1933; e TORRES, Alberto. *A organização nacional*. São Paulo: Nacional, 1938. Oliveira Vianna, por sua vez, seria diretamente influenciado pelos estudos de Alberto Torres, especialmente sob uma perspectiva centralizadora e antiliberal, na qual publicaria a obra *Evolução do povo brasileiro* em 1923. Conferir: VIANNA, Oliveira. *Evolução do povo brasileiro*. 3ª ed. São Paulo: Nacional, 1938. Para uma análise acerca da relação entre esses atores no desenvolvimento de uma ideologia autoritária brasileira, conferir: TAVARES, José Nilo. *Autoritarismo e dependência*: Oliveira Vianna e Alberto Torres. Rio de Janeiro: Achiamé, 1979.

[216] Vale destacar, nesse sentido, a extensa análise de Raymundo Faoro sobre as raízes das elites políticas brasileiras, remontando às origens do Estado português. Conferir: FAORO, Raymundo. *Os donos do poder*: Formação do patronato político brasileiro. 5ª ed. São Paulo: Globo, 2012.

[217] Vargas e seu governo seriam, por exemplo, assumidamente influenciados pela obra de Oliveira Vianna. Conferir: NETO, *op. cit.*, 2012, p. 237-238 ("[o] antiliberal Oliveira Viana seria uma espécie de novo guru. [...] O mais curioso de tudo é que, poucos anos mais tarde, Getúlio recorrerá ao centralismo sugerido em *Populações meridionais* para justificar a força avassaladora do Estado Novo, quando Oliveira Viana será alçado ao posto de principal ideólogo do futuro regime"). Para uma análise da relação entre Vargas e Oliveira Vianna, conferir: SARTORETTO, Leonardo. O encontro de Vargas com a obra de Oliveira Vianna: um momento da gênese do Brasil moderno. *Mundo e Desenvolvimento*, São Paulo, v. 6, n. 8, p. 68-81, 2022.

[218] Conferir: NETO, Lira. *Getúlio*: Dos anos de formação à conquista do poder (1882-1930). São Paulo: Companhia das Letras, 2012, p. 86 ("'Saint-Simon foi o meu filósofo. Na minha juventude eu o li muito, exaustivamente. Mandei vir da França uma edição completa das obras dos saint-simonianos, editadas em Paris. Não li todos os volumes, mas li muitos', diria mais tarde Getúlio. Em uma prova escrita de economia, deixaria registrada, de certo modo, o que pode ser considerada a gênese de seu pensamento político. Ao discorrer sobre a propriedade privada, o estudante Getúlio criticaria o liberalismo e defenderia a necessidade da intervenção do Estado na economia: O Estado [...] é um aliado do indivíduo, deve garantir os direitos individuais, deve auxiliá-lo sempre que ele necessitar de tal auxílio. Por isso não ser previamente estabelecidos *a priori* os casos em que a intervenção do Estado se torne necessária, pois esta será exigida pela urgência dos fatos").

[219] Conferir: VARGAS, Getúlio. *A nova política do Brasil*. Rio de Janeiro: José Olympio, 1938, v. V, p. 32 ("[q]uando as competições políticas ameaçam degenerar em guerra civil, é sinal de que o regime constitucional perdeu o seu valor prático, subsistindo, apenas, como abstração. A tanto havia chegado o país. A complicada máquina de que dispunha para governar-se não funcionava. Não existiam órgãos apropriados através dos quais pudesse exprimir os pronunciamentos da sua inteligência e os decretos da sua vontade. Restauremos a Nação na sua autoridade e liberdade de ação: — na sua autoridade, dando-lhe os instrumentos de poder real e efetivo com que possa sobrepor-se às influências desagregadoras, internas ou externas; na sua liberdade, abrindo o plenário do julgamento nacional sobre os meios e os fins do Governo e deixando-a construir livremente a sua história e o seu destino").

[220] Conferir: SOUZA, Celina. *Constitutional Engineering in Brazil*: The Politics of Federalism and Decentralization. Nova York: Macmillan, 1997, p. 27-29; e BERCOVICI, Gilberto. *Constituição econômica e desenvolvimento*: uma leitura a partir da Constituição de 1988. São Paulo: Malheiros, 2005, p. 17-25.

[221] Conferir: SOLA, Lourdes. O golpe de 37 e o Estado Novo. In: MOTA, Carlos Guilherme (Org). *Brasil em perspectiva*. 19ª ed. Rio de Janeiro: Bertrand Brasil, 1990, p. 264 ("[n]a verdade, industrialização em país semicolonial, é sinônimo de progresso: ela era um programa popular, difundido entre as classes médias urbanas, reivindica-

do pelos grupos políticos mais progressistas. Na década de 30 ela deixava de ser uma categoria econômica, já não designava apenas um processo, mas se convertera numa noção ideológica: entrada para o domínio das representações coletivas").

[222] Conferir: BETHELL, Leslie. Politics in Brazil under Vargas, 1930–1945. In: BETHELL, Leslie (Org.). *The Cambridge History of Latin America*. Cambridge: Cambridge University, 2008b, v. IX, p. 22 ("[i]n the first year of the provisional government, the *tenentes*, including the *tenentes civis*, could be said to be the dominant force in the inner circle of civil and military figures close to Vargas. They attempted to differentiate themselves, as the true revolutionaries, from other sections of the new establishment. They formed, in February 1931, the *Clube 3 de Outubro* as an intellectual pressure group linking civilians with the military. Aranha and Távora played a prominent part from the outset, though Góis Monteiro was the first president. When Góis left in May to take command of the second military region (São Paulo) the vice-president Pedro Ernesto became president with Aranha (until August) and José Américo de Almeida, both government ministers, vice-presidents. Leading intellectuals like José Francisco de Oliveira Viana were also associated with the Club").

[223] Melissa Teixeira analisa como o Estado Novo de Vargas se configura como uma adaptação brasileira do modelo político que influenciou o New Deal nos EUA, intensificando sua estrutura hierarquizada em direção ao autoritarismo e substituindo sua resistência ao liberalismo clássico pelo corporativismo, especialmente no âmbito da governança econômica. Conferir: TEIXEIRA, Melissa. Making a Brazilian New Deal: Oliveira Vianna and the Transnational Sources of Brazil's Corporatist Experiment. *Journal of Latin American Studies*, Cambridge, v. 50, n. 3, p. 613-641, 2018 (discutindo como o Estado Novo representa uma derivação brasileira do modelo de Estado adotado pelo *New Deal*).

[224] Conferir: HILTON, Stanley E. Vargas and Brazilian Economic Development, 1930–1945: A Reappraisal of his Attitude Toward Industrialization and Planning. *The Journal of Economic History*, Cambridge, v. 35, n. 4, p. 754-778, 1975; KOHLI, Atul. *State-Directed Development*: Political Power and Industrialization in the Global Periphery. Cambridge: Cambridge University, 2004, p. 152-168; e SCHNEIDER, Ben Ross. *Business Politics and the State in Twentieth-Century Latin America*. Cambridge: Cambridge University, 2004, p. 97-105. Há diferenças centrais, no entanto, em relação às políticas da Era Vargas e outras experiências de desenvolvimentistas no Brasil ao longo do século XX. O programa de modernização e industrialização de Vargas partia de premissas ideológicas distintas, mais marcada por vieses nacionalistas, estatistas e corporativistas do que em princípios cosmopolitas, privados e individualistas. Isso indica que a própria ideia de desenvolvimento econômico durante o governo de Vargas intrinsecamente vinculada a dimensões não-mercado. Conferir: SKIDMORE, Thomas E. Politics and Economic Policy Making in Authoritarian Brazil, 1937-71. In: STEPAN, Alfred (Org.). *Authoritarian Brazil*. New Haven: Yale University, 1973, p. 40-43.

[225] Para um histórico do Estado desenvolvimentista no Brasil: SCHNEIDER, Ben Ross. O Estado Desenvolvimentista no Brasil: Perspectivas Históricas e Comparadas. *Texto para Discussão, Ipea*, Rio de Janeiro, n. 1871, 2013. Para um panora-

ma da definição e história do conceito de "Estado desenvolvimentista", inclusive em contraste com a ideia de "Estado regulador", conferir: JOHNSON, Chalmers. The Developmental State: Odyssey of a Concept. In: WOO-CUMINGS, Meredith (Org.). *The Developmental State*. Cornell: Cornell University, 1999; e LEVI-FAUR, *op. cit.*, 2013, p. 41-44.

[226] Para um panorama histórico da criação de empresas estatais no país, especialmente enquanto ferramenta de planificação desenvolvimento no século XX, conferir: OCDE. *State-Owned Enterprises in the Development Process*. Paris, 2015, p. 65-104.

[227] Conferir: SOLA, *op. cit.*, 1990, p. 275 ("[c]riava também com isso, as bases institucionais da qual emergiria uma espécie nova de grupo burocrático - composta de militares e de civis, bem mais duradoura do que o próprio regime de Vargas, e que proliferaria nos anos 50 - uma 'burocracia industrial', amplamente remunerada e prestigiada. Surgiu assim, um novo agente econômico (e político), o 'tecnocrata'") OLIVEIRA, Lucia Lippi. Vargas, os Intelectuais e as Raízes da Ordem. In: D'ARAUJO, Maria Celina (Org.). *As Instituições Brasileiras da Era Vargas*. Rio de Janeiro: UERJ; FGV, 1999 (descrevendo a relação entre a intelectualidade e o modernismo do Estado Novo).

[228] Conferir nota de rodapé 216 acima.

[229] Conferir: VIANNA, Oliveira. Brandeis e o seu americanismo. *Correio da Manhã*, Rio de Janeiro, 21 de março de 1939.

[230] Conferir: SOLA, *op. cit.*, 1990, p. 257 ("[o]s principais componentes desse discurso ideológico, repisados centenas de vezes no período que vai de 1937 a 1945, apontam para um conteúdo contraditório: a realização dos *interesses 'universais'* da Nação (concebida em essência como um todo indiviso) teriam por condição política, de fato, o fortalecimento do *poder pessoal*. Executivo e legislativo concentrados em mãos firmes, são então a tarefa de 'reconstrução nacional' seria efetivada. Aquela contradição era, no entanto, resolvida ainda no interior da própria ideologia, quando Vargas reivindicava a *plena identidade entre ele a Nação*; com isso, o aumento de poder pessoal implicaria – é a imagem paradoxal proposta – como que numa despersonalização do Presidente, que passaria a ser, então, apenas o suporte da coletividade").

[231] O corporativismo e o autoritarismo no Estado Novo assumem características próprias, enquanto parte da variedade de manifestações desses fenômenos em contextos institucionais distintos, especialmente no Sul Global. Conferir: PUTNAM, Samuel. Vargas Dictatorship in Brazil. *Science & Society*, Nova York, v. 5, n. 2, p. 97-116, 1941; WIARDA, Howard J. *Corporatism and National Development in Latin America*. Abingdon-on-Thames: Routledge, 1981; WILLIAMSON, Peter J. *Varieties of Corporatism:* A Conceptual Discussion. Cambridge: Cambridge University, 1985; e TEIXEIRA, *op. cit.*, 2018.

[232] São diversas as análises que destacam a construção histórica dessas características na sociedade brasileira. Conferir: FRANCO, Maria Sylvia de Carvalho. *Homens livres na ordem escravocrata*. 4ª ed. São Paulo: UNESP, 1997 (argumentando que a interação entre homens livres proprietários de terras e despossuídos no Brasil escravocrata foi historicamente mediada por relações de "favor" dos primeiros em relação aos segundos, contribuindo para as bases de relações de subserviência local); LEAL,

Victor Nunes. *Coronelismo, enxada e voto*: O município e o regime representativo no Brasil. 4ª ed. São Paulo: Companhia das Letras, 2012 (descrevendo como o sistema político brasileiro foi fortemente influenciado por estruturas locais de poder); e HOLANDA, Sérgio Buarque de. *Raízes do Brasil*: Edição Crítica. São Paulo: Companhia das Letras, 2016 (utilizando da figura do "homem" cordial como uma metáfora para as fronteiras pouco claras entre as esferas pública e privada no Brasil).

[233] Conferir: GOUVÊA, Gilda Portugal. *Burocracia e Elites Burocráticas no Brasil.* São Paulo: Paulicéia, 1994, p. 100 ("[a] estrutura que se montou para levar adiante o cumprimento destes objetivos foi fortemente orientada pelos ensinamentos da teoria administrativa americana, segundo a qual deveria haver uma separação clara entre política e administração. A política deveria ficar circunscrita ao Poder Legislativo, e ao Poder Executivo caberia montar um departamento de administração geral para dar apoio ao Chefe do Poder, o Presidente da República. Este departamento deveria ter uma grande eficiência organizacional; ele deveria ser um órgão normativo, de coordenação e de controle e serviria de modelo para os demais órgãos que se estruturassem abaixo dele"); e BETHELL, *op. cit.*, 2008, p. 58 ("[a]longside the growth of public administration under Estado Novo came further attempts at administrative reform. [...] A decree-law of 30 July 1938 established the Departamento Administrativo de Serviço Público (DASP), a kind of super-ministry, an agent of modernisation, directly responsible to the president, which was given control over all personnel in the federal government and charged with creating a cadre of well-trained, efficient bureaucrats independent of political parties or private interests – though naturally identifying with the ideology and ethos of the Estado Novo. Here was the beginning of a career civil service, recruited and promoted on merit by public competitive examination, with provision for training, decent salaries and job security"). Para uma análise específica sobre o papel do DASP na formação de uma elite tecnocrática brasileira, responsável pela implementação de uma série de reformas durante e após o Estado Novo, conferir: RABELO, Fernanda Lima. *De experts a bodes expiatórios*: a elite técnica do DASP e a reforma administrativa no Estado Novo (1938-1945). Curitiba: CRV, 2020.

[234] Conferir: ABRUCIO, Fernando Luiz; LOUREIRO, Maria Rita. Burocracia e ordem democrática: desafios contemporâneos e experiência brasileira. In: PIRES, Roberto; LOTTA, Gabriela; OLIVEIRA, Vanessa Elias de (Orgs.). *Burocracia e políticas públicas no Brasil*: interseções analíticas. Brasília: Ipea; Enap, 2018, p. 42-43 ("[o] papel político do DASP, embora amplo, tinha seus limites. O principal refere-se à permanência, em boa parte da administração pública, do padrão clientelista de distribuição de cargos públicos. O modelo burocrático varguista, em verdade, convivia com dupla estrutura: de um lado, a patronagem, que garantia o compromisso com grande parcela da classe política e das elites sociais, e, de outro, o paradigma daspiano, que ficava insulado do sistema político – protegido pela Presidência da República – e que buscava, essencialmente, o desenvolvimento econômico do país. Esse paradigma político-administrativo estabeleceu um pacto entre política e burocracia, que sobreviveu e continuou desenvolvendo-se durante o período 1946-1964").

[235] Conferir: GOUVÊA, *op. cit.*, 1994, p. 97 ("[a] saída institucional de criar Conselhos e Comissões Técnicas, de aparência democrática, pois ampliava a participação, acabou transformando-se numa forma de manter a centralização das decisões, transferindo muitas vezes para esta 'estrutura paralela' o poder que os governantes queriam garantir independentemente de outras interferências (do Legislativo, da própria máquina do Estado ou mesmo da opinião pública). Assim, a burocracia que participou destes grupos, não só aprofundou seus conhecimentos, como ampliou seus recursos políticos, participando de uma experiência em que se acentuava o papel de um Estado centralizador e que utilizava percursos institucionais informais (porque estranhos à estrutura formal e permanente) para atingir seus objetivos"); e BETHELL, *op. cit.*, 2008, p. 57 ("[a]n important feature of the administration of the Estado Novo was the proliferation of *conselhos técnicos*, commissions, autarchies, institutes and other federal and state agencies as the state came to play a bigger and more complex role in economic planning, coordination and regulation").

[236] Conferir: EVANS, Peter. O Estado como problema e solução. *Lua Nova*, São Paulo, v. 28-29, p. 107-156, 1993, p. 140 ("[i]ncapaz de transformar a burocracia como um todo, os líderes brasileiros tentaram criar 'bolsões de eficiência' no interior da burocracia, modernizando o aparelho de Estado antes por acréscimo do que através de uma transformação mais ampla. O BNDE (Banco Nacional de Desenvolvimento), privilegiado principalmente por Kubitschek enquanto instrumento de seu desenvolvimentismo nos anos cinqüenta, era, até bem pouco tempo, um bom exemplo de 'bolsão de eficiência' Ao contrário da maior parte da burocracia do Brasil, o BNDE oferecia 'um plano de carreira bem definido, encargos desenvolvimentistas e uma ética do serviço público'. No início de sua vida institucional (1956), o BNDE implantou um sistema de concursos públicos para recrutamento. Desenvolveram-se normas contra a reversão arbitrária das avaliações do pessoal técnico do Banco ('opinião do técnico') pelos superiores. Uma maioria consistente dos diretores era recrutada internamente e desenvolvia-se um claro espírito corporativo no interior do Banco").

[237] Conferir: GEDDES, Barbara. Building "State" Autonomy in Brazil, 1930-1964. *Comparative Politics*, Nova York, v. 22, n. 2, p. 217-235, 1990, p. 231 ("[s]ince 1930 development-oriented elites in Brazil have attempted to establish bureaucratic agencies capable of contributing to economic growth. Throughout the period, however, tension has persisted between reform attempts aimed at increasing bureaucratic capacity, on the on hand, and pressures for the distribution of jobs and other benefits, on the other. Where agencies have been successfully insulated from such pressures, even temporarily, their effectiveness has improved. Economic policymaking agencies have needed to be protected by the executive from partisan and particularistic incursions, however, in order to sustain their ability to perform. They have not been systematically able to defend their ow boundaries and secure for themselves the resources they need").

[238] Para uma descrição histórica detalhada do processo de aprovação, artífices e principais aspectos do Decreto-Lei nº 869/1938, conferir: CABRAL, *op. cit.*, 2020a, p. 57-144.

239 "Art 141 - A lei fomentará a economia popular, assegurando-lhe garantias especiais. Os crimes contra a economia popular são equiparados aos crimes contra o Estado, devendo a lei cominar-lhes penas graves e prescrever-lhes processos e julgamentos adequados à sua pronta e segura punição".

240 Para outros comentários identificando esse instrumento como primeiro marco legal de natureza concorrencial no Brasil, conferir: TODOROV; TORRES FILHO, *op. cit.*, 2012, p. 214; FORGIONI, *op. cit.*, 2018, p. 108-110; e RIBEIRO; PIRES--ALVES; PRADO, *op. cit.*, 2018, p. 720.

241 Para uma descrição desses casos, conferir: CABRAL, Mário André Machado. A aplicação do antitruste no Brasil: o mito da falta de efetividade da Lei de Crimes contra a Economia Popular de 1938. *Nomos*, Fortaleza, v. 38, n. 2, p. 171-190, 2018. Francisco Ribeiro Todorov e Marcelo Maciel Torres Filho também descrevem uma consulta sobre acordos de exclusividade e fixação de preços da Standard Oil com revendedores de gasolina em 1939. Conferir: TODOROV; TORRES FILHO, *op. cit.*, 2012, p. 214-215.

242 Para uma descrição histórica detalhada do processo de aprovação, artífices e principais aspectos do Decreto-Lei nº 7.666/1945, conferir: CABRAL, *op. cit.*, 2020a, p. 144-204.

243 Conferir: TODOROV; TORRES FILHO, *op. cit.*, 2012, p. 215 ("[a]nother antitrust-inspired decree was enacted in 1945, as a result of the efforts of Agamenon Magalhães, a traditional politician of the Vargas cabinet. Decree-law No. 7666/194522 may be considered a more technical legal text. The somewhat vague concept of 'popular economy' was replaced by practices that could be characterized as an 'abuse of economic power.' Another step forward was that this new decree established administrative sanctions to the anticompetitive practices, instead of regulating them by means of criminal law. The offenses were to be investigated by an administrative unit, the Administrative Commission of Economic Defense (Comissão Administrativa de Defesa Econômica in Portuguese), a distant relative of the current competition tribunal—CADE. Companies, as opposed to natural persons, were now targeted by the law").

244 Conferir: CABRAL, *op. cit.*, 2020a, p. 115, 120 e 164.

245 Veja-se, por exemplo, a descrição dos atos nocivos ao interesse público pelo Decreto nº 7.666/1945: "Art. 5º Os atos referidos no art. 1º serão considerados nocivos ao interêsse público quando : a) envolverem indústrias bélicas, indústrias básicas, emprêsas editôras, jornalísticas, de rádio e teledifusão ou de divulgação e publicidade; b) deles participarem emprêsas estrangeiras; c) resultarem da ação de emprêsas nacionais ou estrangeiras, notòriamente vinculadas a coalizões, 'trusts' ou cartéis, ajustados no estrangeiro". Vale destacar que era facultado, sob o art. 6º do mesmo instrumento legal, a desapropriação de empresas infratoras.

246 Conferir: TODOROV; TORRES FILHO, *op. cit.*, 2012, p. 215 ("[t]he strong political backlash triggered by this new decree was part of a campaign against the Vargas authoritarian rule. This involved criticism of the government's dirigisme and nationalist bent and of the possibility that the new law could be used as an instrument against opposing political groups. After the fall of Vargas, also in 1945, the new decree

was revoked having being in force only for a few unsuccessful months"); RIBEIRO; PIRES-ALVES; PRADO, *op. cit.*, 2018, p. 721 ("[t]his law suffered strong opposition from the press and the entrepreneurial classes, who considered it excessively interventionist and influenced too much by left-wing ideas. The US Department of State saw the law as an act of economic nationalism and pressed the Vargas government to repeal it. The Act was actually repealed by Provisional President José Linhares, a few days after the deposition of Vargas"); e CABRAL, *op. cit.*, 2020a, p. 189 ("[a] 'Lei Malaia' enfrentou significativas resistências [...]partindo (i) de forças político-partidárias internas, (ii) da diplomacia internacional, notadamente dos Estados Unidos, (iii) das elites econômicas nacionais e (iv) de parte da imprensa brasileira").

[247] Conferir: CRANE, Daniel A. Fascism and Monopoly. *Michigan Law Review*, Ann Arbor, v. 118, n. 7, p. 1315-1370, 2020 (destacando a relação simbiótica entre as experiências autoritárias na Europa durante os anos 1930 e 1940 e a concentração industrial, através de trocas de apoio financeiro e material por favores políticos, patrocínio de regimes dentro de fábricas e áreas agrícolas, facilitação do controle e da supervisão nas indústrias, formação de um complexo militar-industrial e, até mesmo, repressão da oposição por parte dos trabalhadores dentro das empresas). Para um comentário a respeito das interfaces entre autoritarismo e a construção da política concorrencial no Brasil, conferir: CABRAL, Mário André Machado. Autoritarismo e gênese antitruste: Francisco Campos e a imaginação concorrencial no Estado Novo. *História do Direito*, Curitiba, v. 2, n. 3, p. 224-243, 2021.

[248] Campos atuou como Ministro da Educação e Saúde Pública de Vargas durante os anos 1930 a 1932. Posteriormente, ocupou o cargo de Ministro da Justiça e Negócios Interiores em 1932 e entre 1937 e 1942, desempenhando um papel central enquanto um dos principais ideólogos do Estado Novo. Conferir: SANTOS, Marco Antonio Cabral dos. Francisco Campos: um ideólogo para o Estado Novo. *Locus: revista de história*, Juiz de Fora, v. 13, n. 2, p. 31-48, 2007. Para uma descrição da centralidade de Campos na elaboração do Decreto-Lei nº 869/1938, conferir: CABRAL, *op. cit.*, 2020a, p. 84-97. Vale notar que Nelson Hungria, que seria nomeado por Vargas para ocupar o cargo de Ministro do Supremo Tribunal Federal no início dos anos 1950, também seria um dos artífices da aprovação desse marco legal. Conferir: CABRAL, *op. cit.*, 2020a, p. 97-112.

[249] Magalhães ocupou o cargo de Ministro do Trabalho, Indústria e Comércio de Vargas de 1934 a 1937, acumulando essa função com a de Ministro da Justiça e Negócios Interiores em 1937. Ele retornou ao cargo em 1945, após ocupar a posição de Interventor do Estado de Pernambuco de 1937 a 1945. Para uma descrição da centralidade de Magalhães na elaboração do Decreto-Lei nº 7.666/1945, conferir: CABRAL, *op. cit.*, 2020a, p. 153-180.

[250] Conferir: CABRAL, *op. cit.*, 2020a, p. 162-167 e 194-195 (descrevendo como os Diários Associados, conglomerado midiático de Assis Chateaubriand, emergem como um dos principais alvos potenciais da tutela concorrencial proposta por Magalhães, devido a disputas locais e divergências políticas com o governo de Vargas).

[251] Conferir: CABRAL, *op. cit.*, 2020a, p. 202-203 ("[i]nspirada pela experiência norte-americana da *Federal Trade Commission*, a iniciativa de Agamemnon Magalhães

em 1945 inaugurou um elemento institucional que se manteve até hoje na política de defesa da concorrência brasileira. Todas as leis antitruste brasileiras que sucederam a 'Lei Malaia' previram uma comissão administrativa como a autoridade antitruste nacional com competência para julgar, por maioria, os casos antitruste").

[252] Conferir: RIBEIRO; PIRES-ALVES; PRADO, *op. cit.*, 2018, p. 721 ("[t]his law authorized the government to impose sanctions on domestic and foreign firms that had links to or that organized trusts and cartels. Filled with nationalistic rhetoric, the law had some features that would be used in future antitrust laws in Brazil").

[253] Mário Cabral realizou uma pesquisa documental extensa nesse sentido, destacando a presença da teoria econômica nas primeiras décadas da política concorrencial brasileira, ainda que marcada por vetores ideológicos como o nacionalismo, o industrialismo, o positivismo, o autoritarismo e o desenvolvimentismo. Conferir: CABRAL, *op. cit.*, 2020a.

[254] Conferir: CABRAL, *op. cit.*, 2020a, p. 126-142. Vale notar que, segundo Mário Cabral, um dos principais legados do Decreto-Lei nº 7.666/1945 foi também "a previsão de uma análise antitruste pautada nos efeitos", "cham[ando] a atenção, pela primeira vez, para um elemento que, anos mais tarde, passou a ter centralidade nas análises antitruste de concentrações e condutas" (CABRAL, *op. cit.*, 2020a, p. 204).

[255] Conferir: SKIDMORE, *op. cit.*, 1973, p. 31 ("[t]he technocrats were able to assume control of the institutional structure bequeathed by Getúlio Vargas's Estado Nôvo (1937–45) and expanded during the postwar era"); DINIZ, Eli. Engenharia institucional e políticas públicas: dos conselhos técnicos às câmaras setoriais. In: PANDOLFI, Dulce (Org.). *Repensando o Estado Novo*. Rio de Janeiro: Fundação Getúlio Vargas, 1999, p. 29 ("[n]a verdade, a experiência democrática dessa fase (1945-64) conduziu à instauração de um sistema político semicompetitivo, caracterizado pela reduzida autonomia dos mecanismos de representação política e pelo papel secundário da instância parlamentar no processo de formação de políticas. Este permaneceria enclausurado no interior da burocracia governamental, observando-se a consolidação da tendência anterior à formação de arenas de negociação entre elites dos setores público e privado, como ocorreu com o Conselho de Desenvolvimento Industrial (CDI), a Carteira de Comércio Exterior do Banco do Brasil (Cacex) e o Conselho de Política Aduaneira (CPA)"); e ABRUCIO; LOUREIRO, *op. cit.*, 2018, p. 42-43 (sobre a permanência do pacto entre política e burocracia, descrito acima).

[256] Conferir: SKIDMORE, *op. cit.*, 1973, p. 35 ("[t]hese officials, in turn, presided over an administrative apparatus largely created during the Estado Nôvo. Obviously there were additions and changes during the postwar period of rapid industrialization. Yet the basic structure continued to be the corporatist framework laid out during the Estado Nôvo"); e DINIZ, *op. cit.*, 1999, p. 29 ("[o] legado institucional varguista, já descrito em seus aspectos essenciais, não foi desmontado com a queda do Estado Novo. É preciso lembrar que a redemocratização do país, no período pós-45, não afetou de forma substancial o centralismo administrativo e o estilo de gestão introduzidos por Vargas. Ao contrário, preservou-se, em grande parte, o arcabouço institucional do governo deposto").

[257] Para uma descrição desse processo, conferir: GEDDES, *op. cit.*, 1990.

[258] Conferir: GEDDES, *op. cit.*, 1990, p. 229 ("[t]o sum up the Kubitschek period, then, the president and his advisors were relatively unconstrained with regard to the pursuit of their economic policy preferences. By permitting the numerically largest portion of the bureaucracy to continue operating in its customary clientelistic way, they reinforced traditional personalistic political activities and reduced the probability that serious class or interest group based challenges to policies would arise. At the same time, though, Kubitschek insulated the agencies crucial to the implementation of his development goals from those same clientelistic pressures in order to insure their competence and to secure steady and adequate investment for economic projects"); BRESSER-PEREIRA, Luiz Carlos. Burocracia pública e classes dirigentes no Brasil. *Revista de Sociologia e Política*, Curitiba, v. 28, p. 9-30, 2007, p. 19 ("[q]uando, em 1956, Juscelino Kubitschek decide por um ambicioso Programa de Metas que, principalmente por meio da indústria automobilística, completará a Revolução Industrial brasileira iniciada por Vargas, o problema de qual setor da burocracia – se o estatutário ou o 'paralelo' – deverá ser principalmente acionado se colocará novamente. Embora o Presidente tente a via estatutária, afinal a via paralela revela-se mais flexível e mais rápida; o grande número de órgãos que então são criados, entre os quais salienta-se o Grupo Executivo da Indústria Automobilística (GEIA), liderado por Lúcio Meira, empregam uma burocracia pública não estatutária, mas competente, recrutada segundo critérios de mérito; é a burocracia gerencial que está surgindo, nem mal havia-se formalizado a weberiana"); e ABRUCIO; LOUREIRO, *op. cit.*, 2018, p. 43 ("[c]om o fim do Estado Novo, a modernização daspiana deixa de ser resultado apenas das ações do órgão e passa a ser uma forma administrativa – e até mesmo um *ethos* – presente basicamente na administração indireta, que se expande e continua na linha do insulamento burocrático – casos da Petróleo Brasileiro S.A (Petrobras) e do Banco Nacional de Desenvolvimento Econômico (BNDE), criados nos anos 1950. [...] O sistema de administração paralela de Vargas e Kubitschek configurou-se como estratégia de ambos os presidentes, com o objetivo de manter um sistema com aberturas para o clientelismo e a disputa política, ao mesmo tempo que desenvolviam capacidades técnicas e um sistema meritocrático que ampliava as condições do Estado em entregar resultados e coordenar as ações estatais. Em ambos os casos, a administração paralela foi mobilizada em torno de projetos voltados ao desenvolvimento econômico e industrial, com intervenção direta do Estado no provimento de infraestrutura e serviços").

[259] Conferir: SKIDMORE, Thomas E. *Politics in Brazil, 1930-1964*: An Experiment in Democracy. Oxford: Oxford University, 1967, p. 165 ("Kubitschek had outlined his strategy of economic development during the campaign. Even before his inauguration, the President-elect published a preview of his 'National Plan for Development,' which had been drafted by a group of young technocrats on whom the candidate relied for advice during the campaign. Once in office, Kubitschek announced his strategy clearly and frequently"). Para os aspectos gerais das diretrizes de desenvolvimento de Kubitschek, especialmente a centralidade do Estado na planificação e da racionalização de sua atuação e da administração da economia, conferir: KUBITSCHEK, Juscelino. *Diretrizes gerais do plano nacional de desenvolvimento*. Belo Horizonte: O. Nicolai, 1955.

[260] "Art 148 - A lei reprimirá toda e qualquer forma de abuso do poder econômico, inclusive as uniões ou agrupamentos de empresas individuais ou sociais, seja qual for a sua natureza, que tenham por fim dominar os mercados nacionais, eliminar a concorrência e aumentar arbitrariamente os lucros".

[261] Conferir: TODOROV; TORRES FILHO, *op. cit.*, 2012, p. 216 ("Agamenon Magalhães overturned this withdrawal shortly thereafter as a congressman in the subsequent parliamentary assembly that drafted the 1946 Constitution. He pressed for the inclusion of Article 148 in the new constitution, in order to consolidate the language of 'abuse of economic power.' This article stated that a statute should be passed to prohibit practices such as 'the grouping of companies aimed at dominating national markets, eliminating competition or arbitrarily raising profits.' The language referring to antitrust infringements as an abuse of economic power would carry through into all future antitrust legislation"); RIBEIRO; PIRES-ALVES; PRADO, *op. cit.*, 2018, p. 721 ("supporters of a Brazilian antitrust law were able shortly afterward to approve the article (148) in the Brazilian Constitution of 1946"); e CABRAL, *op. cit.*, 2020a, p. 204-217 (apresentando um histórico pormenorizado da influência de Magalhães tanto na elaboração do Título V da Constituição de 1946 quanto para a apresentação do Projeto de Lei nº 122/1948).

[262] Conferir: CABRAL, *op. cit.*, 2020a, p. 247-248 ("[a]s colaborações de Hungria, Lima e Kafka ilustram que, diferentemente do que ocorreu com o Decreto-Lei n. 869/1938 e o Decreto-Lei n. 7.666/1945, elaborados em período autoritário, a Lei n. 4.137/1962 foi não só precedida de amplo debate parlamentar, como não foi impermeável à apreciação de figuras mais versadas sobre a matéria, inclusive provenientes da academia. Isto é, a lei de 1962 não foi construída de modo totalmente apartado da discussão teórico-econômica que se tinha à época. Tentou-se colher a contribuição de personalidades com conhecimento sobre o assunto de modo a aprimorar o projeto. Ressalte-se, ainda, que à parte da colaboração de Kafka, mais cético em relação aos reais prejuízos decorrentes de atos de abuso do poder econômico, tanto Hungria quanto Lima mantiveram a convicção de que tais práticas deveriam ser controladas por meio de intervenção estatal no domínio econômico, reconhecendo que a Constituição dava a legitimidade a esse nível de intervencionismo").

[263] Para uma descrição histórica detalhada do processo de aprovação, artífices e principais aspectos da Lei nº 4.137/1962, conferir: CABRAL, *op. cit.*, 2020a, p. 204-270.

[264] Conferir: TODOROV; TORRES FILHO, *op. cit.*, 2012, p. 216 ("[t]he 1962 statute created the Administrative Council for Economic Defense (Conselho Administrativo de Defesa Econômica in Portuguese, or CADE), an arm of the federal government that was given the responsibility to investigate and sanction anticompetitive conduct. This was the first time that a fully functioning competition authority had been set up with legal powers to curtail anticompetitive behavior"); RIBEIRO; PIRES-ALVES; PRADO, *op. cit.*, 2018, p. 721 ("[t]he enforcement of this article hinged on a law to be passed. This motivated Bill 122 of 1948 for a Brazilian antitrust law. However, this project was not well received in Congress and was never approved. Only in the 1960s did debate on the creation of an antitrust law in Brazil resurface. In September 1962, Article 148 of the Brazilian Constitution was bolstered with the approval of Law 4.137/1962. This law created the CADE");

e CABRAL, *op. cit.*, 2020a, p. 265 ("[c]onstituiu-se autoridade, o Cade, que existe até os dias de hoje e permanece com atribuições relevantes de sancionar condutas anticompetitivas e controlar operações que elevem o nível de concentração nos mercados. Pode-se dizer que a pretensão de Agamemnon Magalhães, de incutir no senso comum do debate público a ideia de que trustes e cartéis eram nocivos aos interesses do País e fazer com que a preocupação antitruste se tornasse uma preocupação nacional, não foi desconstruída ao longo dos anos de tramitação da lei").

[265] Conferir: CABRAL, *op. cit.*, 262-263.

[266] Para descrições históricas desse período, conferir: SKIDMORE, *op. cit.*, 1967, p. 187-302; e BETHELL, Leslie. Politics in Brazil under the Liberal Republic, 1945–1964. In: BETHELL, Leslie (Org.). *The Cambridge History of Latin America*. Cambridge: Cambridge University, 2008a, v. IX, p. 133-159.

[267] Para reconstrução da história do golpe civil-miliar de 1964, conferir: SKIDMORE, *op. cit.*, 1967, p. 303-321; e BETHELL, *op. cit.*, 2008a, p. 159-164.

[268] Bulhões foi Chefe da Seção de Estudos Econômicos e Financeiros do Ministério da Fazenda, de 1939 a 1951, e Diretor da Superintendência da Moeda e do Crédito, de 1954 a 1955 e de 1961 a 1962. Durante o governo de Castelo Branco, Bulhões ocuparia o cargo de Ministro da Fazenda de 1964 a 1967.

[269] Campos integrou diversos cargos de liderança durante a presidência de Vargas na Segunda República entre 1951 e 1954, participando da criação da Petróleo Brasileiro S.A. e do Banco Nacional de Desenvolvimento Econômico (BNDE). Durante a presidência de Kubitschek, Campos participou da elaboração e execução do Plano de Metas, sendo presidente do BNDE de 1958 a 1959. Durante o governo de Castelo Branco, Campos ocuparia o cargo de Ministro Extraordinário para o Planejamento e Coordenação Econômica entre 1964 e 1967.

[270] No original: "[t]he result is a working alliance between extremists and technocrats. Each has his own reasons for wanting an authoritarian regime. Each needs the other. The hard-line military need the technocrats to make the economy work. The high growth rates in turn give pragmatic legitimacy to the authoritarian system — 'it works.' The technocrats and managers need the military in order to stay in power, or at least in order to have the power and authority to carry out their policies" (SKIDMORE, *op. cit.*, 1973, p. 19). Em sentido similar, conferir: ALVES, Marcio Moreira. The Political Economy of the Brazilian Technocracy. *Berkeley Journal of Sociology*, Berkeley, v. 19, p. 109-124, 1974, p. 110-111 ("[i]n Brazil, the technocrats act without the political and social pressures that limit the action of their colleagues in the developed capitalist world. [...] The military, since 1964, has delegated to the technocrats pow- er over economic and financial policy and has controlled those forces that could counteract their decision. [...] The political vacuum created by such control gives the technocrats complete liberty to experiment in a nation whose size-- 100 million inhabitants, 8.5 million square kilometers, a gross national product of 45 billion dollars per year- -supplies an exceptional field for action. The political vacuum also permits the technocrats to define their programs as politically 'neutral.'"); e SAAD-FILHO, Alfredo. Neoliberalism, Democracy and Development Policy in Brazil. In: KYUNG-SUP, Chang; FINE, Ben;

WEISS, Linda (Orgs.). *Developmental Politics in Transition*: The Neoliberal Era and Beyond. Nova York: Palgrave Macmillan, 2012, p. 125 ("[t]he defining feature of the Brazilian military regime, in power between 1964 and 1985, was its attempt to preserve social exclusion through the combination of economic growth with varying levels of repression").

271 É relevante destacar que essa tendência foi comum entre as ditaduras latino-americanas ao longo da segunda metade do século XX. A construção de uma burocracia técnica foi consistentemente identificada pela literatura como uma característica e um fator de legitimidade recorrente em regimes autoritários nesse período. Conferir: O'DONNELL, Guilhermo A. *Modernization and Bureaucratic-Authoritarianism*: Studies in South American Politics. Berkeley: University of California, 1973; COLLIER, David (Org.). *The New Authoritarianism in Latin America*. Princeton: Princeton University, 1979; DINIZ, *op. cit.*, 1999, p. 30 ("[f]inalmente, a ditadura militar do período 1964-85 representou um momento decisivo na constituição de dois outros traços fundamentais da política brasileira. Um deles, o estilo tecnocrático de gestão da economia, fechado e excludente, reforçaria a concepção acerca da supremacia da abordagem técnica, abrindo caminho para a ascensão dos economistas notáveis às instâncias decisórias estratégicas para a definição dos rumos do capitalismo industrial. O segundo, responsável pela primazia dos valores voluntaristas, forneceu elementos para a consolidação de uma cultura política deslegitimadora da ação dos partidos e do Congresso na promoção do desenvolvimento. Retomou-se a tendência, impulsionada pelo pensamento autoritário hegemônico nos anos 30, para idealizar o Executivo enquanto agente das transformações necessárias à modernização do país"); e DARGENT, *op. cit.*, 2015, p. 3 ("[h]istorically, *técnicos* were associated with authoritarian and semi-authoritarian regimes. Under these regimes, experts were insulated from popular and electoral pressures, which allowed for relatively quick and unimpeded implementation of their preferred policies").

272 DELFIM NETTO, Antônio. Análise do momento brasileiro. *Revista de Finanças Públicas*, Rio de Janeiro, n. 275, 1968, p. 3. Vale notar que esse tipo de retórica seria constante entre os encarregados pela condução da agenda econômica do regime militar. Para uma análise a esse respeito, conferir: COVRE, Maria de Lourdes. *A fala dos homens*: Análise do pensamento tecnocrático, 1964-1981. São Paulo: Brasiliense, 1983.

273 Conferir: SKIDMORE, Thomas E. *The Politics of Military Rule in Brazil, 1964–85*. Oxford: Oxford University, 1988, p. 29-30 ("[t]he new government's economic team, led by Roberto Campos and Octavio Gouveia de Bulhões, seemed well suited for their politically thankless task. Both Campos and Bulhões enjoyed wide contacts in the business and financial community, and both had highly relevant previous experience as key officials in the controversial stabilization program that former President Kubitschek had adopted in 1958 and then jettisoned in 1959. [...] Faced with this anemic patient, Bulhões and Campos prescribed a 'gradualist' approach—in contrast to the IMF-favored 'shock treatment' of a freeze on all wages and prices. They proposed to concentrate on gradually reducing (therefore

the label 'quasi-orthodox') the public sector deficit, contracting private credit, and stabilizing wage rates").

[274] Conferir: SKIDMORE, *op. cit.*, 1988, p. 68-71 (descrevendo pormenorizadamente a reorientação heterodoxa da agenda econômica sob o comando de Delfim Netto); e ABREU, Marcelo de Paiva. The Brazilian Economy, 1930–1980. In: BETHELL, Leslie (Org.). *The Cambridge History of Latin America*. Cambridge: Cambridge University, 2008a, v. IX, p. 370 ("Castelo Branco's substitution by General Artur da Costa e Silva in March 1967 had important consequences for economic policy. New policies were introduced and their continuation was assured after Costa e Silva was substituted by General Emílio Garrastazu Médici in 1969. The emphasis on the control of inflation was replaced by the much more popular stress on the return to the path of high growth. The new Minister of Finance, Antônio Delfim Neto, proposed a radically different analysis of the causes of persistent inflation. It was not caused by excess demand – thus having to be faced by credit and public expenditure controls as well as a wage squeeze – but rather by cost pressures. These originated in the increased cost of credit due to its scarcity and on the increased costs entailed by lower rates of capacity utilisation induced by slow growth. More credit would reduce financial costs. More rapid growth would allow economies of scale to be fully reaped and unit costs reduced").

[275] Conferir: SKIDMORE, *op. cit.*, 1988, p. 70 ("[t]he Castelo Branco government had tried a voluntary price-control system (begun in February 1965) which gave firms tax and credit rewards if they followed government-endorsed price guidelines. [...] Delfim took a different line. [...] The new government now committed itself to all-out price control. Tough penalities were specified for violators. The CIP became a central policymaking organ, with most businesses needing its approval to raise prices. This resort to price control, interestingly enough, was hardly what businessmen had envisaged when they supported the 1964 revolution"). Para um histórico do emprego desse tipo de mecanismo, conferir: MATA, Milton da. Controles de preços na economia brasileira: aspectos institucionais e resultados. *Pesquisa e Planejamento Econômico*, Rio de Janeiro, v. 10, n. 3, p. 311-354, 1980.

[276] Dados de Aldo Musacchio e Sergio Lazzarini indicam que durante o período, o Brasil vivenciou um rápido aceleramento na criação de novas empresas estatais. Conferir: MUSACCHIO, Aldo LAZZARINI, Sergio G. *Reinventing State Capitalism*: Leviathan in Business, Brazil and Beyond. Cambridge: Harvard University, 2014, p. 87.

[277] Cabe destacar, no entanto, que o resultado dessas políticas no mercado interno, tanto durante a Ditadura Civil-Militar quanto nos períodos anteriores, foi a concentração industrial de bens de consumo duráveis em empresas de capital estrangeiro. Para dados e comentários a esse respeito, conferir: FISHLOW, Albert. Some Reflections on Post-1964 Brazilian Economic Policy. In: STEPAN, Alfred (Org.). *Authoritarian Brazil*. New Haven: Yale University, 1973, p. 76 ("[m]ost importantly, the manufacturing sector was structured in a far from perfectly competitive fashion. This circumstance was in part the result of technological economies of scale over the range of relevant output that limited the number of firms – particularly in the new import substitutive sectors. In part it was the implicit concession of monopoly privileges to attract resources to those areas. The presence of market

power in turn permitted pricing determination by cost mark-up rules in the short run. It also provided a setting for discrete and lagged adjustment price responses to price (and cost) decisions in other sectors. Finally, as noted above, average costs tended to decline over a not inconsiderable range"); FIGUEIREDO, Orlando. Concentração e desempenho na indústria brasileira de bens de consumo. *Revista de Administração de Empresas*, Rio de Janeiro, v. 24, n. 3, p. 25-33, 1984 (trazendo dados evidenciando a alta concentração industrial brasileira nos anos 1970, ainda que com variações entre a indústria de bens de consumo duráveis e não-duráveis); e BAER, Werner. *The Brazilian Economy*: Growth and Development. 6ª ed. Boulder: Lynne Rienner, 2008, p. 107-109 (indicando também que essa configuração industrial oligopolística foi um fator para conter a inflação, transferindo aumentos de preços decorrentes de choques de oferta para os consumidores).

[278] Conferir: SKIDMORE, *op. cit.*, 1988, p. 140-141 ("Brazil's export success had several explanations. Her terms of trade improved dramatically from 1971 through 1973. Crucial in that trend was a 137 percent increase in the average international price of soybeans from 1972 to 1973, a product Brazil had only begun exporting in the late 1960s. Also, Brazil significantly diversified among commodity exports, as well as between commodities and industrial products. Exports of the latter increased by 192 percent from 1970 through 1973, with their share of total exports rising from 24 to 31 percent. [...] In addition, government policies begun under Castelo Branco and Costa e Silva were crucial in stimulating Brazilian exports. Most obvious were tax and credit incentives, which helped convince the private sector that exports could be consistently profitable").

[279] Ainda que não exista registro consolidado sobre o período, algumas estimativas afirmam que até março de 1980, somente quatro empresas haviam sido punidas por abuso de poder econômico. Conferir: MATA, *op. cit.*, 1980, p. 917. Outros comentários, indicam que até 1975, "apenas onze processos haviam sido julgados pelo CADE, e em apenas uma prática foi considerada abuso do poder econômico" (FORGIONI, *op. cit.*, 2018, p. 125).

[280] Conferir: TODOROV; TORRES FILHO, *op. cit.*, 2012, p. 221 ("[t]he military government was not willing to rely on market economy mechanisms or antitrust law as a basis for industrialization efforts of the time or, for that matter, the development process in general. The executive branch employed general price-control mechanisms in various sectors of the economy. Private enterprises relied on the numerous incentives provided by the government's industrial policy measures. Ever-increasing concentration levels were the state-declared objectives for the industries that were consolidating. Moreover, the existing regulation in the economy not only favored coordinated practices, but in many cases it also inspired them"); RIBEIRO; PIRES-ALVES; PRADO, *op. cit.*, 2018, p. 721 ("[d]uring the 21 years of the military regime in Brazil (1964–1985) there was little or no debate surrounding antitrust policy or efforts to actually implement it. [...] The government fostered and consolidated a large industries market division among three groups of ownership: large domestic private companies, foreign private companies, and SOEs. Within this environment there was little room for competition policies or antitrust laws. Prices were directly controlled by the SUNAB, the National Supply Supe-

rintendence (Superintedência Nacional de Abastecimento) and later by CIP, the Interministerial Price Council (Conselho Interministerial de Preço)"); e CABRAL, *op. cit.*, 2020a, p. 269-270 ("[o] caminho para atingir esse objetivo [de criar empresas fortes, grandes e competitivas] seria a concentração das estruturas de mercado. Foi assim que incentivos fiscais – com o Decreto n. 1.182, de 16 de julho de 1971, instituiu-se, junto ao Ministério da Fazenda, a Comissão de Fusão e Incorporação de Empresas (COFIE), responsável por apreciar pedidos de isenção do Imposto de Renda de empresas que pretendessem reavaliar seu valor de mercado e fazer fusões ou aquisições – e financeiro – criou-se, no âmbito do BNDE, o Fundo de Modernização e Reorganização Industrial (FMRI) e o Programa de Modernização e Reorganização da Comercialização (PMRC), que se destinavam, na prática, a possibilitar operações de fusões e aquisições – foram desenhados e que se deu a atuação do Estado para organizar setores da economia por meio de controle de preços e outras formas de coordenação entre concorrentes, como se dava no âmbito da COFAP e do Conselho Interministerial de Preços (CIP)").

281 Conferir: PRIMI, Annalisa. Nurkse and the Early Latin American Structuralists: A Reflection on Development Theory, Industrialization and their Relevance Today. In: KATTEL, Rainer; KREGEL, Jan; REINERT, Erik (Orgs.). *Ragnar Nurkse (1907–2007)*: Classical Development Economics and its Relevance for Today. Londres: Anthem, 2009 (discutindo essa relação a partir da obra de Ragnar Nurkse). Para uma coletânea a respeito do pensamento cepalino, conferir: BIELSCHOWSKY, Ricardo (Org.). *Cinqüenta anos de pensamento na CEPAL*. Rio de Janeiro: Record, 2000, v. 1; e BIELSCHOWSKY, Ricardo (Org.). *Cinqüenta anos de pensamento na CEPAL*. Rio de Janeiro: Record, 2000, v. 2.

282 Conferir: MARINELLI, Felipe. *O pensamento de Antônio Delfim Netto e o milagre econômico brasileiro (1968-73)*. Dissertação (Mestrado em História Econômica) – Faculdade de Filosofia, Letras e Ciências Humanas da Universidade de São Paulo, São Paulo, 2017 (discutindo como essas premissas foram assimiladas inicialmente por Roberto de Oliveira Campos e posteriormente por Delfim Netto). Vale destacar, de toda forma, que o a agenda desenvolvimentista da Ditadura Civil-Militar assumiria características próprias, particularmente considerando a indiferença aos efeitos redistributivos negativos das políticas de crescimento que deram origem ao "Milagre Econômico". Conferir: FISHLOW, Albert. Brazilian Size Distribution of Income. *The American Economic Review*, Nashville, v. 62, n. 1/2, p. 391-402, 1972; FISHLOW, Albert. Brazil's Economic Miracle. *The World Today*, Londres, v. 29, n. 11, p. 474-481, 1973; e FISHLOW, Albert. Brazilian Development in Long Term Perspective. *The American Economic Review*, Nashville, v. 70, n. 2, p. 102-108, 1980.

283 Conferir: ROSENSTEIN-RODAN, Paul. Problems of Industrialisation of Eastern and South-Eastern Europe. *The Economic Journal*, Londres, v. 53, n. 210/211, p. 202-211, 1943, p. 204 ("[a]n institutional framework different from the present one is clearly necessary for the successful carrying out of industrialisation in international depressed areas. In what follows arguments are submitted tending to show why the whole of the industry to be created is to be treated and planned like one huge firm or trust"); SCITOVSKY, Tibor. Two Concepts of External Economies. *Journal of Political Economy*, Chicago, v. 62, n. 2, p. 143-151, 1954, p. 150

("there is need either for centralized investment planning or for some additional communication system to supplement the pricing system as a signalling device"); e CHENERY, Hollis B. The Interdependence of Investment Decisions. In: ABRAMOVITZ, Moses (Org.). *The Allocation of Economic Resources*. Stanford: Stanford University, 1959 (discutindo diferentes opções para concentração e coordenação de investimentos em economias subdesenvolvidas).

284 Paul Krugman argumenta que, ainda que esses economistas compreendessem algumas implicações da estrutura de mercado, ela consistia em uma das principais deficiências da economia clássica do desenvolvimento, especialmente considerando seu aprofundamento posterior apenas na década de 1970 por meio da organização industrial contemporânea. Conferir: KRUGMAN, Paul. Toward a Counter-Counterrevolution in Development Theory. World Bank Economic Review, Oxford, v. 6, n. 1, p. 15-38, 1992, p. 27 ("[t]he examples of the Big Push model and the linkage model show that models in tile spirit of high development theory need not be very complicated. They must, however, somehow deal with the problem of market structure. This essentially means making some peculiar assumptions that allow one to exploit the bag of tricks that industrial organization theorists developed for thinking about such issues in the 1970s. In the 1950s, although the technical level of development economists was actually high enough to allow them to do the same thing, the bag of tricks wasn't there").

285 Conferir: FORGIONI, *op. cit.*, 2018, p. 126 ("[e]m virtude dessa aplicação bastante diluída e quase ineficaz, o CADE passa a ser visto pelo empresariado (e mesmo pela população) como órgão inoperante ou que, se fazia algo, não era de muito relevo. Alguns viram nessa imagem o reflexo do desarmamento da atuação do CADE, levado a efeito pela política econômica que era então adotada, incentivadora, sobretudo, das fusões e incorporações e da criação de grandes empresas e conglomerados nacionais"); e CABRAL, *op. cit.*, 2020a, p. 269 ("[o] regime não escondia que não considerava a política relevante. Seu entendimento era que a estrutura econômica do Brasil, diferentemente da dos Estados Unidos, não demandava um antitruste forte. Assim, sem respaldo governamental, o Cade teve sua atuação limitada a um restrito número de casos. Isso se deu por opção deliberada dos governos").

286 Nesse contexto, com raras exceções, há pouca ou nenhuma informação a respeito dos Presidentes do CADE durante o regime militar – Lourival Fontes (1963-1964), Tristão da Cunha (1965-1973), Gratuliano Brito (1974-1980), Eduardo Galil (1980-1982), Paulo César Muniz (1982-1984) e José Paulo Cavalcanti Filho (1985-1986).

287 Veloso foi assessor do Ministro da Fazenda Walther Moreira Salles, durante o governo de João Goulart.

288 Conferir: STEPAN, Alfred. State Power and the Strength of Civil Society in the Southern Cone of Latin America. In: EVANS, Peter B.; RUESCHEMEYER, Dietrich; SKOCPOL, Theda (Orgs.). *Bringing the State Back In*. Cambridge: Cambridge University, 1985, p. 335 ("[w]ithout a credible threat and with technocratic planners having to sail against, rather than with, the prevailing economic winds, two of the major forces that had enhanced the relative autonomy of the state in the period 1969-73 began to flag. The predominant state response to the oil crisis of

1973 was one of (*a*) further grandiose development projects in which state enterprises were programmed to play a major role and (*b*) greater centralization of the economy in the hands of the planning and finance ministries in such areas as price setting, criteria for imports, and special export subsidies. [...] Unfortunately for Geisel, the state's efforts in the economic sphere did not produce the growth rates of the earlier period; instead, Brazil began to experience slower growth and rising debt. Moreover, this time the reaction of the bourgeoisie to the expansion of the state's role was strikingly different. 'Antistatism' became a major political issue"); e SAAD-FILHO, *op. cit.*, 2012, p. 125-126 ("[t]he power of the regime declined gradually after 1974 due to the political exhaustion of the government's heavy-handed approach towards dissent and the economic exhaustion of the regime's growth strategy. The country's foreign debt escalated after the first oil shock, and inflation rose from 20 to 100 per cent in the early eighties. The second oil shock (1979–80) triggered a deep economic crisis and the first GDP contraction since 1929. [...] Military rule finally collapsed because of the emergence of a growing democratic mass movement in the period 1977–85. Political contestation encompassed a wide range of modalities of struggle, including criticisms of corruption, economic mismanagement, lack of democracy, and political accountability, renewed trade union activity, and mass mobilisation for economic democracy and political freedom. At this stage, a significant change took place within the elite: for the first time since 1930, a consensus emerged around political democracy. This consensus was due to external pressures as well as domestic developments, and it facilitated the democratic transition because it defused the conflicts that might have arisen around the change of political regime").

289 Para uma descrição dessa agenda econômica, conferir: FARIA, Hugo Presgrave de A. Macroeconomic Policymaking in a Crisis Environment: Brazil's Cruzado Plan and Beyond. In: CHACEL, Julian M.; FALK, Pamela S.; FLEISCHER, David V. (Orgs.). *Brazil's Economic and Political Future*. Nova York: Routledge, 1988; e BAER, Werner; BECKERMAN, Paul. The Decline and Fall of Brazil's Cruzado. Latin American Research Review, Pittsburgh, v. 24, n. 1, p. 35-64, 1989.

290 Conferir: ABREU, Marcelo de Paiva. The Brazilian Economy, 1980–1994. In: BETHELL, Leslie (Org.). *The Cambridge History of Latin America*. Cambridge: Cambridge University, 2008b, v. IX, p. 397 ("[t]he timid structural reforms started in the late 1980s gained strength under Fernando Collor de Mello (1990–1992), Brazil's first democratically elected president since 1960, and Itamar Franco (1992–1994), who became president after the impeachment of Collor. Results were variable but much was achieved. Trade liberalisation was significantly deepened. A comprehensive programme of privatisation of public-owned assets was implemented which affected first public suppliers of inputs then state-owned providers of public services. There were sustained attempts to reform inefficient public policies and to improve the quality of public expenditure"); e SILVA, Nelson do Valle. Brazilian Society: Continuity and Change, 1930–2000. In: BETHELL, Leslie (Org.). *The Cambridge History of Latin America*. Cambridge: Cambridge University, 2008, v. IX, p. 511 ("[t]he government of Fernando Collor de Mello (1990–1992) led the Brazilian economy in a radically new, 'neoliberal' direction, opening it up to foreign trade, substantially reducing state activity (especially in terms of its direct in-

volvement in productive activities by privatising nationalised industries and public services), and giving a high priority to macro-economic stability (i.e., low inflation and balanced budgets) and the development of economic policies to attract private foreign investment").

291 Conferir: DINIZ, *op. cit.*, 1999, p. 31 ("[c]abe lembrar que o aguçamento da crise durante toda a década de 80 forneceu os argumentos e as condições para o reforço da concentração decisória no Executivo, reeditando a tradicional assimetria entre a burocracia governamental e a arena parlamentar-partidária. Dada a centralidade assumida pelos planos de estabilização econômica, o confinamento burocrático das decisões se acentuou, prevalecendo o estilo tecnocrático de gestão da economia. Através da ampla utilização dos decretos-leis, herança do regime autoritário, num primeiro momento, e das medidas provisórias, após a elaboração da Constituição de 1988, o Executivo preservaria sua independência de ação. Nesse quadro, os economistas integrantes da rede transnacional de conexões manteriam sua posição de verdadeiros mentores e gestores da política governamental"); e LENARDÃO, Elsio. A relação entre 'modernização' neoliberal e práticas políticas "atrasadas" no Brasil dos anos 1990. *Revista de Sociologia e Política*, Curitiba, v. 16, n. 31, p. 197-214, 2008, p. 201 ("[n]os termos da retórica predominante na administração pública (ao menos no nível federal), o comportamento político mais adequado e funcional à implantação e condução do programa do Consenso de Washington seria diferente do modelo de política no qual vicejam práticas de tipo patrimonialista e paternalista, vigentes em boa parte dos outros dois níveis de governo, o estadual e o municipal. Para efeito retórico, o programa neoliberal seria melhor tocado por um modelo 'forte', centralizador e tecnocrático, sem concessões às práticas de tipo patrimonialista e clientelista").

292 Entre outras razões, o impeachment de Collor foi motivado por sua incapacidade de conciliar os interesses políticos em torno do isolamento tecnocrático da pasta econômica, um equilíbrio que foi construído ao longo da Era Vargas, da Segunda República e da Ditadura Civil-Militar, mesmo que sob configurações diferentes. Conferir: SCHNEIDER, Ben Ross. Brazil under Collor: Anatomy of a Crisis. *World Policy Journal*, Durham, v. 8, n. 2, p. 321-347, 1991, p. 327-328 ("[t]he privatization program also clearly reveals the go toward technocracy and the limitations of such a tendency. The government's goal is to 'technify' and depoliticize the process as much as possible. This has resulted in the elimination of potential allies (in Congress, state governments, the private process - allies who might otherwise comprise a collation of supporters for the program. The government has gone so far as to 'privatize privatization': consulting firms have been called in to determine who gets to buy how much of each firm and at what price. The strategy met with little real opposition in 1990 because the government did not sell anything. When actual sales begin imposing real losses and gains, as any privatization inevitably does, the issue will become far more emotionally and politically charged. Then the isolation of the government cultivated in 1990, rather than serve as protection for the planners, will be a political liability"); e WEYLAND, Kurt. The Rise and Fall of President Collor and Its Impact on Brazilian Democracy. *Journal of Interamerican Studies and World Affairs*, Coral Gables, v. 35, n. 1, p. 1-37, 1993, p. 12 ("the presi-

dent tried to use these same reforms to break the influence and capacity for passive resistance of Brazil's vast public sector. While the imposition of neoliberalism from above strengthened the power of the president, the devolution of state tasks to the market threatened to undermine the enormous weight of the public bureaucracy and technocracy. For example, privatization of public enterprises endangered the comfortable positions enjoyed by many, while reducing the influence of those ministries responsible for their supervision. As Collor moved to centralize all power in the presidency, he also set in motion a process of drastic administrative reform which not only upset established bureaucratic norms but also aroused fierce resentment within the public sector").

[293] O fortalecimento dessa agenda durante a presidência de FHC se justifica, em parte, pelo maior controle sobre a inflação, o que possibilitou, a partir disso, a implementação de reformas destinadas à liberalização dos mercados e à desestatização da economia. Conferir: FAUCHER, Philippe. Leviathan Captured Neoliberalism as Solution and Problem in Brazil. In: AMANN, Edmund; AZZONI, Carlos R.; BAER, Werner (Orgs.). *The Oxford Handbook of the Brazilian Economy*. Oxford: Oxford University, 2018, p. 125 ("[t]he 'dragon,' as inflation was nicknamed, was eventually defeated and price stability was restored—after at least a half-dozen unsuccessful attempts—with the application of the '*Real* Plan' under President Cardoso (1995–2002). At this time, a number of "market-oriented" reforms were introduced into the development model, with the intention that the market would gain in flexibility and efficiency. Such reforms are clearly part of a neoliberal agenda—in particular, financial markets liberalization").

[294] Para um balanço dessas medidas e do período, conferir: AMANN, Edmund; BAER, Werner. Neoliberalism and Its Consequences in Brazil. *Journal of Latin American Studies*, Cambridge, v. 34, n. 4, p. 945-959, 2002; e NOVELLI, José Marcos N.; GALVÃO, Andréia. The Political Economy of Neoliberalism in Brazil in the 1990s. *International Journal of Political Economy*, Abingdon-on-Thames, v. 31, n. 4, p. 3-52, 2002.

[295] Nesse contexto seria elaborado o Plano Diretor da Reforma do Aparelho do Estado. Conferir: BRASIL. Presidência da República. *Plano Diretor da Reforma do Aparelho do Estado*. Brasília, 1995.

[296] Conferir: BRESSER-PEREIRA, *op. cit.*, 2007; e BRESSER-PEREIRA, Luiz Carlos. *Reforma do Estado para a Cidadania:* A Reforma Gerencial Brasileira na Perspectiva Internacional. 2ª ed. São Paulo: 34, 2011. Algumas críticas apontam que, embora o período tenha testemunhado um aumento na criação e envolvimento de organizações não-governamentais na esfera pública, o poder de tomada de decisões efetivo ainda permanecia concentrado em pequenos círculos dentro do governo. Conferir: DAGNINO, Evelina; TEIXEIRA, Ana Claudia Chaves. The Participation of Civil Society in Lula's Government. *Journal of Politics in Latin America*, Thousand Oaks, v. 6, n. 3, p. 39-66, 2014, p. 40-43.

[297] Conferir: DINIZ, Eli. *Globalização, reformas econômicas e elites empresariais*. Rio de Janeiro: FGV, 2000, p. 90 ("[o] padrão tecnocrático de gestão persistiu durante o governo de Fernando Henrique Cardoso, que reforçou o processo de insulamento

burocrático, atribuindo papel primordial ao Ministério da Fazenda, ao Banco Central e ao Tesouro Nacional, que formariam, ao lado do BNDES, o núcleo responsável pelas decisões, sobretudo no que se refere à política econômico-financeira, controlando as informações estratégicas, principalmente aquelas que circulam nos meios internacionais, e dispondo de canais privilegiados de acesso às decisões externas").

[298] Mais especificamente, aqui se discutem mecanismos de *accountability* vertical de instâncias de governança econômica. Para a diferenciação entre mecanismos de *accountability* vertical e horizontal, conferir: O'DONNELL, Guillermo. *Accountability* horizontal e novas poliarquias. *Lua Nova*, São Paulo, n. 44, p. 27-54, 1998.

[299] Um repositório das consultas públicas e audiências públicas realizadas pela autoridade concorrencial brasileira encontra-se disponível em: <https://www.gov.br/cade/pt-br/acesso-a-informacao/participacao-social>. Acesso em: 3 de abr. de 2024.

[300] Partindo da regulação de telecomunicações no país, Paulo Todescan Lessa Mattos demonstra que, apesar desses mecanismos serem mobilizados, dois fatores principais limitam drasticamente sua efetividade democrática: (i) a sobrerrepresentação de interesses empresariais privados enquanto interesses difusos, em comparação aos demais *stakeholders* afetados no setor, como associações de defesa do consumidor e organismos não governamentais; e (ii) o baixo nível de incorporação de contribuições a partir desses fóruns de discussão. Conferir: MATTOS, Paulo Todescan Lessa. *O novo Estado regulador no Brasil*: Eficiência e legitimidade. 2ª ed. São Paulo: Revista dos Tribunais, 2017, p. 282-285.

[301] Conferir: BRASIL, *op. cit.*, 2013a, p. 52 ("[n]o início de 1990, o Conselho passou perto de ser extinto oficialmente, já que muito pouca gente que assumia o novo governo naquele momento conhecia o órgão ou sabia sobre suas atribuições"); e MIOLA, *op. cit.*, 2014, p. 209-2016 (descrevendo o ambiente de incertezas em torno dos rumos da defesa da concorrência no país no início dos anos 1990).

[302] Conferir: BRASIL, *op. cit.*, 2013a, p. 52 (narrando o esforço de convencimento de Tércio Sampaio Ferraz Junior junto ao governo a respeito da importância da política de defesa da concorrência); e MIOLA, *op. cit.*, 2014, p. 209-232 (descrevendo como, a despeito de uma "agenda dúbia" por parte do governo federal, Ruy Coutinho do Nascimento, à época Presidente do CADE, juntamente com os demais Conselheiros da autoridade concorrencial brasileira, conseguiram impulsionar e moldar diversas das características do regime de defesa da concorrência sob a Lei nº 8.884/1994) . Para outros depoimentos desses atores nesse contexto, conferir: DUTRA, Pedro. *Conversando com o CADE*. São Paulo: Singular, 2009.

[303] Conferir: MIOLA, *op. cit.*, 2014, p. 331-431 (analisando minuciosamente como a instituição de um regime de defesa da concorrência no Brasil se entrelaça com um projeto e modelo de sociedade neoliberal).

[304] Conferir: OCDE. *Competition Law and Policy in Brazil*: A Peer Review. Paris, 2005, p. 13 ("[t]he modern era of competition policy in Brazil began in 1994. In response to a period of hyperinflation, the '*Real* Plan' was implemented in that year. Its principal features were the introduction of tight fiscal and credit policies and a new currency (the *real*) pegged to the U.S. dollar. As a part of the 1994 reforms, a new competition law (No. 8884) was enacted with the expectation that it could be

employed to deal with inflated prices"); e RIBEIRO; PIRES-ALVES; PRADO, *op. cit.*, 2018, p. 719 ("[i]t was only in the 1990s that modern antitrust legislation was passed in Brazil. Its inception was accompanied by economic changes such as the deregulation of the economy, phasing out of price controls in many sectors, the sale of state-owned enterprises (SOE), and the breakup of SOE monopolies. Last but not least, its passing coincided with price stabilization after decades of high inflation and particularly the hyperinflation of 1987–1994").

305 CARDOSO, Fernando Henrique. *Diários da Presidência, 1995-1996*. São Paulo: Companhia das Letras, 2015, [versão digital].

306 BRASIL. CADE. *Relatório de Atividades*: Exercício de 1995. Brasília, 1996b, p. 21.

307 Para descrições históricas do processo de aprovaçao da Lei nº 8.884/1994, conferir: TODOROV; TORRES FILHO, *op. cit.*, 2012, p. 229-238; e MIOLA, *op. cit.*, 2014, p. 216-232.

308 Conferir: MIOLA, *op. cit.*, 2014, p. 319-320.

309 Conferir: TODOROV; TORRES FILHO, *op. cit.*, 2012, p. 234-242.

310 Conferir: RIBEIRO, Eduardo Pontual. Economic Analysis in Antitrust: The Case of Brazil. In: JENNY, Frederic; KATSOULACOS, Yannis (Orgs.). *Competition Law Enforcement in the BRICS and in Developing Countries*: Legal and Economic Aspects. Nova York: Springer, 2016, p. 219 ("[o]ver the 20 years since the enacting of modern antitrust law, complex merger cases decisions are founded on economic evidence and analysis, including econometrics. The authority and the antitrust community rapidly explored the learning economies, and leapfrogged barriers with staff interaction with international authorities and use of economic PhDs as advisors, consultants and staff").

311 Luis Fernando Schuartz observou que, apesar do histórico de interação constitucional da defesa da concorrência no Brasil, a partir dos anos 1990, a tutela concorrencial tornou-se resistente a argumentos substanciais de natureza constitucional. Isso ocorreu especialmente devido à consolidação em torno da tradição chicaguiana e ao avanço de uma lógica tecnocrática na execução da defesa da concorrência no país, por meio do isolamento de seus centros de decisao, do transplante direto do arcabouço retórico e teórico de países centrais, e da proeminência de economistas nesse processo. Conferir: SCHUARTZ, *op. cit.*, 2009.

312 Para uma análise crítica do surgimento dessa retórica, conferir: CABRAL, *op. cit.*, 2020a, p. 29-56.

313 No Brasil, essa expressão seria empregada pelo ex-Conselheiro do CADE e economista César Mattos, em referência à sua utilização por John Kwoka e Lawrence J. White. Conferir: KWOKA, John.; WHITE, Lawrence J. Introduction. In: KWOKA, John.; WHITE, Lawrence J. (Orgs.). *The Antitrust Revolution*. Nova York: HarperCollins, 1989; e MATTOS, César. Introdução. In: A revolução do antitruste no Brasil. A teoria econômica aplicada a casos concretos. In: MATTOS, César (Org.). *A revolução do antitruste no Brasil*: a teoria econômica aplicada a casos concretos. São Paulo: Singular, 2003.

[314] Conferir: OLIVEIRA, Francisco de. Entre São Bernardo e a avenida Paulista? *Folha de São Paulo*, São Paulo, 29 de dez. de 2002 ("[o] eixo que surge anunciado pela formação do governo Lula é o que sobrou da vasta indeterminação. Entre a avenida Paulista e São Bernardo: uma política econômica ortodoxa, para não dizer tucana, e uma política social petista, Palocci-Meirelles e Fome Zero-Ministérios Sociais. Das experiências imediatamente anteriores, restaram a continuidade da política econômica, o que não é nada inovador, e uma difusa definição do social, que exclui o trabalho"); DINIZ, Eli. Democracy, State, and Industry: Continuity and Change between the Cardoso and Lula Administrations. *Latin American Perspectives*, Thousand Oaks, v. 38, n. 3, p. 59-77, 2011, p. 68 ("[t]he Lula administration maintained continuity with the macroeconomic policy of Cardoso's second term, whose pillars included inflation targets, very high interest rates, a fluctuating currency, and a fiscal policy dominated by the goal of restraining the increase of the public debt, which required primary surplus targets large enough to stabilize and eventually reduce the debt/GDP ratio"); e DARGENT, *op. cit.*, 2015, p. 154-155 ("[a]lthough some technocrats eventually lost this power, others have maintained their relevance and capacity to overcome political opposition to their proposals, even where political turnover has produced new incumbents with different policy preferences than the politicians who initially appointed the experts. [...] [T]he leftist Partido dos Trabalhadores in Brazil was very careful to signal a commitment to economic policy continuity with their first ministerial appointments after the highly technocratic government of Fernando Henrique Cardoso"). Para além disso, diversos comentários indicam uma tendência de continuidade de premissas neoliberais na pasta econômica durante a presidência de Lula. Conferir: MOLLO, Maria de Lourdes Rollemberg; SAAD-FILHO, Alfredo. Neoliberal Economic Policies in Brazil (1994–2005): Cardoso, Lula and the Need for a Democratic Alternative. *New Political Economy*, Abingdon-on-Thames, v. 11, n. 1, p. 99-123, 2006; FAUCHER, *op. cit.*, 2018; e SAAD-FILHO, Alfredo, Varieties of Neoliberalism (2003–2019). *Latin American Perspectives*, Thousand Oaks, v. 47, n. 1, p. 9-27, 2020.

[315] Apesar da ausência de treinamento prévio em economia por parte de Palocci, vários observadores ressaltavam que ele contava com a colaboração, na pasta econômica, de um círculo composto por tecnocratas e acadêmicos respeitados, todos com sólida formação na área. Conferir: LATINFINANCE. All Lula's Men. *LatinFinance*, Nova York, 1 de mar. de 2003; KARP, Jonathan. Palocci Puts a Credible Face On Brazil's Difficult Finances. *The Wall Street Journal*, Nova York, 14 de abr. de 2003; e BENSON, Todd. For Brazil's Economy, the Doctor Is In. *The New York Times*, Nova York, 14 de dez. de 2004.

[316] PALOCCI, Antônio. *Sobre formigas e cigarras*. São Paulo: Objetiva, 2007, [versão digital]. Conferir também: DINIZ, *op. cit.*, 2011, p. 66 ("[u]nder the treasury minister Antonio Palocci Filho, leading a team basically composed of technocrats who moved easily in national and international circles, and the president of the Central Bank, Henrique Meirelles, who had been the international vice president of the Bank of Boston, the government adopted strict fiscal and monetary policies to confront the crisis that had developed in the period before the elections. These policies became evident in the priority given to stabilization targets that combined

a fluctuating exchange rate with the free movement of capital, the maintenance of inflation targets and highly restrictive fiscal policies, and an increase in the basic tax rate from 25 percent to 26.5 percent per annum. In the fiscal area, the primary surplus was increased to 4.25 percent of the gross domestic product (GDP), a value higher than that agreed on with the IMF by the previous government").

[317] PALOCCI, *op. cit.*, 2007, [versão digital]. Conferir: BETHELL, Leslie; NICOLAU, Jairo. Politics in Brazil, 1985–2002. In: BETHELL, Leslie (Org.). *The Cambridge History of Latin America*. Cambridge: Cambridge University, 2008, v. IX, p. 276 ("[d]uring the 2002 campaign, besides promising a greater measure of social justice and an end to clientelism and corruption in public life, Lula's *Carta ao Povo Brasileiro* (June 2002), in sharp contrast to the *Teses Finais* (Final Theses) of the party's II National Convention in Belo Horizonte (November 1999) and the *Diretrizes* (programme for government) presented to the party's XII National Meeting in Recife (December 2001), committed a future PT government to the market economy, macroeconomic stability, the control of inflation and fiscal equilibrium. The economic policies of the PT were no longer seen as a danger to the elite or the urban middle class (or international finance). They could safely vote for cleaner politics and much needed social reform").

[318] Lisboa desempenharia um papel central em reformas microeconômicas ao longo do primeiro mandato de Lula. Conferir: PALOCCI, *op. cit.*, 2007, [versão digital] ("[d]urante os dois anos e meio em que permaneceu no ministério — até regressar, em meados de 2005, para o Rio de Janeiro, para seu segundo casamento —, Marcos Lisboa foi responsável pelo conteúdo das reformas microeconômicas iniciadas pelo governo Lula. Conduziu todo o processo com as equipes dos demais ministérios envolvidos e fazia questão de acompanhar, pessoalmente, desde a elaboração e a votação de cada uma das leis até a sanção presidencial. Nos intervalos, produzia os relatórios econômicos e sociais do ministério").

[319] PALOCCI, *op. cit.*, 2007, [versão digital].

[320] Conferir: PALOCCI, *op. cit.*, 2007, [versão digital] ("[p]erguntei se conhecia a *Carta ao Povo Brasileiro*. — Sim — respondeu, e percebi certa incredulidade em seu tom de voz. — Mas aquilo é para valer?! — Naturalmente, meu caro — assegurei. — Você acha que o presidente Lula faria aquilo apenas como gesto político para ganhar as eleições?").

[321] Para um panorama a respeito dessa nova agenda desenvolvimentista, conferir: ALEM, Ana Claudia; BARROS, José Roberto Mendonça; GIAMBIAGI, Fabio. Bases Para Uma Política Industrial Moderna. In: VELLOSO, João Paulo dos Reis (Org.). *O Brasil e a economia do conhecimento*. Rio de Janeiro: José Olympio, 2002; COUTINHO, Luciano *et al.* Industrial Policy and Economic Transformation. In: SANTISO, Javier; DAYTON-JOHNSON, Jeff (Orgs.). *The Oxford Handbook of Latin American Political Economy*. Oxford: Oxford University, 2012; e OCHSTETLER, Kathryn; MONTERO, Alfred P. The Renewed Developmental State: The National Development Bank and the Brazil Model. *The Journal of Development Studies*, Abingdon-on-Thames, v. 43, n. 11, p. 1484-1499, 2013.

[322] Conferir: SAAD-FILHO, Alfredo. *Growth and Change in Neoliberal Capitalism*: Essays on the Political Economy of Late Development. Leiden: BRILL, 2021, p. 269-270 ("[t]hose high approval rates sucked dry the base of support which might have been available to their potential rivals. No party had ever prospered to the left of the PT and the right-wing opposition was chronically disorganised. For a brief period, the pt achieved something close to political hegemony in Brazil. Yet, its prominence was not built on solid foundations. Dilma Rousseff was elected by Lula's social base, mainly the poor, with the support of large capital").

[323] No original: "[a]n experienced administrator – she was Mr Lula da Silva's chief of staff until she stepped down in March last year – Ms Rousseff is a trained economist and skilled technocrat. By comparison, Mr Lula da Silva had little formal education" (LEAHY, Joe. Technocrat Rousseff makes her mark on Brazil. *Financial Times*, Londres, 3 de fev. de 2011). Cabe notar que a Presidenta também foi classificada como "a nova *chief executive officer* do Brasil". No original: "'Dilma is not Brazil's new president but Brazil's new chief executive officer,' said a fund manager with a large US investor in Brazil. 'She has all the personal characteristics to be Brazil's best president, one who gets the priorities right and is strong enough to move forward with them'" (LEAHY, *op. cit.*, 2011). Para outros comentários acerca do caráter tecnocrático do seu governo, conferir: STRUCK, Jean-Philip. Dilma, a tecnocrata sem paciência para a política. *Deutsche Welle*, Bonn, 12 de mai. de 2016; e SUMMA, Giancarlo. Lula's Second Act. *Dissent*, Nova York, 23 de jun. de 2022.

[324] Para descrições críticas dessa agenda econômica, especialmente levando em consideração a coexistência subjacente de um projeto neoliberal, conferir: MORAIS, Levi; SAAD-FILHO, Alfredo. Neo-Developmentalism and the Challenges of Economic Policy-Making under Dilma Rousseff. *Critical Sociology*, Thousand Oaks, v. 38, n. 6, p. 789-798, 2012; e SAAD-FILHO, *op. cit.*, 2021, p. 247-248. Outros comentários sugerem que a ênfase no desenvolvimentismo durante a presidência de Dilma Rousseff tem suas raízes em uma abordagem tecnocrática, que remete à tradição da Era Vargas. Conferir: DAGNINO; TEIXEIRA, *op. cit.*, 2014, p. 58 ("[a]ll these tensions and contradictions not only express the diversity of positions towards participation within the government, they may also reflect the emergence of an arrangement that began during the Lula era and has seemingly become more pronounced under President Dilma Rousseff: a new configuration reminiscent of the developmentalist state that arose during Vargas' regime (1930–1945). [...] It presupposes a strong, technically equipped state that is ready and willing to assume its regulatory functions and to intervene in the construction of a new project for development supported by an unquestionable popular legitimacy. [...] President Dilma's technocratic profile, her focus on efficiency, her own personal tendency to centralize authority, and, most importantly, the fact that she does not share PT's historical focus on participation as the main instrument to deepen democracy are significant ingredients in this scenario").

[325] Esse tema é amplamente abordado nas justificativas do Projeto de Lei nº 3.937/2004.

[326] Conferir: RIBEIRO; PIRES-ALVES; PRADO, *op. cit.*, 2018, p. 732 ("[p]eer reviews conducted in 2005 and 2010 (IDB and OECD 2005, 2010) originated from

participation in the IDB-OECD Latin American Competition Forum. A foreign consultant was sent to Brazil for in-depth interviews on and investigation into the workings and practices of competition law. This was a more detailed analysis than an earlier evaluation report in 2000. The second peer review followed up on the developments from the previous review. The recommendations were mostly integrated in the 2011 law review, since, as mentioned earlier, an earlier version of the law had been discussed since the mid-2000s. The peer review acted as a reinforcing push for those aiming to bolster the role of competition policy (then in the form of the SBDC) in the economy and to increase its efficiency"); e CARVALHO, Vinicius Marques de. *Política de defesa da concorrência*: dos fundamentos teóricos à implementação. São Paulo: Singular, 2023, p. 307-308 ("[v]ale ressaltar que essa agenda de insulamento e independência recebeu o apoio da comunidade internacional. A OCDE, nos primeiros peer reviews realizados para avaliar a implantação da PDC no Brasil, não só exaltou essas características, como sugeriu aperfeiçoamentos no sentido da sua intensificação. Embora houvesse sugestões no sentido de buscar uma maior incidência da política concorrencial sobre outras políticas públicas, era evidente a prioridade conferida ao zelo pela autonomia funcional na análise de concentrações e condutas anticompetitivas").

[327] Conferir: OCDE, *op. cit.*, 2005; OCDE. *Peer Reviews of Competition Law and Policy in Latin America*: A Follow-up, Argentina, Brazil, Chile, Mexico, Peru. Paris, 2007; e OCDE. *Lei e Política de Concorrência no Brasil*: Uma revisão pelos pares. Paris, 2010.

[328] OCDE, *op. cit.*, 2010, p. 7.

[329] Conferir: BRASIL. Ministério do Planejamento, Desenvolvimento e Gestão. *Programa de Aceleração do Crescimento*: 2007-2010. Brasília, 2007a, p. 54. Outras medidas institucionais de natureza tecnocrática, como o desenvolvimento de um marco legal para agências reguladoras (Projeto de Lei nº 3.337/2004) também eram previstas dentro do PAC. Conferir: BRASIL, *op. cit.*, 2007a, p. 52.

[330] Conferir: BRASIL, *op. cit.*, 2007a, p. 54.

[331] Conferir: MATTOS, César. Um Pouco da História da Lei 12.529/2011. In: CAMPILONGO, Celso; PFEIFFER, Roberto (Orgs.). *A evolução do antitruste no Brasil*. São Paulo: Singular, 2018, 52 ("[c]ada vez mais a aplicação da legislação de defesa da concorrência está em linha com o benchmark internacional. Não à toa, a Global Competition Review – GCR, especializada em política de concorrência e regulação, mantém há alguns anos o CADE entre os mais reconhecidos órgãos antitruste do mundo").

[332] Para o emprego da expressão na mídia, destacando o aumento da importância do tema para a opinião pública, conferir: BONIN, Robson. O Super Cade. *Veja*, São Paulo, 10 de mar. de 2011.

[333] Ao examinar o desenvolvimento da política concorrencial no Brasil, especialmente a partir dos anos 1990, Vinicius Marques de Carvalho explora extensivamente como o processo de implementação foi impregnado por estratégias dessa natureza para superar seus desafios concretos: CARVALHO, *op. cit.*, 2023, p. 329-375.

[334] Essa vasta produção de publicações institucionais pode ser conferida em: <https://www.gov.br/cade/pt-br/centrais-de-conteudo/publicacoes-institucionais>. Acesso em: 15 de jan. de 2024.

[335] CORDEIRO, Alexandre. Cade em 2021 estará muito bem, obrigado. *Folha de São Paulo*, São Paulo, 1 de fev. de 2021.

[336] VERÍSSIMO, Marcos Paulo. Um brinde à tecnocracia. *Estado de São Paulo*, São Paulo, 24 de abr. de 2017.

[337] Conferir: GLICK, *op. cit.*, 2018; LIANOS, *op. cit.*, 2018; GLICK, *op. cit.*, 2019; e LANCIERI; POSNER. ZINGALES, *op. cit.*, 2023. No Brasil, existem estudos que abordam como os contornos da defesa da concorrência são delineados por práticas de conhecimento e seus vieses, influenciando a definição do que constituiria ou não a esfera concorrencial e consequentemente seu espaço de atuação. Conferir: ONTO, Gustavo Gomes. *Ficções econômicas e realidades jurídicas*: uma etnografia da política de defesa da concorrência no Brasil. Tese (Doutorado em Antropologia Social) – Museu Nacional da Universidade Federal do Rio de Janeiro, Rio de Janeiro, 2016.

[338] Conferir: FERRAZ, André. *A Abordagem Estruturalista do CADE em Controle de Concentrações*: Uma análise de sua prática recente *vis-à-vis* as principais escolas estadunidenses. Dissertação (Mestrado em Direito) – Faculdade de Direito da Universidade de Brasília, Brasília, 2023.

[339] Conferir: MORAN, Márcio Roberto. *Determinants of merger review decisions*: An assessment of the Brazilian antitrust authority's capabilities and the influential role of antitrust commissioners. Tese (Doutorado em Economia) – Faculdade de Economia, Administração e Contabilidade da Universidade de São Paulo, São Paulo, 2015.

[340] Art. 4º da Lei nº 8.884/1994 e arts. 6º e 12, § 1º, da Lei nº 12.529/2011.

[341] Parecer Técnico nº 15/2018/CGAA1/SGA1/Superintendência-Geral.

[342] Despacho nº 1180/2018, da SG/CADE.

[343] Conferir: LIPSKY, Michael. *Street-Level Bureaucracy*: Dilemmas of the Individual in Public Services. Nova York: Russell Sage, 2010; e PIORE, Michael J. Beyond Markets: Sociology, street-level bureaucracy, and the management of the public sector. *Regulation & Governance*, Hoboken, v. 5, n. 1, p. 145-164, 2011.

[344] O nível individual posiciona as capacidades na esfera dos atores individuais que compõe a política pública, tais como formuladores, operadores e analistas. Em nível organizacional, as capacidades discutem-se no contexto da agência ou órgão operadora da política pública. Por fim, a nível sistêmico, as capacidades encontram-se em âmbito mais amplo, abrangendo políticos e a sociedade em geral.

[345] As capacidades analíticas destinam-se a garantir que ações políticas sejam tecnicamente sólidas na consecução dos seus objetivos. Já as capacidades operacionais consistem naquelas a viabilizar o alinhamento de *inputs* com as ações efetivas no sentido da implementação prática da política pública. Por fim, as capacidades políticas direcionam-se a obtenção e manutenção do apoio político no contexto da política pública.

[346] Sobre a proposição desse *framework* de análise, conferir: WU, Xun; RAMESH, M.; HOWLETT, Michael. Policy capacity: A conceptual framework for understanding policy competences and capabilities. *Policity and Society*, Amsterdã, v. 34, n. 3-4, p. 165-171, 2015. À nível individual - isto é, dos gestores das políticas públicas em si - estudos também buscaram pormenorizar quais capacitações poderiam ser mensuradas em estágios distintos do ciclo da política pública, dividido em: (i) estabelecimento de uma agenda (definição de problemas e coleta de informações de fontes primárias e secundárias); (ii) formulação de alternativas e decisões (projeção de *outcomes* e proposição de soluções); (iii) implementação (desenvolvimento de monitoramento e elaboração de relatórios de tendências); e (iv) avaliação (avaliação de impacto em análises quantitativas e qualitativas, identificação de implicações decorrentes de impacto, e documentaçao de realizações e de aprendizagem). Conferir: RAMESH, M.; SAGUIN, Kidjie; HOWLETT, Michael. Measuring Individual-Level Analytical, Managerial and Political Policy Capacity: A Survey Instrument. *Lee Kuan Yew School of Public Policy Working Paper Series*, Singapura, n. LKYSPP 16-07, 2016.

[347] Conferir: ELGIN, Dallas J.; e WEIBLE, Christopher M. A Stakeholder Analysis of Colorado Climate and Energy Issues Using Policy Analytical Capacity and the Advocacy Coalition Framework. *Policy Research Review*, Hoboken, v. 30, n. 1, p. 114-133, 2013. Para outras pesquisas quantitativas sobre a capacidade individual analítica de reguladores tomando os mesmos fatores de análise, ainda que não baseados em *scores*, conferir: HOWLETT, Michael; JOSHI-KOOP, Sima. Transnational learning, policy analytical capacity, and environmental policy convergence: Survey results from Canada. *Global Environmental Change*, Amsterdã, v. 21, n. 1, p. 85-92, 2011; HOWLETT, Michael; NEWMAN, Joshua. Policy analysis and policy work in federal systems: Policy advice and its contribution to evidence-based policy-making in multi-level governance systems. *Policy and Society*, Abingdon, v. 29, n. 2, p. 123-136, 2010; e HOWLETT, Michael. Policy Advice in Multi-Level Governance Systems: Sub-National Policy Analysts and Analysis. *International Review of Public Administration*, Abingdon-on-Thames, v. 13, n. 3, p. 1-16, 2009.

[348] Esses documentos encontram-se disponíveis em: <https://www25.senado.leg.br/documents/12427/30022/CADE/90d4c5b9-01b6-4557-a292-8a48b4b61e82>. Acesso em: 17 de jan. de 2024.

[349] Nesse sentido, outros estudos de *background* a respeito de lideranças do CADE podem ser encontrados na literatura. Conferir: MIOLA, *op. cit.*, 2014; e MORAN, *op. cit.*, 2015.

[350] Naturalmente, a identificação do que seriam áreas correlatas, tanto em formação acadêmica quanto em experiência profissional, à defesa da concorrência e à organização industrial pode variar. Para os propósitos deste estudo, considera-se como áreas correlatas à defesa da concorrência fundamentalmente aquelas relacionadas ao direito econômico, direito administrativo e direito empresarial, desde que estejam associadas à regulação e ao planejamento de mercados. Adicionalmente, são consideradas como áreas correlatas à organização industrial, por exemplo, a microeconomia, a análise de projetos, além de outras que empreguem um instrumental analítico similar.

[351] As escalas acadêmica e profissional propostas, juntamente com suas pontuações, seguem, em linhas gerais, a divisão proposta por Dallas J. Elgin e Christopher M. Weible. Conferir: ELGIN; WEIBLE, *op. cit.*, 2013, p. 125. Evidentemente outras formas de pontuação e métricas são possíveis, de maneira que a abordagem aqui adotada representa um desses recortes, já adotados por outras pesquisas da mesma natureza.

[352] O doutorado de Veríssimo sob o título de *A judicialização dos conflitos de justiça distributiva no Brasil: O processo judicial no pós-1988*, de 2006, não se enquadraria, em contraste, enquanto uma titulação em matérias específicas ou correlatas.

[353] Essa retórica é, inclusive, replicada pelo institucionalmente pelo próprio CADE, em uma seção de seu portal virtual destinada à *Perguntas gerais sobre defesa da concorrência*. Assim, a autoridade concorrencial afirma que "[e]m um mercado em que há concorrência entre os produtores de um bem ou serviço, os preços praticados tendem a manter-se nos menores níveis possíveis e as empresas precisam buscar constantemente formas de se tornarem mais eficientes para que possam aumentar os seus lucros. À medida que tais ganhos de eficiência são conquistados e difundidos entre os produtores, ocorre uma readequação dos preços, que beneficia o consumidor. Assim, a livre concorrência garante, de um lado, os menores preços para os consumidores e, de outro, o estímulo à criatividade e à inovação das empresas". Disponível em: <https://www.gov.br/cade/pt-br/acesso-a-informacao/perguntas-frequentes/perguntas-gerais-sobre-defesa-da-concorrencia-1>. Acesso em: 17 de jan. de 2024.

[354] Arts. 20, incisos I a IV, e 54, § 1º, da Lei nº 8.884/1994 e arts. 36, incisos I a IV, e 88, § 6º, da Lei nº 12.529/2011.

[355] Conferir: NAGEL, Stuart S. Introduction. In: NAGEL, Stuart S. (Org.). *Handbook of Public Policy Evaluation.* Thousand Oaks: Sage, 2002, p. xi; e OCDE. *How Can Governments Leverage Policy Evaluation to Improve Evidence Informed Policy Making? Highlights from an OECD comparative study*. Paris, 2020, p. 8.

[356] Esses parâmetros para o desenvolvimento de indicadores de avalição de política públicas que foram utilizados são usualmente apontados pelo Banco Mundial e pela OCDE: KUSEK, Jody Zall; RIST, Ray C. *Ten Steps to a Results-Based Monitoring and Evaluation System.* Washington, D.C.: Banco Mundial, 2004, p. 98-101; OCDE, *op. cit.*, 2020; e BINNENDIJK, Annette. *Results Based Management in the Development Co-operation Agencies:* a Review Experience. Paris: OCED, 2000, p. 20.

[357] Conferir informações disponíveis em: <https://www.gov.br/cade/pt-br/assuntos/premiacoes>. Acesso em: 17 de jan. de 2024.

[358] Algumas declarações valem ser mencionadas, como o caso do Presidente Alexandre Cordeiro de "o Cade foi eleito entre as três melhores agências antitruste do mundo pelo ranking da Global Competition Review e ainda foi a única instituição pública eleita no ranking dos 100 lugares incríveis para trabalhar no Brasil" (CORDEIRO, *op. cit.*, 2021).

[359] Disponível em: <https://www.gov.br/cade/pt-br/assuntos/sessoes/sessoes%20de%20julgamento>. Acesso em: 17 de jan. de 2024.

360 Algumas informações adicionais possibilitaram afinar a segmentação ano a ano desses dados. Por exemplo, o Conselheiro Leônidas Rangel Xausa faleceu em 1998, antecipando o fim do seu mandato de recondução. Conferir: BRASIL. Senado Notícias. Senado aprova voto de pesar por Leônidas Xausa. *Senado Notícias*, Brasília, 20 de mai. de 1998b. Além disso, o Conselheiro Enéas Costa de Souza, apesar de aprovado pelo Senado Federal, renunciou ao cargo antes de assumi-lo, de maneira que sua pontuação não foi considerada para o cálculo do *score*. Conferir: SOFIA, Juliana. Economista renuncia a vaga no Cade. *Folha de São Paulo*, São Paulo, 2 de ago. de 2008.

361 A mediana expressa o valor central em um determinado conjunto de números ordenados por grandeza.

362 O desvio-padrão expressa o nível de dispersão dos números em um determinado conjunto, de maneira que quanto mais próximo de zero, menor o grau de dispersão. O desvio-padrão pode ser matematicamente representado pela seguinte fórmula: $s = \sqrt{\frac{\Sigma(x_i - \bar{x})^2}{N}}$, em que N representa o tamanho da população, x_i representa cada valor da população e $\bar{x}$ representa a média dos valores da população.

363 O desvio-padrão relativo expressa a razão entre o desvio-padrão e a média de um determinado conjunto de números. Dessa forma, ele permite descrever sua dispersão, tendo como referencial a média do conjunto.

364 VERÍSSIMO, *op. cit.*, 2017.

365 Vale destacar que, por si só, isso não viola o requisito legal de detenção de "notório saber jurídico ou econômico", conforme previsto no art. 6º da Lei nº 12.529/2011, especialmente considerando a natureza abrangente dessa expressão.

366 Conferir: BORGES, André. A quem interessa o desmantelamento das agências reguladoras? *Estado de São Paulo*, São Paulo, 25 de jan. de 2023.

367 Conferir: ESTADO DE SÃO PAULO. Autoritários detestam agências independentes. *Estado de São Paulo*, São Paulo, 2 de abr. de 2022.

368 Conferir, exemplificativamente: VASCONCELOS, Frederico. Cade quer simplificar vida de empresa e consumidor. *Folha de São Paulo*, São Paulo, 24 de jun. de 1996 ("[o] presidente do Cade (Conselho Administrativo de Defesa Econômica), economista Gesner Oliveira, 40, quer simplificar a vida das empresas e dos consumidores"); HENRIQUES, Walquíria de Castro. Fusão de bancos: Cade deveria ser ouvido. *Conjuntura Econômica*, Rio de Janeiro, ago. de 2004 (com a ex-Presidente Elizabeth Farina afirmando que "[d]efesa da concorrência e defesa dos direitos do consumidor são temas diferentes. No entanto, a defesa da concorrência visa ao bem-estar do consumidor em geral. Visa garantir incentivos suficientes para que o setor produtivo ofereça quantidade e diversidade de produtos a preços adequados, com permanente esforço inovador"); HAIDAR, Rodrigo. Na crise, é preciso recrudescer política antitruste. *Migalhas*, São Paulo, 28 de mai. de 2009 (com o Presidente Arthur Badin sustentando que "[o] Cade se preocupa, para usar um termo técnico, com a maximização do bem estar, com a maximização de riqueza na economia. Como essa riqueza é maximizada? Com concorrência. Quanto maior a concorrência, os preços tendem a ser menores. Quando os preços diminuem,

a tendência é que haja uma maior quantidade de produtos ofertados no mercado, ou seja, mais pessoas podem consumir aquele produto"); e SAMOR, Geraldo; ARBEX, Pedro. No CADE, um novo xerife cauteloso com os remédios que aplica. *Brazil Journal*, Rio de Janeiro, 14 de jul. de 2021 ("[o] novo presidente do CADE se orgulha de suas credenciais liberais e é avesso a qualquer ativismo que desvie o órgão antitruste do que ele considera ser sua missão principal: zelar pelo bem estar do consumidor").

[369] Conferir: BRASIL. CADE. *Relatório de atividades do período compreendido entre 09.03.94 e 08.03.96*. Brasília, 1996a; BRASIL, *op. cit.*, 1996b; BRASIL. CADE. *Relatório Anual 1996*. Brasília, 1997; BRASIL. CADE. *Relatório Anual 1997. Brasília, 1998a; BRASIL. CADE. Relatório Anual 1998/99*. Brasília, 1999; BRASIL. CADE. *Relatório de gestão (exercício de 2000)*. Brasília, 2001; BRASIL. CADE. *Relatório de gestão (exercício de 2001)*. Brasília, 2002; BRASIL. CADE. *Relatório de gestão (exercício de 2002)*. Brasília, 2003; BRASIL. CADE. *Relatório de gestão (exercício de 2003)*. Brasília, 2004; BRASIL. CADE. *Relatório de gestão 2004*. Brasília, 2005; BRASIL. CADE. *Relatório de gestão 2005*. Brasília, 2006; BRASIL. CADE. *Relatório de gestão 2006*. Brasília, 2007b; BRASIL. CADE. *Relatório de gestão (exercício de 2007)*. Brasília, 2008; BRASIL. CADE. *Relatório de gestão (exercício de 2008)*. Brasília, 2009; BRASIL. CADE. *Relatório de gestão do exercício de 2009*. Brasília, 2010; BRASIL. CADE. *Relatório de gestão do exercício de 2010*. Brasília, 2011; BRASIL. CADE. *Relatório de gestão do exercício de 2011*. Brasília, 2012; BRASIL. CADE. *Relatório de gestão do exercício de 2012*. Brasília, 2013b; BRASIL. CADE. *Relatório de gestão do exercício de 2013*. Brasília, 2014; BRASIL. CADE. *Relatório de gestão do exercício de 2014*. Brasília, 2015; BRASIL. CADE. *Relatório de gestão do exercício de 2015*. Brasília, 2016; BRASIL. CADE. *Relatório de gestão do exercício de 2016*. Brasília, 2017; BRASIL. CADE. *Relatório de gestão do exercício de 2017*. Brasília, 2018; BRASIL. CADE. *Relatório de gestão 2018*. Brasília, 2019d; BRASIL. CADE. *Relatório integrado de gestão 2019*. Brasília, 2020c; BRASIL. CADE. *Relatório integrado de gestão 2020*. Brasília, 2021c; BRASIL. CADE. *Relatório integrado de gestão 2021*. Brasília, 2022d; e BRASIL. CADE. *Relatório integrado de gestão 2022*. Brasília, 2023c.

[370] Conferir: BRASIL, *op. cit.*, 1997, p. 14-35.

[371] Conferir: BRASIL, *op. cit.*, 1998, p. 21-32.

[372] Conferir: BRASIL, *op. cit.*, 1999, p. 194.

[373] BRASIL, *op. cit.*, 2001, p. 198.

[374] Conferir: BRASIL, *op. cit.*, 2001, p. 198-204; BRASIL, *op. cit.*, 2002, p. 240-247; BRASIL, *op. cit.*, 2003, p. 470-478; BRASIL, *op. cit.*, 2004, p. 506-514; BRASIL, *op. cit.*, 2005, p. 120-129; BRASIL, *op. cit.*, 2006, p. 185-196; BRASIL, *op. cit.*, 2007b, p. 165-173; BRASIL, *op. cit.*, 2008, p. 204-213; e BRASIL, *op. cit.*, 2009, p. 11-41.

[375] Conferir: BRASIL, *op. cit.*, 2009, p. 44-103.

[376] Conferir: BRASIL, *op. cit.*, 2011, p. 72-190; BRASIL, *op. cit.*, 2012, p. 34; BRASIL, *op. cit.*, 2013b, p. 48-54; BRASIL, *op. cit.*, 2014, p. 67-73; BRASIL, *op. cit.*, 2015, p. 79-83; BRASIL, *op. cit.*, 2016, p. 70-109; BRASIL, *op. cit.*, 2017, p. 71-94; BRASIL, *op. cit.*, 2018, p. 70-83; BRASIL, *op. cit.*, 2019d, p. 32-35; BRASIL, *op. cit.*, 2020c, p.

42-45; BRASIL, *op. cit.*, 2021c, p. 64-84; BRASIL, *op. cit.*, 2022d, p. 51-70; e BRASIL, *op. cit.*, 2023c, p. 57-83.

[377] BRASIL, *op. cit.*, 2010, p. 119; e BRASIL, *op. cit.*, 2011, p. 21.

[378] BRASIL, *op. cit.*, 2011, p. 20. Esses resultados foram repetidos nos relatórios de gestão de 2012, 2013, 2014, 2015 e 2016. Conferir: BRASIL, *op. cit.*, 2013b, p. 32; BRASIL, *op. cit.*, 2014, p. 31; BRASIL, *op. cit.*, 2015, p. 58; BRASIL, *op. cit.*, 2016, p. 34; e BRASIL, *op. cit.*, 2017, p. 36.

[379] BRASIL, *op. cit.*, 2018, p. 39. Esses resultados foram repetidos nos relatórios de gestão de 2018, 2019 e 2020. Conferir: BRASIL, *op. cit.*, 2019d, p. 29; BRASIL, *op. cit.*, 2020c, p. 39; e BRASIL, *op. cit.*, 2021c, p. 40.

[380] BRASIL, *op. cit.*, 2022d, p. 14. Esses resultados foram repetidos no relatório de gestão de 2022. Conferir: BRASIL, *op. cit.*, 2023c, p. 15.

[381] BRASIL, *op. cit.*, 2020c, p. 57.

[382] BRASIL, *op. cit.*, 2022d, p. 50. Essas etapas foram repetidas no relatório de gestão de 2022. Conferir: BRASIL, *op. cit.*, 2023c, p. 56.

[383] Conferir: BRASIL, *op. cit.*, 2022d, p. 50 ("[e]m 2021, a Cadeia de Valor da autarquia passou por uma reestruturação que resultou no macroprocesso – Gestão da Defesa da Concorrência - e em 6 processos finalísticos que, articulados, entregam valor público à sociedade, conforme a figura abaixo"); e BRASIL, *op. cit.*, 2023c, p. 56 ("[d]esde 2021, a Cadeia de Valor do Cade é definida por um macroprocesso – Gestão da Defesa da Concorrência – e em seis processos finalísticos derivados das funções institucionais, que, articulados entre si, entregam valor público à sociedade, conforme a figura apresentada").

[384] BRASIL, *op. cit.*, 2015, p. 53.

[385] BRASIL, *op. cit.*, 2015, p. 53.

[386] BRASIL, *op. cit.*, 2015, p. 53-54.

[387] Conferir: BRASIL, *op. cit.*, 2014, p. 15 ("[o] Cade *recebeu quatro estrelas no ranking realizado anualmente pela revista britânica Global Competition Review – GCR*, especializada em política de concorrência e regulação, referente ao desempenho no ano de 2012. Com as quatro estrelas, o Cade ficou classificado em oitava colocação entre as melhores agências antitruste do mundo").

[388] Conferir: BRASIL, *op. cit.*, 2016, p. 151-152.

[389] Conferir: BRASIL, *op. cit.*, 2017, p. 183-184.

[390] Conferir: BRASIL. CADE. *Mensuração dos benefícios esperados da atuação do Cade em 2018*. Brasília, 2020a; BRASIL. CADE. *Mensuração dos benefícios esperados da atuação do Cade em 2019*. Brasília, 2020b; BRASIL. CADE. *Mensuração dos benefícios esperados da atuação do Cade em 2020*. Brasília, 2021b; BRASIL. CADE. *Mensuração dos benefícios esperados da atuação do Cade em 2021*. Brasília, 2022c; e BRASIL. CADE. *Mensuração dos benefícios esperados da atuação do Cade em 2022*. Brasília, 2023b.

[391] Vale destacar que outros estudos relacionados a investigações específicas de cartel, que empregam a mesma metodologia da OCDE, também foram identificados. Conferir: BRASIL. CADE. *Mensurando os benefícios de combate à cartéis*: o caso do cartel de britas. Brasília, 2019b; e BRASIL. CADE. *Mensurando os benefícios de combate a cartéis*: o caso do cartel de combustíveis no Distrito Federal. Brasília, 2019c. De toda a forma, as considerações mencionadas anteriormente também se aplicam a esses estudos.

[392] Conferir: BRASIL. CADE. *Avaliação ex post de ato de concentração*: O caso Sadia-Perdigão. Brasília, 2019a.

[393] Conferir: BRASIL. CADE. *Ex post mergers evaluation*: Evidence from the Brazilian airline industry. Brasília, 2021a; e BRASIL. CADE. *Efeitos da concorrência potencial:* O caso do ato de concentração Gol-Webjet. Brasília, 2023a.

[394] Conferir: BRASIL. CADE. *Avaliação ex-post de ato de concentração*: O caso BVMF-CETIP. Brasília, 2022a.

[395] O estudo referente ao caso Sadia/Perdigão encontra-se também replicado no volume de defesa da concorrência de uma coletânea de avaliação de políticas públicas organizada pelo Instituto de Pesquisa Econômica Aplicada (Ipea). Conferir: RESENDE, Guilherme Mendes; SACCARO JUNIOR, Nilo Luiz; MENDONÇA Mário Jorge (Orgs.). *Avaliação de políticas públicas no Brasil*: uma análise das políticas de defesa da concorrência. Rio de Janeiro: Ipea; CADE, 2020. Vale destacar que os demais estudos desse ou não possuem relação com o escopo desta análise ou também já foram mencionados por ela (tais como as mensurações de benefícios esperados de atuação do CADE.

[396] Conferir: BRASIL, *op. cit.*, 2023a.

[397] Disponível em: <https://www.gov.br/cade/pt-br/assuntos/premiacoes>. Acesso em: 17 de jan. de 2024.

[398] Prêmio IBRAC-TIM 2011 (2011), Prêmio IBRAC-TIM 2012 (2012), Prêmio CNI de Economia 2012 (2012), VII Prêmio Seae 2012 de monografias (2012) e Prêmio IBRAC-TIM 2015 (2015).

[399] 18º Concurso Inovação na Gestão Pública Federal (2014), Concurso de Advocacia da Concorrência (2016), Antitrust Writing Awards 2016 (2016), Antitrust Writing Awards 2017 (2017), Antitrust Writing Awards 2018 (2018), Antitrust Writing Awards 2019 (2019), Antitrust Writing Awards 2020 (2020), Antitrust Compliance Awards 2021 (2021), Prêmio Acordo de Não persecução Penal (ANPP) (2022), ICN-WBG Competition Advocacy Contest Awards (2022) e Antitrust Writing Awards 2022 (2022).

[400] III Concurso de Boas Práticas da Controladoria-Geral da União (2015), 21º Concurso Inovação da Enap (2017), Certificado Atmosfera FIA 2020 (2020), Prêmio Sobratt de Melhores Práticas de Teletrabalho (2021), Certificado Atmosfera FIA 2021 (2021) e Lugares Incríveis para Trabalhar 2022 (2022).

[401] Ranking GCR 2011 (2011), GCR Awards 2011 (2011), Ranking GCR 2012 (2012), Ranking GCR 2013 (2013), GCR Awards 2013 (2013), Ranking GCR 2014 (2014), Prêmio GCR 2015 (2015), Ranking GCR 2015 (2015), Ranking GCR 2016

(2016), Prêmio GCR 2016 (2016), Ranking GCR 2017 (2017), Prêmio GCR 2017 (2017), Prêmio GCR 2018 (2018), Ranking GCR 2018 (2018), Ranking GCR 2019 (2019), Ranking GCR 2020 (2020), GCR Awards 2020 (2020), GCR Awards 2021 (2021), Ranking GCR 2021 (2021) e Ranking GCR 2022 (2022).

[402] "O Programa Nacional de Proteção do Conhecimento Sensível (PNPC) é uma consultoria de segurança com foco na prevenção de espionagem, sabotagem e vazamento de informações. Desde 1997, busca promover a proteção de conhecimentos sensíveis em instituições nacionais, públicas ou privadas. O PNPC atua na sensibilização de pessoas, na identificação de ameaças e vulnerabilidades nos sistemas de proteção da instituição e na apresentação de recomendações para redução de risco de incidentes". Disponível em: <https://www.gov.br/abin/pt-br/acesso-a-informacao/acoes-e-programas/PNPC/o-que-e-1>. Acesso em: 18 de jan. de 2024.

[403] Outras informações publicamente disponíveis a respeito da elaboração do *ranking* também indicam que ele é construído com base na "opinião de advogados e outros especialistas que atuam na área", além de dados de performance. "Por exemplo, são solicitados o número de fusões notificadas e como essas operações foram analisadas, incluindo o período total até a decisão final, detalhes das investigações em andamento e aquelas que já receberam resposta da autoridade, entre outras informações sobre o trabalho da agência desenvolvida ao longo do ano". No original: "[t]he ranking promoted by the magazine is based on the performance of antitrust authorities in the year prior to the one in which the evaluation results are released. The rating is given by means of stars, ranging from one to five, and considers the agencies' overall performance in protecting the economy from anticompetitive practices. The 36 main competition authorities from various jurisdictions were analyzed using qualitative and quantitative criteria in this edition. In addition to hearing the opinion of lawyers and other experts working in the area, GCR applies a questionnaire to antitrust bodies to provide important data for the assessment. For example, the number of notified mergers and how these operations were analyzed are requested, including the total period until the final decision, details of ongoing investigations and those that have already received a response from the authority, among other information about the work of the agency developed throughout the year" (BRICS COMPETITION LAW & POLICY CENTRE. CADE remains among the best antitrust agencies in the world. *BRICS Competition Law & Policy Centre*, Moscou, 19 de set. de 2021).

[404] MUGNOL, Marcelo. "O Cade é uma instituição pública de excelência, com um corpo notável e brilhante", diz economista. *GZH*, Porto Alegre, 10 de mar. de 2020.

[405] BRASIL, *op. cit.*, 2023c, p. 94.

[406] Conferir: CARVALHO, *op. cit.*, 2023, p. 372 ("[a]ssim, uma análise mais detida sobre seus métodos de avaliação de impacto consegue com alguma facilidade revelar que, não obstante esse tipo de esforço seja de fato empreendido, ele ocorre, na imensa maioria das vezes, de forma bastante autorreferenciada. Com isso quero dizer que seria contestável a afirmação de que o Cade realizaria análises amplas sobre o impacto da sua política na concorrência. O que ele sim executa, sem sombra

de dúvidas, é uma avaliação sobre a sua própria atividade – o que, aliás, dialoga de forma clara com uma agenda de conformidade").

[407] Conferir: CARVALHO, *op. cit.*, 2023, p. 375 ("a avaliação autorreferenciada leva a PDC para um caminho de atendimento a uma agenda definida pela própria autoridade. O risco aqui é que, se essa agenda for muito pautada por uma conformidade com parâmetros definidos externamente – por exemplo, pela comunidade internacional – há enorme incentivo para que a política pública caminhe numa direção de sobrevivência organizacional").

[408] FERNANDES, Victor. Antes de o ano acabar, compartilho uma conquista muito emocionante. *LinkedIn,* Brasília, 29 de dez. de 2023. O ex-Conselheiro Marcos Paulo Veríssimo também classificaria a autoridade concorrencial brasileira como uma "ilha de excelência". Conferir: VERÍSSIMO, *op. cit.*, 2017.

[409] Conferir: ALBERT, Hans. *Treatise on Critical Reason.* Princeton: Princeton University, 1985, p. 16-21 (empregando essa imagem no debate da epistemologia, através da formulação do trilema de Münchhausen).

3. O RÉQUIEM DA TECNOCRACIA: DOMINAÇÃO ECONÔMICA E A ANTIPOLÍTICA CONCORRENCIAL

[410] MOORE, Alan; LLOYD, David. *V for Vendetta.* Nova York: DC, 1988, p. 194.

[411] *Everybody Wants to Rule the World*, 1985.

[412] Conferir, exemplificativamente: MOUNK, Yascha. *O povo contra a democracia:* por que nossa liberdade corre perigo e como salvá-la. São Paulo: Companhia das Letras, 2019; RUNCIMAN, David. *How Democracy Ends.* Londres: Profile Books, 2018; LEVITSKY, Steven; ZILBLATT, Daniel. *Como as democracias morrem.* Rio de Janeiro: Zahar, 2018; RAHMAN, *op. cit.*, 2017.

[413] Conferir: V-DEM INSTITUTE. *Democracy Report 2020.* Gotemburgo, 2020 (indicando essa perda de espaço das democracias liberais ao redor do mundo a partir do Índice de Democracias Liberais, com base em fatores a respeito das dimensões eleitoral, liberal, igualitária, participativa e deliberativa dos países analisados). Relatórios posteriores do instituto não indicaram qualquer melhora dessa tendência. Conferir: V-DEM INSTITUTE. *Democracy Report 2021.* Gotemburgo, 2021; V-DEM INSTITUTE. *Democracy Report 2022.* Gotemburgo, 2022; e V-DEM INSTITUTE. *Democracy Report 2023.* Gotemburgo, 2023. Alguns comentários sugerem que esse processo representa uma terceira onda de autocratização, sucedendo a primeira onda observada entre 1926 e 1942, seguida por uma segunda onda entre 1961 e 1977. Essa terceira onda de autocratização seria, segundo os autores, a mais intensa, embora encontre suas origens mais remotas em 1994. Conferir: LÜHRMANN, Anna; LINDBERG, Staffan I. A third wave of autocratization is here: what is new about it? *Democratization*, Abingdon-on-Thames, v. 26, n. 7, p. 1095-1113, 2019.

[414] No original: "'[t]wenty five years ago, I didn't have a sense or a theory about how democracies can go backward,' said Fukuyama in a phone interview. 'And I think they

clearly can.'" (THAROOR, Ishaan. The man who declared the 'end of history' fears for democracy's future. *The Washington Post*, Washington, D.C., 9 de fev. de 2017).

[415] Conferir: STREECK, Wolfgang. *Buying Time*: The Delayed Crisis of Democratic Capitalism. Londres: Verso, 2013; BEST, Jacqueline. How the 2008 Financial Crisis Helped Fuel Today's Right-Wing Populism. *Center for International Policy Studies*, Ottawa, 10 de out. de 2018; e WOLF, Martin. *The Crisis of Democratic Capitalism*. Nova York: Penguin, 2023.

[416] Conferir: V-DEM INSTITUTE, *op. cit.*, 2020, p. 23 ("[p]rotesters want to see that the political system can address their needs on socio-economic fronts as well. In the longer run, if new democracies are not able to deliver, they might not prevail").

[417] Conferir: RAHMAN, *op. cit.*, 2017, p. 80-86 (descrevendo essa percepção, tanto em termos de uma concentração de poder descontrolada quanto de uma usurpação da soberania popular por meio de um sistema de mercado aparentemente apolítico); e RUNCIMAN, *op. cit.*, 2018, p. 101 ("[a] common complaint against twenty-first century democracy is that it has lost control of corporate power. Big companies hoard wealth and influence. They fuel inequality. They despoil the planet. They don't pay their taxes. [...] The state is not sure how to deal with monsters like these"). Para autores descrevendo esse momento como uma *New Gilded Age*, conferir: BARTELS, Larry M. *Unequal Democracy*: The Political Economy of the New Gilded Age. 2ª ed. Princeton: Princeton University, 2016; e WU, *op. cit.*, 2018b.

[418] Conferir: ZINGALES, Luigi. *A Capitalism for the People*: Recapturing the Lost Genius of American Prosperity. Nova York: Basic Books, 2012; e HOLCOMBE, Randall G. *Political Capitalism*: How Economic and Political Power Is Made and Maintained. Cambridge: Cambridge University, 2018.

[419] Conferir: KENNEDY, Brian; TYSON, Alec; FUNK, Cary. Americans' Trust in Scientists, Other Groups Declines. *Pew Research Center*, Washington, D.C., 15 de fev. de 2022. Para um exemplo de crítica conservadora nesse sentido, conferir: COPLAND, James R. *The Unelected*: How an Unaccountable Elite is Governing America. Nova York: Encounter Books, 2020.

[420] Conferir: NICHOLS, Tom. *The Death of Expertise*. The Campaign against Established Knowledge and Why It Matters. Oxford: Oxford University, 2017.

[421] Conferir: FRIEDMAN, *op. cit.*, 2019, p. 249-262 (discutindo como esses desafios se tornaram particularmente evidentes após a crise financeira de 2008, à medida que especialistas lutaram para fornecer soluções eficazes para suas consequências).

[422] Conferir: FELDMAN, Stanley; STENNER, Karen. Perceived Threat and Authoritarianism. *Political Psychology*, Washington, D.C., v. 18, n. 4, p. 741-770, 1997 (fornecendo dados relevantes sobre como o autoritarismo é catalizado por ameaças percebidas à ordem política e social); e GELFAND, Michele; JACKSON, Joshua Conrad; HARRINGTON, Jesse R. Trump Culture: Threat, Fear and the Tightening of the American Mind. *Conversation*, Melbourne, 27 de abr. de 2016 (indicando que Trump atraiu eleitores mais receosos por meio de uma retórica que privilegiava supostas ameaças à ordem social e política dos EUA).

[423] Conferir: VAHEESAN, Sandeep. The Twilight of the Technocrats' Monopoly on Antitrust? *The Yale Law Journal*, New Haven, v. 127, p. 980-995, 2018, p. 989 ("[o]nce the inevitably political valence of antitrust law has been acknowledged, we can turn to the key question of whether unelected officials at the antitrust agencies and federal judges (collectively "the technocrats") or democratically-elected members of Congress should decide this political content"); WALLER, Spencer Weber. Antitrust and Democracy. *Florida State University Law Review*, Tallahassee, v. 46, n. 4, p. 807-860, 2019, p. 848-854 (sustentando um papel central para o engajamento da sociedade civil no *enforcement* da política concorrencial); e KANTER, Jonathan. Assistant Attorney General Jonathan Kanter Delivers Remarks on Modernizing Merger Guidelines. *U.S. DOJ*, Wahsington, D.C., 18 de jan. de 2022 ("we can't modernize our guidelines to fit the modern economy if we don't hear from a diverse group of stakeholders. We need to learn from market participants what is working and what is not. More and more we are hearing directly from affected stakeholders, and that's incredibly valuable").

[424] Conferir: WU, Tim. The Utah Statement: Reviving Antimonopoly Traditions for the Era of Big Tech. *OneZero*, São Francisco, 18 de nov. de 2019b (afirmando que os "laboratórios de experimentação econômica" são uma ferramenta central nos esforços de *enforcement* de uma nova agenda para a política concorrencial).

[425] Conferir: VAHEESAN, *op. cit.*, 2018, p. 989 ("[b]ecause the objective of antitrust law is thus bound up with political judgments and values, seeking an 'apolitical' antitrust jurisprudence is futile at best and a cynical effort to conceal political choices at worst. The choice is not between 'apolitical' antitrust and 'political' antitrust; rather, lawmakers must decide between different political objectives"); e WU, *op. cit.*, 2018b, p. 136 ("[t]he 'protection of competition' test is focused on protection of a process, as opposed to the maximization of a value. It is based on the premise that the legal system often does better trying to protect a process than the far more ambitious goal of maximizing an abstract value like welfare or wealth. The former asks the legal system to eliminate subversions and abuses; the latter, in contrast, inevitably demands some exercise in social planning, and ascertaining values that can be exceedingly difficult, if not impossible, to measure. Because 'welfare' is so hard to ascertain, courts and enforcers rely too heavily on price effects, since they are the easiest to measure—yielding underenforcement of the law").

[426] "[A] eleição de Jair Bolsonaro deve ser encarada como o evento mais significativo na história brasileira desde a queda da ditadura militar: pelos próximos anos, o povo terá de lutar pela própria sobrevivência da democracia liberal" (MOUNK, *op. cit.*, 2019, p. 10). Conferir também comentário de Marcos Nobre sobre o evento: NOBRE, Marcos. *Ponto-final*: a guerra de Bolsonaro contra a democracia. São Paulo: Todavia, 2020.

[427] Marcos Nobre argumenta, nesse sentido, que mesmo "o PT, que era o depositário da energia dessas transformações [em face da blindagem do sistema político], passou por um processo de tecnocratização, afastando-se e frustrando as expectativas de movimentos históricos", de maneira que "a abertura inicial do governo Lula à participação, à deliberação, pouco a pouco foi se fechando numa nova ma-

neira tecnocrática de gestão" (KLEIN, Cristian. Protesto é resposta à tecnocracia, diz Nobre. *Valor Econômico*, São Paulo, 18 de jun. de 2013).

[428] Conferir: GETHIN, Amory; MORGAN, Marc. Democracy and the Politicization of Inequality in Brazil, 1989-2018. *World Inequality Lab – Working Paper*, Paris, n. 2021/07, 2021 (apontando uma correlação entre os efeitos da desigualdade sobre a radicalização política da classe média no país).

[429] Conferir: FRIEDMAN, *op. cit.*, 2019, p. 23-25 (apontando a existência de democracias iliberais tecnocráticas); e GALLO, Ernesto. Three varieties of Authoritarian Neoliberalism: Rule by the experts, the people, the leader. *Competition & Change*, Thousand Oaks, v. 26, n. 5, p. 554-574, 2022, p. 558-559 (indicando que regimes autoritários contemporâneos podem assumir a tecnocracia enquanto uma de suas formatações institucionais, ao lado do populismo e do nacionalismo).

[430] Segundo suas declarações: "[t]em que ser alguém que entenda daquele assunto. Assim como na Defesa vai ter um oficial quatro estrelas, no Itamaraty, alguém do Itamaraty, na Agricultura, alguém que venha indicado pelo setor produtivo, com a educação, não é diferente. A gente está escolhendo por critérios técnicos, né? Competência, autoridade, patriotismo e iniciativa" (G1. Bolsonaro diz que, se eleito, a escolha de ministros seguirá critérios técnicos. *G1*, Rio de Janeiro, 20 de dez. de 2018). Conferir: NOBRE, Marcos. Contagem regressiva: a responsabilidade do campo democrático para evitar a catástrofe. *Piauí*, São Paulo, 2019a ("[a] pulseira bíblica indica o que está por trás da versão liberal-tecnocrática do caos como método implantado por Bolsonaro como estilo de governo. Guedes propõe tanta mudança radical ao mesmo tempo que é impossível debater com alguma seriedade. O discurso nacionalista, o religioso e o tecnocrata se uniram para abolir de uma tacada o lento trabalho constituinte e constitucional realizado nos últimos 31 anos pela sociedade e pelos três poderes").

[431] Conferir: NOBRE, Marcos. A revolta conservadora. *Piauí*, São Paulo, 2018; NOBRE, Marcos. O caos como método. *Piauí*, São Paulo, 2019b; e EXAME. Barroso: Discurso anti-sistema que elegeu Bolsonaro causa tensão no país. *Exame*, São Paulo, 30 de mai. de 2019.

[432] Conferir: BERTONI, Estêvão. O anticientificismo explícito como estratégia de governo. *Nexo*, São Paulo, 17 de dez. de 2020.

[433] Conferir: BERTONI, Estêvão. Como o obscurantismo resiste a 600 mil mortos no Brasil. *Nexo*, São Paulo, 7 de out. de 2021.

[434] Conferir: RENNÓ, Lucio R. The Bolsonaro Voter: Issue Positions and Vote Choice in the 2018 Brazilian Presidential Elections. *Latin American Politics and Society*, Cambridge, v. 62, n. 4, p. 1-23, 2020, p. 17 ("[t]he core Bolsonaro supporter is economically liberal and strongly influenced by views that the country is plagued by corruption").

[435] Conferir: LANDIM, Raquel. *Why not*: Como os irmãos Joesley e Wesley, da JBS, transformaram um açougue em Goiás na maior empresa de carnes do mundo, corromperam centenas de políticos e quase saíram impunes. São Paulo: Intrínseca, 2019.

[436] Conferir: GASPAR, Malu. *A organização*: A Odebrecht e o esquema de corrupção que chocou o mundo. São Paulo: Companhia das Letras, 2020.

[437] Conferir: BORGES, Rodrigo Fialho. *Descontrole de Estruturas*: dos objetivos do antitruste às desigualdades econômicas. Tese (Doutorado em Direito) – Faculdade de Direito da Universidade de São Paulo, São Paulo, 2020 (indicando que no período entre 1994 e 2018, o CADE aprovou sem restrições 94,42% dos atos de concentração, aplicando remédios em apenas 1,32% das operações e reprovando somente 0,21%).

[438] Conferir: FERRAZ, *op. cit.*, 2023.

[439] A OCDE já destacou essa tendência, destacando que isso também se deve a fatores organizacionais do CADE, ainda que esse não seja a razão determinante dessa tendência. Mesmo que essa não seja a razão determinante dessa tendência, antes da criação da Coordenadoria-Geral de Análise Antitruste 11, foi observado que as equipes encarregadas do controle de estruturas eram as mesmas responsáveis pela análise de condutas unilaterais, comprometendo a eficácia de ambas as áreas de atuação. Conferir: OCDE. *OECD Peer Reviews of Competition Law and Policy*: Brazil. Paris, 2019, p. 26 ("[t]here was a general perception that combining mergers with unilateral conduct in the same units inevitably meant that more resources are in practice devoted to merger review given the statutory deadlines. Consequently, there are fewer resources working on unilateral conduct investigations. In the absence of more staff, and as a stopgap, one staff member in each of these units has been made responsible for unilateral conduct cases. However, it is doubtful that this will redress the balance towards more unilateral conduct investigations").

[440] Conferir: PIMENTA, Roberto de Castro. *O Paradoxo das Multas Antitruste*: Baixa efetividade das condenações do CADE e limites das multas antitruste. Rio de Janeiro: Lumen Juris, 2022 (indicando que no período entre 2009 e 2020, o CADE arrecadou somente 5,01% das multas aplicadas).

[441] Conferir: JANKAVSKI, André. Um Cade paralisado à espera do embaixador Eduardo Bolsonaro. *Exame*, São Paulo, 2 de set. de 2019.

[442] Conferir: CARVALHO, Pedro. Major Olimpio não vai aliviar para indicados ao Cade. *Veja*, São Paulo, 23 de set. de 2019.

[443] DANTAS, Iuri. Senado só deve aprovar nova composição do Cade no último trimestre do ano. *LexLatin*, Londres, 17 de set. de 2019.

[444] A transmissão oficial da referida sabatina encontra-se disponível em: <https://www.youtube.com/watch?v=vZVaDaFFsDE>. Acesso em: 18 de jan. de 2024.

[445] Conferir: CABRAL, Mário André Machado. Abuse of Dominant Position and Cease-and-Desist Agreements: Risks to Brazilian Competition Policy Arising from the Atypical Case of Petrobras' Refineries. *GRUR International*, Oxford, v. 69, n. 7, p. 706-726, 2020b (discutindo a completa atipicidade desse caso em comparação aos precedentes do próprio CADE em investigações de abuso de posição dominante).

[446] Conferir: LUNA, Denise. Petrobras se movimenta para enterrar de vez plano de privatização de refinarias. *Estado de São Paulo,* São Paulo, 29 de nov. de 2023.

[447] Conferir: WAKABAYASHI, Daisuke. Big Tech Funds a Think Tank Pushing for Fewer Rules. For Big Tech. *The New York Times*, Nova York, 24 de jul. de 2020; e TECH TRANSPARENCY PROJECT. *Big Tech's Backdoor to the FTC*. Washington, D.C., 2021.

[448] Conferir: WAKABAYASHI, *op. cit.*, 2020; e DIAS, Tatiana. Captura intelectual: Google se livra de multa milionária após ONG bancada pela empresa levar julgadores para viajar de graça. *The Intercept Brasil*, São Paulo, 23 de nov. de 2020.

[449] Conferir Processos Administrativos nº 08700.009082/2013-03, nº 08700.005694/2013-19, e nº 08012.010483/2011-94.

[450] VALFRÉ *et al.*, *op. cit.*, 2022.

[451] MARQUES, Hugo; BRONZATTO, Thiago; BORGES, Laryssa. Em áudio, Joesley promete repassar dinheiro para Ciro Nogueira. *Veja*, São Paulo, 6 de out. de 2017.

[452] Documento SEI nº 1025547, Ato de Concentração nº 08700.000726/2021-08.

[453] Documento SEI nº 1025547, Ato de Concentração nº 08700.000726/2021-08.

[454] CARREGOSA, Lais. Cade aprova mudanças no acordo celebrado para venda da Oi Móvel. *Poder 360*, Brasília, 9 de mar. de 2022.

[455] RODRIGUES, Lorenna; PIMENTA, Guilherme. Oi: 'Consumidor vai ter de migrar para pacotes mais caros', diz conselheiro do Cade. *O Estado de São Paulo*, São Paulo, 11 de fev. de 2022. A essa entrevista, o Presidente Alexandre Cordeiro Macedo e o Economista-Chefe Guilherme Mendes Resende publicaram um comentário intitulado *Não existe número mágico na análise antitruste*, em resposta à entrevista do Conselheiro Relator, no qual reafirmavam de maneira sintética os pressupostos de seu posicionamento no sentido da aprovação da concentração com restrições. Conferir: CORDEIRO, Alexandre; RESENDE, Guilherme Mendes. Não existe número mágico na análise antitruste. *O Estado de São Paulo*, São Paulo, 10 de mar. de 2022. Vale destacar outros relatos jornalísticos indicavam que "[e]m uma mansão do Lago Sul, bairro nobre da capital federal, sentaram-se à mesma mesa altos executivos da Oi, integrantes do governo e alguns conselheiros do Cade, os mesmos que julgariam a operação em menos de 48 horas" (RODRIGUES, Lorenna. O jan tar que selou o destino da Oi. *Broadcast*, São Paulo, 16 de fev. de 2022). Disponível em: <https://twitter.com/lorennrodrigues/status/1494263952175476741>. Acesso em: 30 de mar. de 2024.

[456] Conferir: PUPO, Fábio. MPF contesta aval para compra da Transfederal. *Valor Econômico*, São Paulo, 11 de dez. de 2018.

[457] VALFRÉ, *op. cit.*, 2022.

[458] FELIZARDO, Nayara. Novo Presidente do CADE tem interesse incomum em investigações que atingem finanças da Globo – e agrada Bolsonaro. *The Intercept Brasil*, São Paulo, 6 de jul. de 2021.

[459] Ofício nº 8343/2022/GAB-PRES/PRES/CADE (Documento SEI nº 1133237).

[460] PAIVA, Letícia. Ex-conselheiros do Cade se manifestam contra risco de 'desvio da atuação' do órgão. *JOTA*, São Paulo, 27 de out. de 2022.

[461] SALGADO, Lucia Helena. Desvios, abusos e usurpações: o dia em que o Cade (quase) perdeu o rumo. *JOTA*, São Paulo, 17 de out. de 2022.

[462] WIZIACK, Julio. Empresa interessada escreve voto usado por conselheira do Cade, que vira alvo de investigação. *Folha de São Paulo*, São Paulo, 5 de set. de 2023.

[463] Documento SEI nº 1353104, Processo nº 08700.000251/2024-94.

[464] MARTELLO, Alexandro. Igualdade salarial: órgão do Cade recomenda que empresas não publiquem relatórios sobre remunerações; ministro questiona. *G1*, Rio de Janeiro, 15 de mar. de 2024.

[465] Documento SEI nº 1350158, Processo nº 08700.000251/2024-94.

[466] Conferir: MORAN, *op. cit.*, 2015 (discutindo como o alinhamento ideológico mais estatista ou liberal de lideranças do CADE impactava suas decisões).

[467] No original: "CADE has an enviable reputation across Latin America and the wider International Competition Network, but local lawyers think it falls short in many areas. Chief among their concerns is its institutional independence. Where previously the agency managed to 'steer away from politics and only focus on the technical excellence of its decision-making process', there is now a general perception within the local competition bar that political influence has increased, says Ricardo Pastore, a partner at Pereira Neto Macedo in São Paulo. One lawyer, who spoke on the condition of anonymity to speak freely, says CADE has pursued some cases for 'non-technical' reasons. CADE still projects an image internationally as a top-level, professional and experienced authority, but it risks that reputation if the current trend continues, another lawyer says" (GCR. Brazil's Administrative Council for Economic Defence. *GCR*, Londres, 3 de out de 2023).

[468] Conferir: BRASIL. CADE. Cade recebe quatro estrelas no Rating Enforcement 2022 pela GCR. *CADE*, Brasília, 18 de nov. de 2022b; e GCR, *op. cit.*, 2023.

[469] RODRIGUES, Lorenna. Novo presidente do Cade, Alexandre Cordeiro diz que tenderá a ser 'menos intervencionista'. *Estado de São Paulo*, São Paulo, 14 de jul. de 2021.

[470] Conferir: RICUPERO, *op. cit.*, 2008, p. 65 ("[p]aradoxalmente, nessa 'torção', operada na periferia capitalista, se encontraria a verdade do centro capitalista. Até porque muito do que é encoberto no centro poderia ser revelado, sem maiores subterfúgios, na periferia. Já Marx notara que o grande mérito de E. G. Wakefield não teria sido 'ter descoberto algo novo sobre as colônias, mas ter descoberto nas colônias a verdade sobre as condições capitalistas da metrópole' (Marx, 1982, p. 296), a escravidão *sans phrase* do novo mundo revelando o que seria realmente o trabalho livre, forma de escravidão disfarçada que prevalecia na metrópole").

[471] Conferir: KAREL, Kosík. *Dialectics of the Concrete*: A Study on Problems of Man and World. Dordrecht: D. Reidel, 1976 (explorando a ideia de totalidade concreta como uma teoria da realidade fundamentada em um todo estruturado, mas que evolui e está constantemente em processo de formação, em dinâmicas entre o todo e suas partes).

[472] Curso de Economia Política, ministrado no Instituto de Economia da Universidade Estadual de Campinas (Unicamp). Disponível em: <https://www.youtube.com/watch?v=hWGP2J1kXMQ>. Acesso em: 1 de jan. de 2024.

4. APÓS O FIM DA HISTÓRIA: O INTERREGNO DA ANTIPOLÍTICA CONCORRENCIAL

[473] *Nos Bailes da Vida*, 1981.

[474] GRAMSCI, *op. cit.*, 2007a, p. 184.

[475] Alguns comentários, partindo também da expressão orginalmente empregada por Gramsci nos anos 1910, já sustentaram que a crise do modelo de democracia liberal poderia ser compreendida como um novo interregno. Nesse cenário, "uma busca por reconstrução política e institucional em condições de indeterminação estrutural, oferecendo ampla oportunidade para manobras desorientadas, arbitrárias, frívolas e cínicas, à medida que o sistema estatal do capitalismo neoliberal se torna disfuncional sem uma solução à vista". No original: "a search for political and institutional reconstruction under conditions of structural indeterminacy, offering ample opportunity for disoriented, arbitrary, frivolous and cynical manoeuvring as the state system of neoliberal capitalism turns dysfunctional with no cure in sight" (STREECK, Wolfgang. The post-capitalist interregnum: The old system is dying, but a new social order cannot yet be born. *Juncture*, Hoboken, v. 23, n.2, p. 68-77, 2016, p. 77). Em sentido similar, conferir: FRASER, Nancy. *The Old Is Dying and the New Cannot Be Born*: From Progressive Neoliberalism to Trump and Beyond. Londres: Verso, 2019.

[476] Conferir: SCHEPPELE, Kim Lane. Autocratic Legalism. *The University of Chicago Law Review*, Chicago, v. 85, n. 2, p. 545-584, 2018.

[477] Conferir: BERNATT, Maciej. *Populism and Antitrust*: The Illiberal Influence of Populist Government on The Competition Law System. Cambridge: Cambridge University, 2022.

[478] Conferir: ZHANG, Angela Huyue. *Chinese Antitrust Exceptionalism*: How the Rise of China Challenges Global Regulation. Oxford: Oxford University, 2021. Além disso, acrescenta-se um maior alinhamento dos objetivos da política concorrencial chinesa com os da política econômica como um todo, evidenciando uma disposição para intervir em aspectos usualmente tidos heterodoxos para a defesa da concorrência. Conferir: PATE, R. Hewitt. What I Heard in the Great Hall of the People – Realistic Expectations of Chinese Antitrust. *Antitrust Law Journal*, v. 75, n. 1, p. 195-211, 2008.

[479] Conferir nota de rodapé 429 acima.

[480] No original: "Qu'est-ce donc qu'un *démocrate*, je vous prie ? C'est là un mot vague, banal, sans acception précise, un mot en caoutchouc. Quelle opinion ne parviendrait pas à se loger sous cette enseigne ? Tout le monde se prétend *démocrate*, surtout les aristocrates" (BLANQUI, Louis-Auguste. Lettre à Maillard (Belle-Île, 6 Juin 1852). *The Blanqui Archive*, Kingston-upon-Thames, 6 de jun. de 1852. Recentemente, ao abordar os desafios regulatórios da economia digital, Elettra Bietti

destacou que uma abordagem "democrática" corre o risco de seu esvaziamento material na ausência de um projeto que busque a reestruturação econômica fundamentada nesse princípio. Conferir: BIETTI, Elettra. How Not to Regulate Digital Platforms. *LPE*, New Haven, 11 de fev. de 2023.

[481] Conferir: KENNEDY, *op. cit.*, 2016, p. 39 ("[u]nfortunately, the effort to "replace technocracy with democracy' has a lot in common with the effort to 'link economy with politics.' It leaves unexplored the assumption that they are essentially different while shielding from controversy the process by which earlier struggles had settled this as technical and this as political"); e FRIEDMAN, *op. cit.*, 2019, p. 16 ("[i]t can be misleading because the technocracy/democracy binary makes it all too easy for political theorists to write off technocracy as inherently illegitimate. The binary defines technocrats as members of a power-holding elite, such that technocracy is perforce antidemocratic.49 Yet if the people set the technocratic value agenda, and if they participate in technocratic policymaking, this characterization of technocracy is unwarranted"). Para uma defesa da centralidade do conhecimento técnico e de seus operadores na democracia contemporânea, conferir: SCHUDSON, *op. cit.*, 2006.

[482] Conferir: PERITZ, *op. cit.*, 2000, p. 169 ("[c]ompetition policy had, and still has, multiple meanings. Unlike new paradigms in the physical sciences, new approaches or models in economics have never eclipsed their predecessors as sources for competition policy in America").

[483] Conferir: HIRSCHMAN, Albert O. Rival Interpretations of Market Society: Civilizing, Destructive, or Feeble? *Journal of Economic Literature*, Nashville, v. 20, n. 4, p. 1463-1484, 1982 (discutindo como a tese do *doux commerce* do século XVIII – de que o comércio seria um mecanismo central de moralização e satisfação dos desejos humanos – foi progressivamente sucedida e complementada pela ideia de concorrência, enquanto uma instituição de promoção de empatia e de laços sociais fortes entre agentes empresariais e aqueles interessados pela sua atividade econômica, como, por exemplo, consumidores).

[484] Para breve panorama histórico das diferentes interpretações do poder econômico através da história das ideias econômicas, conferir: ZINGALES, Luigi. Towards a Political Theory of the Firm. *Journal of Economic Perspectives*, Nashville, v. 31, n. 3, p. 113-130, 2017, p. 115-119.

[485] Conferir: WILSON, *op. cit.*, 1913, p. 191 ("[t]he only thing that can ever make a free country is to keep a free and hopeful heart under every jacket in it. Honest American industry has always thriven, when it has thriven at all, on freedom; it has never thriven on monopoly. It is a great deal better to shift for yourselves than to be taken care of by a great combination of capital"); e BRANDEIS, *op. cit.*, 1934d, p. 80 ("[a]s long as there is such concentration of power [from trusts and monopolies] no effort of the workingmen to secure democratization will be effective. [...] Concentration of power has been shown to be dangerous in a democracy, even though that power may be used beneficently").

[486] Conferir: MASON, Edward S. The Current Status of the Monopoly Problem in the United States. *Harvard Law Review*, Cambridge, v. 62, n. 8, p. 1265-1285, 1949, p. 1280 ("[i]n some ways the market structure tests are more precise and lend

themselves more readily to administrative and judicial application. The number of buyers and sellers and the market-percentage share of each are roughly ascertainable facts, the chief difficulty being to know how much to include in a given market and what to exclude").

487 Conferir: POSNER, Richard A.; LANDES, William M. Market Power in Antitrust Cases. *Harvard Law Review*, Cambridge, v. 94, n. 5, p. 937-996, 1981, p. 937 ("[t]he term 'market power' refers to the ability of a firm (or a group of firms, acting jointly) to raise price above the competitive level without losing so many sales so rapidly that the price increase is unprofitable and must be rescinded").

488 Eleanor Fox destaca o consenso entre os participantes do debate sobre política concorrencial nos EUA, os quais compartilham o anseio por mercados "robustos", caracterizados por negócios que sejam "eficientes, eficazes, ágeis, inventivos e adaptáveis a mudanças", mesmo partindo de distintas premissas teóricas. No original: "[t]he debate on goals is a stand-in for a different conversation. In fact, most participants in the American goals debate substantially agree on a vital answer to the overarching question: What do you, and what should we, as a country, want from markets and antitrust? Here is the answer, on which there is substantial consensus: We want our markets to be robust. We want our businesses to be efficient, effective, lithe, inventive, and adaptable to change. We want an environment that will create incentives for businesses to strive the hardest they can in these directions." (FOX, Eleanor. Against Goals. *Fordham Law Review*, Nova York, v. 81, n. 5, p. 2157-2161, 2013, p. 2159).

489 Sanjukta Paul discute, por exemplo, como os direitos de coordenação no domínio econômico são um recurso público, sujeitos ao controle concorrencial enquanto crivo de sua alocação. Aqui, a ideia de "concorrência" se assemelha mais a um campo político de disputa do que a uma realidade dada. Conferir: PAUL, Sanjukta. Antitrust as Allocator of Coordination Rights. *UCLA Law Review*, Los Angeles, v. 67, n. 2, p. 378-431, 2020, 381 ("[h]owever, proposals to reform antitrust, or to reconceptualize it, have thus far generally stopped short of questioning the basic premise that its primary function is to promote competition. At least officially, if increasingly uneasily, competition is still king. [...] Even when reintroducing values such as fairness and deconcentrating power, for the most part the reform camp has characterized those values as flowing from—or at least coextensive with—promoting or protecting competition. Thus, the political debate over antitrust has been characterized by all sides claiming the idea of competition and defining what it means to promote competition in different ways").

490 No original: "[w]e may visualize this kind of situation by thinking of a spider web. A pull on one strand will distribute tensions after a complicated pattern throughout the web as a whole. Doubling the original pull will, in all likelihood, not simply double each of the resulting tensions but will rather create a different complicated pattern of tensions. This would certainly occur, for example, if the doubled pull caused one or more of the weaker strands to snap. This is a 'polycentric' situation because it is 'many centered' - each crossing of strands is a distinct center for distributing tensions" (FULLER, Lon; KENNETH, Winston I. The Forms and Limits of Adjudication. *Harvard Law Review*, Cambridge, v. 92, n. 2, p.

353-409, 1978, p. 395). Vale destacar que Ioannis Lianos já descreveu a política concorrencial em si enquanto um mecanismo de governança policêntrica. Conferir: LIANOS, *op. cit.*, 2018.

491 Calixto Salomão Filho, ao analisar a origem do poder econômico, destaca seu desenvolvimento a partir de relações: de mercado, jurídicas e sociais. "Em todas essas áreas, o poder econômico deve ser abordado, tendo em vista que ele é muito mais complexo do que uma mera relação consumidor-produtor", afetando "uma série de outras relações e interesses (trabalhadores, comunidades afetadas pela atividade empresária, o meio ambiente etc.)". No original: "[i]n all of these areas, economic power must be dealt with, bearing in mind that it is much more complex than just a consumer–producer relationship. It affects a series of other relations and interests (workers, community affected by the enterprise activity, the environment, etc.)" (SALOMÃO FILHO, *op. cit.*, 2011, p. 24).

492 Zephyr Teachout e Lina Khan apresentam uma taxonomia do poder econômico, identificando-o como uma forma de governo privado. Essa abordagem considera dimensões como: (i) a definição da *policy*, através do financiamento de campanhas, da eleição de agentes do governo, do controle de informações, da influência nas escolhas políticas e da estruturação de empresas *too big to fail*; (ii) a regulação e autorregulação do mercado; (iii) a taxação, por meio dos lucros provenientes de monopólios e oligopólios, de consumidores e trabalhadores; e (iv) o domínio político, caracterizado por um poder que pode ser sentido sem ser diretamente exercido. Conferir: TEACHOUT, Zephyr; KHAN, Lina. Market Structure and Political Law: A Taxonomy of Power. *Duke Journal of Constitutional Law & Public Policy*, Durham, v. 9, n. 1, p. 37-74, 2014, p. 42-58.

493 "Uma razão pela qual definir concorrência é tão difícil é que o conceito de concorrência é como uma esponja, que absorve e reflete os valores morais, éticos, econômicos, políticos e sociais de seu tempo e lugar". No original: "[o]ne reason why defining competition is so difficult is that the concept of competition is like a sponge, which absorbs and reflects the moral, ethical, economic, political, and societal values of its time and place" (STUCKE; EZRACHI, *op. cit.*, 2020, p. 233).

494 Isso se relaciona com uma tradição que assume que o fenômeno jurídico pode ser uma força criadora própria na consecução de valores públicos e comuns. Conferir: FISS, *op. cit.*, 1986. Dessa forma, "[o] direito não é feito para compensar indivíduos ou grupos de indivíduos. Seu objetivo é, na verdade, de organizar o funcionamento da sociedade. Isso pode significar, na arena econômica, ser capaz de intervir nas estruturas de poder de forma a criar escolha e inclusão aos indivíduos. Essa intervenção também tem seus limites. Não é função do direito determinar os resultados do processo econômico. Mas ele pode proteger valores (escolha e inclusão) que são instrumentais para a construção de um devido processo econômico". No original: "[l]aw is not made to compensate individuals or groups of individuals. Its aim is actually to organize the functioning of society. This can mean, in the economic arena, being able to intervene in structures of power in order to create choice and inclusion to individuals. This intervention also has its limits. It is not the scope of law to determine the results of the economic process. But it can protect

values (choice and inclusion) that are instrumental to the construction of a due economic process" (SALOMÃO FILHO, *op. cit.*, 2011, p. 24).

495 De maneira análoga, Robert A. Dahl perceberia na necessidade de democratização da economia (especialmente nos mercados), por meio de instrumentos processuais, um pressuposto para a funcionalidade da democracia em si, enquanto instâncias interdependentes de participação política. Conferir: DAHL, Robert A. *A Preface to Economic Democracy*. Berkeley: University of California, 1986.

496 Essa ideia já foi introduzida por Ioannis Lianos na descrição de um objetivo para uma política concorrencial policêntrica. Conferir: LIANOS, *op. cit.*, 2018, p. 210 ("instead of focusing on efficiency, 'polycentic' competition law would rather focus on systemic resilience, associated with the preservation of 'complex equality', so as to ensure that systemic shocks and crises may not produce important structural inequalities and significant losses for various stakeholders").

497 Conferir: GLICK, Mark. Antitrust and Economic History: The Historic Failure of the Chicago School of Antitrust. *The Antitrust Bulletin*, Thousand Oaks, v. 64, n. 3, p. 295-340, 2019 (apontando que a evolução das ideias econômicas em torno da política concorrencial representa não apenas uma sucessão de premissas teóricas, mas também uma disputa entre diversas ideologias e seus defensores na formatação desse mecanismo regulatório).

498 Conferir nota de rodapé 135 acima.

499 Para um dos primeiros esforços de análise comparativa entre diferentes modelos de democracias liberais, conferir: LIJPHART, Arend. *Patterns of Democracy*: Government Forms and Performance in Thirty-Six Countries. 2ª ed. New Haven: Yale University, 2012. Mais recentemente, a análise dessa diversidade institucional ganhou novos insumos, como, por exemplo, a base de dados Historical Varieties of Democracy. Para uma introdução dessa base de dados, conferir: KNUTSEN, Carl Henrik *et al.* Introducing the Historical Varieties of Democracy dataset: Political institutions in the long 19th century. *Journal of Peace Research*, Thousand Oaks, v. 56, n. 3, p. 440-451, 2019.

500 Conferir: HALL; SOSKICE, *op. cit.*, 2001. Torna-se igualmente relevante identificar os contornos constitucionais da governança de mercados, especialmente considerando que direitos econômicos e sociais podem ser previstos constitucionalmente, integrando a base institucional de diversas democracias liberais ao redor do mundo. Conferir: JUNG, Courtney; HIRSCHL, Ran; ROSEVAR, Evan. Economic and Social Rights in National Constitutions. *The American Journal of Comparative Law*, Oxford, v. 62, n. 4, p. 1043-1093, 2014 (apresentando um panorama comparativo da constitucionalização de direitos econômicos e sociais em diferentes jurisdições); e KALETSKI, Elizabeth *et al.* Does constitutionalizing economic and social rights promote their fulfillment? *Journal of Human Rights*, Abingdon-on--Thames, v. 15, n. 4, p. 433-453, 2016 (indicando que a previsão constitucional de direitos econômicos e sociais está correlacionada com sua efetiva mobilização por *stakeholders*). Essa diversidade institucional também remete aos debates recentemente reacendidos em âmbito internacional sobre a existência de ordens econômicas constitucionais e seu papel na organização das economias de mercado, bem

como seu conteúdo programático. Conferir, exemplificativamente: FISHKIN, Joseph; FORBATH, William E. *The Anti-Oligarchy Constitution*: Reconstructing the Economic Foundations of American Democracy. Cambridge: Harvard University, 2022 (afirmando que a Constituição dos EUA impõe uma agenda programática de combate à formação de oligarquias políticas e econômicas). É relevante salientar que esse debate não é recente no Brasil, contando com uma tradição jurídica consolidada na análise do conteúdo econômico presente nos textos constitucionais. Conferir, exemplificativamente: GRAU, Eros Roberto. *A ordem econômica na Constituição de 1988.* 18ª ed. São Paulo: Malheiros, 2017.

[501] Toda uma linha de pesquisa recente tem se debruçado sobre a análise da diversidade institucional de regimes de defesa da concorrência ao redor do mundo, bem como seus pontos de convergência e de divergência. Conferir: BRADFORD; CHILTON, *op. cit.*, 2018; e BRADFORD *et al.*, *op. cit.*, 2019.

[502] K. Sabeel Rahman propõe essas três dimensões de governança democrática como resposta à dominação econômica, veiculada através de estruturas regulatórias tecnocráticas. Conferir: RAHMAN, *op. cit.*, 2017, p. 111-115. Para perspectivas semelhantes sobre mecanismos procedimentais e participativos no contexto de esquemas *crony capitalism*, conferir: HOLCOMBE, *op. cit.*, 2018, p. 261-266. Outras interpretações, no entanto, podem apontar a presença de elementos essenciais adicionais para o desenvolvimento de abordagens procedimentais na democracia liberal. Conferir, exemplificativamente: SAFFON, Maria Paula; URBINATI, Nadia. Procedural Democracy, the Bulwark of Equal Liberty. *Political Theory*, Thousand Oaks, v. 41, n. 3, p. 441-481, 2013, p. 460-462.

[503] Conferir: FUNG, Archon. Survey Article: Recipes for Public Spheres: Eight Institutional Design Choices and Their Consequences. *Journal of Political Philosophy*, Hoboken, v. 11, n. 3, p. 338-367, 2003, p. 346 ("[a]s with hot high-stakes deliberation, an empowered, or strong, minipublic can create powerful incentives by offering influence over a slice of state power in exchange for participation. Individuals may take deliberations in empowered minipublics more seriously than in forums where discussions are severed from tangible consequences"). Em sentido similar, conferir: FUNG, Archon. Varieties of Participation in Complex Governance. *Public Administration Review*, Hoboken, v. 66, Special Issue: Collaborative Public Management, p. 66-75, 2006.

[504] O processo de implementação de orçamentos participativos é frequentemente considerado um exemplo de experiência institucional de mobilização coletiva, indicando a viabilidade de ideais mais abrangentes de democracias liberais participativas. Conferir: PATEMAN, Carole. Participatory Democracy Revisited. *Perspectives on Politics*, Cambridge, v. 10, n. 1, p. 7-19, 2012; e GILMAN, Hollie Russon. *Democracy Reinvented*: Participatory Budgeting and Civic Innovation in America. Washington, D.C.: Brookings, 2016.

[505] Conferir: RAHMAN, *op. cit.*, 2017, p. 114-115 ("[t]hese interfaces might involve pro-active efforts by policymakers to engage marginalized constituencies, through modes of interest representation or through ombudsmen and advocacy offices. Or they may involve hooks and levers through which constituencies can trigger new

policies or contest old ones, providing a more meaningful form of political power than simply providing input to decision-makers").

[506] Isso deriva da proposta de Anders Esmark de um modelo de governança decisivo-pragmático em contraposição às limitações de legitimidade política da tecnocracia, a partir do qual "o conhecimento científico e técnico é governado pelo horizonte de necessidades e sistemas de valores enraizados em tradições, contextos e experiências concretas". No original: "scientific and technical knowledge are governed by the horizon of needs and value systems rooted in concrete traditions, situations and practical experiences, just as the social interests ingrained in this tradition-bound self-understanding of practical needs is regulated by being tested against technical possibilities and strategic means of gratification. This corrective to the decisionistic model not only pertains to the relation between politicians and technical experts, but also brings citizens and public into the equation. The emphasis on tradition-bound self-understanding of practical needs emphasizes that the political horizon is ultimately grounded in the value orientations of a given social lifeworld and thus that the 'successful transposition of technical and strategic recommendations into practice', according to the pragmatic model, is 'increasingly dependent on mediation by the public as a political institution' (Habermas, 1971: 68)" (ESMARK, *op. cit.*, 2020, p. 248).

[507] Aqui também almeja-se incorporar as propostas de Jeffrey Friedman sobre uma "saidocracia", buscando transcender a pretensão decorrente do vício cognitivo de regimes tecnocráticos ao postular soluções universais para problemas que não são previsíveis. Assim, "[u]m governo saidocrático" diferiria da tecnocracia, "pois, em vez de tentar, caso a caso, produzir soluções para todos os problemas sociais que possam surgir, seu objetivo fundamental seria fornecer um quadro no qual os indivíduos pudessem tentar resolver —ou, melhor ainda, escapar— dos problemas que os afligem como indivíduos, independentemente de sua origem (abrangendo toda a sociedade ou não)". No original: "[a]n exitocratic government would unquestionably be a state. But it would differ from a technocratic state—judicious or injudicious—in that, instead of attempting, case by case, to produce solutions to any and all social problems that might arise, its cardinal goal would be to provide a framework within which individuals could attempt to solve— or, better, escape— the problems that afflict them as individuals, whatever their origin (society-wide or not). Where this is possible, such a state would allow exit to trump technocratic voice. What would remain of technocracy would be the attempt to provide public goods, including those that are foundational to a private sphere in which individuals using exit can flourish" (FRIEDMAN, *op. cit.*, 2019, p. 322).

[508] Não seria absurdo, dessa forma, identificar elementos em direção a uma dinâmica de *commoning* da concorrência – o que compreenderia, tanto um conjunto de "atividades voluntárias e auto-organizadas de forma inclusiva" quanto a "mediação entre pares que buscam a satisfação de suas necessidades" no processo de tutela concorrencial. No original: "[t]herefore, the task of approaching the concept of commoning can be compared to assembling a yet incomplete mosaic. At the end, the picture might start making sense, but it will not be finished. Commoning shall be described as voluntary and inclusively self-organized activities and mediation

of peers who aim at satisfying needs. [...] It also roots in the idea that commoning may be the foundation of a different form of society" (EULER, Johannes. Conceptualizing the Commons: Moving Beyond the Goods-based Definition by Introducing the Social Practices of Commoning as Vital Determinant. *Ecological Economics*, Amsterdã, v. 143, p. 10-16, 2018, p. 12). Para alguns estudos mais abrangentes a respeito do processo de *commoning* da governança de valores políticos e sociais, conferir: GILBERT, Jeremy. *Common Ground*: Democracy and Collectivity in an Age of Individualism. Londres: Pluto, 2014; ANGELIS, Massimo De. *Omnia Sunt Communia*: On the Commons and the Transformation to Postcapitalism. Londres: ZED, 2017; e DARDOT, Pierre; LAVAL, Christian. *Common*: On Revolution in the 21st Century. Londres: Bloomsbury Academic, 2019.

[509] Para um panorama dos direitos de terceiros no processo de controle de estruturas na Europa, conferir: CSERES, Katlin J. Re-Prioritising Referrals under Article 22 EUMR: Consequences for Third Parties and Mutual Trust between Competition Authorities. *Journal of European Competition Law & Practice*, Oxford, v. 14, n. 7, p. 410-422, 2023, p. 417-419.

[510] Para um panorama da aplicação desse dispositivo no Brasil, conferir: BARBOSA JUNIOR, Alberto Lúcio. *Antitruste e Política de Emprego*. Dissertação (Mestrado em Direito) – Faculdade de Direito da Universidade de São Paulo, São Paulo, 2016.

[511] Conferir nota de rodapé 299 acima.

[512] Conferir: BRASIL. CADE. Cade recebe primeira notificação eletrônica de ato de concentração submetida pelo sistema e-Notifica. *CADE*. Brasília, 4 de abril de 2024.

[513] "Art. 118. O pedido de intervenção de terceiro interessado cujos interesses possam ser afetados pelo ato de concentração econômica deverá ser apresentado no prazo de 15 (quinze) dias da publicação do edital previsto no parágrafo único do art. 111, e será analisado nos termos do art. 43".

[514] Para um panorama da discussão acerca das assimetrias de informação que permeiam o processo regulatório, conferir: BARON, David P.; BESANKO, David. Regulation, Asymmetric Information, and Auditing. *The RAND Journal of Economics*, Hoboken, v. 15, n. 4, p. 447-470, 1984.

[515] Valores definidos pela Portaria Interministerial n° 994/2012.

[516] Valores atualizados até março de 2024, a partir de calculadora do Banco Central do Brasil. Disponível em: <https://www3.bcb.gov.br/CALCIDADAO/publico/exibirFormCorrecaoValores.do?method=exibirFormCorrecaoValores>. Acesso em: 5 de abr. de 2024.

[517] Conferir: FRIEDMAN, *op. cit.*, 2019, p. 348-352. Para pesquisas recentes acerca do impacto da formação jurídica sobre tomadores de decisão em matérias de governança econômica, conferir: ASH, Elliot; CHEN, Daniel L.; NAIDU, Suresh. Ideas Have Consequences: The Impact of Law and Economics on American Justice. *NBER Working Papers,* Cambridge, n. 29788, 2022 (indicando que a influência do *law and economics* na formação de juízes está correlacionada com a adoção de um vocabulário mais orientado para a economia em suas decisões e em julgamentos mais conservadores em casos relacionados à governança econômica).

[518] Não é novo o reconhecimento de uma dualidade do direito brasileiro, com a coexistência da escolha política dos seus operadores em manter estruturas de poder, ao lado da subutilização de instrumentos para promover mudanças sociais efetivas. Conferir: COMPARATO, Fábio Konder. O direito e o avesso. *Estudos Avançados*, São Paulo, v. 23, n. 67, p. 6-22, 2009.

[519] Isso, em certa medida, dialoga com a ideia de pretensão do conhecimento, conforme formulado por Friedrich Hayek. Conferir: HAYEK, Friedrich August von. The Pretence of Knowledge. *The American Economic Review*, Nashville, v. 79, n. 6, p. 3-7, 1989, p. 3 ("[u]nlike the position that exists in the physical sciences, in economics and other disciplines that deal with essentially complex phenomena, the aspects of the events to be accounted for about which we can get quantitati ve data are necessarily limited and may not include the important ones. While in the physical sciences it is generally assumed, probably with good reason, that any important factor which determines the observed events will itself be directly observable and measurable, in the study of such complex phenomena as the market, which depend on the actions of many individuals, all the circumstances which will determine the outcome of a process, for reasons which I shall explain later, will hardly ever be fully known or measurable. And while in the physical sciences the investigator will be able to measure what, on the basis of a prima facie theory, he thinks important, in the social sciences often that is treated as important which happens to be accessible to measurement. This is sometimes carried to the point where it is demanded that our theories must be formulated in such terms that they refer only to measurable magnitudes").

[520] Conferir: LIANOS, *op. cit.*, 2018, p. 210.

[521] Além disso, é crucial reconhecer a *path dependence* tecnocrática na maneira como esse mecanismo regulatório se desenvolveu – o que impede uma reestruturação abrangente e integral, uma vez que os centros tecnocráticos de governança são partes integrantes da sociedade e do nosso sistema democrático. Conferir: DAVID, Paul A. Clio and the Economics of QWERTY. *The American Economic Review*, Nashville, v. 75, n. 2, p. 332-337, 1985; e DAVID, Paul A. Path Dependence: A Foundational Concept for Historical Social Science. *Cliometrica*, Nova York, v. 1, p. 91-114, 2007.

[522] Para uma discussão de como um consenso teórico sobre a política concorrencial estabeleceu um terreno comum entre ideologias e posições políticas diversas em relação ao papel do Estado na governança econômica, conferir: BAKER, Jonathan B. Competition Policy as a Political Bargain. *Antitrust Law Journal,* Chicago, v. 73, n. 2, p. 483-530, 2006.

[523] Conferir: CRANE, *op. cit.*, 2008, p. [xx].

[524] Conferir: RAHMAN, *op. cit.*, 2017, p. 177-178 ("[t]he kind of contestatory democracy called for here dovetails with the need to empower diverse and at times conflicting constituencies. Such an empowered democracy is not a resort to the mob; rather it offers a response to the dangers of more pathological and exclusionary forms of mass mobilization or populism. [...] The imperative to innovate more inclusive and empowered forms of democratic governance stems not from a

naïve or utopian belief in democratic values; rather, it is rooted in an urgent and immediate need to redress pathologies of disparate power that infect the modern American economy and polity").

[525] Conferir: ESMARK, *op. cit.*, 2020, p. 227-237.

[526] Conferir: OSTROM, Elinor. *Governing the Commons*: The Evolution of Institutions for Collective Action. Cambridge: Cambridge University, 1990; e OSTROM, Elinor. Beyond Markets and States: Polycentric Governance of Complex Economic Systems. *The American Economic Review*, Nashville, v. 100, n. 3, p. 641-672, 2010.

[527] Conferir: HAHNEL, Robin. The Case against Markets. *Journal of Economic Issues*, Abingdon-on-Thames, v. 41, n. 4, p. 1139-1159, 2007; SALOMÃO FILHO, Calixto. Less markets: a critical analysis of market existence and functioning. In: MATTEI, Ugo; HASKELL, John D. (Orgs.). *Research Handbook on Political Economy and Law.* Cheltenham: Edward Elgar, 2015a; e POSNER, Eric A.; WEYL, E. Glen. *Radical Markets*: Uprooting Capitalism and Democracy for a Just Society. Princeton: Princeton University, 2018, p. 1-19. Nesse contexto, também é relevante destacar a ideia de decomodificação, inicialmente desenvolvida para analisar relações de trabalho, mas que pode ser ampliada para compreender regimes que envolvem a suspensão de dinâmicas de mercado na alocação de recursos. Conferir: ESPING-ANDERSEN, Gøsta. *Politics Against Markets*: The Social Democratic Road to Power. Princeton: Princeton University, 1985, p. 31-34.

[528] Outras dinâmicas, ainda, podem alterar substancialmente a forma pela qual mercados operam, especialmente considerando a possibilidade de transformar submeter a propriedade privada a um regime de leilões públicos. Conferir: POSNER; WEYL, *op. cit.*, 2018.

[529] Conferir nota de rodapé 501 acima.

[530] Para o caso dos EUA, por exemplo, a política concorrencial inicialmente era destinada apenas ao controle de condutas anticompetitivas, sob o Sherman Act de 1890. Somente com a aprovação Clayton Act em 1914 é que o controle de estruturas passou a ser contemplado no regime de defesa da concorrência do país. As alterações legislativas subsequentes, como aquelas discutidas acima, destacam, assim, a própria evolução da compreensão dos domínios da tutela concorrencial sobre o poder econômico.

[531] "As ilusões da falsa necessidade surgem porque nos entregamos ao mundo social e, em seguida, começamos a confundir a sociedade atual com a humanidade possível, cedendo às ideias e atitudes que fazem com que a ordem estabelecida pareça natural, necessária ou oficial". No original: "[t]he illusions of false necessity arise because we surrender to the social world, and then begin to mistake present society for possible humanity, giving in to the ideas and attitudes that make the established order seem natural, necessary, or authoritative" (UNGER, Roberto Mangabeira. *False Necessity*: Anti-Necessitarian Social Theory in the Service of Radical Democracy. Londres: Verso, 2004, p. xx).

REFERÊNCIAS BIBLIOGRÁFICAS

ABREU, Marcelo de Paiva. The Brazilian Economy, 1930–1980. In: BETHELL, Leslie (Org.). *The Cambridge History of Latin America*. Cambridge: Cambridge University, 2008a, v. IX.

ABREU, Marcelo de Paiva. The Brazilian Economy, 1980–1994. In: BETHELL, Leslie (Org.). *The Cambridge History of Latin America*. Cambridge: Cambridge University, 2008b, v. IX.

ABRUCIO, Fernando Luiz; LOUREIRO, Maria Rita. Burocracia e ordem democrática: desafios contemporâneos e experiência brasileira. In: PIRES, Roberto; LOTTA, Gabriela; OLIVEIRA, Vanessa Elias de (Orgs.). *Burocracia e políticas públicas no Brasil*: interseções analíticas. Brasília: Ipea; Enap, 2018.

ADAIR, David. *The Technocrats 1919-1967*: A Case Study of Conflict and Change in a Social Movement. Dissertação (Mestrado em Ciência Política) – Simon Fraser University Department of Political Science, Sociology and Anthropology, Vancouver, 1970.

ADORNO, Theodor W. Society. In: BRONNER, Stephen Eric; KELLNER, Douglas MacKay (Orgs.). *Critical Theory and Society*: A Reader. Abingdon-on-Thames: Routledge, 1989.

AITKEN, Hugh G. J. *Scientific Management in Action*: Taylorism at Watertown Arsenal, 1908-1915. Princeton: Princeton University, 1985.

AKIN, William E. *Technocracy and the American Dream*: The Technocrat Movement, 1900-1941. Berkeley: University of California, 1977.

ALBERT, Hans. *Treatise on Critical Reason*. Princeton: Princeton University, 1985.

ALEM, Ana Claudia; BARROS, José Roberto Mendonça; GIAMBIAGI, Fabio. Bases Para Uma Política Industrial Moderna. In: VELLOSO, João Paulo dos Reis (Org.). *O Brasil e a economia do conhecimento*. Rio de Janeiro: José Olympio, 2002.

ALVES, Marcio Moreira. The Political Economy of the Brazilian Technocracy. *Berkeley Journal of Sociology*, Berkeley, v. 19, p. 109-124, 1974.

AMANN, Edmund; BAER, Werner. Neoliberalism and Its Consequences in Brazil. *Journal of Latin American Studies*, Cambridge, v. 34, n. 4, p. 945-959, 2002.

ANDERSON, James E. *The Emergence of the Modern Regulatory State*. Washington, D.C.: Public Affairs, 1962.

ANDRADE, José Maria Arruda de. *Economicização do Direito Concorrencial* São Paulo: Quartier Latin, 2014.

ANDRIYCHUK, Oles. Analysing UK Digital Markets, Competition and Consumers Bill through The Prism of EU Digital Markets Act. *Concurrences*, Paris, n. 3, 2023.

ANGELIS, Massimo De. *Omnia Sunt Communia*: On the Commons and the Transformation to Postcapitalism. Londres: ZED, 2017.

ARNOLD, Thurman. Roosevelt's Contribution to the American Competitive Ideal. *The Centennial Review*, East Lansing, v. 9, n. 2, p. 192-208, 1965.

AROURI, Mohamed; GHOUL, Sadok El; GOMES, Mathieu. Greenwashing and product market competition. *Finance Research Letters*, Amsterdã, v. 42, 101927, 2021.

ASH, Elliot; CHEN, Daniel L.; NAIDU, Suresh. Ideas Have Consequences: The Impact of Law and Economics on American Justice. *NBER Working Papers*, Cambridge, n. 29788, 2022.

ASHENFELTER, Orley; HOSKEN, Daniel; WEINBERG, Matthew. Did Robert Bork Understate the Competitive Impact of Mergers? Evidence from Consummated Mergers. *The Journal of Law and Economics*, Chicago, v. 57, n. S3, p. 67-100, 2014.

ATACK, Jeremy; BATERMAN, Fred; PARKER, William. The Farm, the Farmer, and the Market. In: ENGERMAN, Stanley L.; GALLMAN, Robert E. (Orgs.). *The Cambridge Economic History of the United States*. Cambridge: Cambridge University, 2000, v. II.

AZAR, José; MARINESCU, Ioana; STEINBAUM, Marshall. Labor Market Concentration. *Journal of Human Resources*, Madison, v. 57, p. S167-S199, 2022.

BAER, Werner. *The Brazilian Economy*: Growth and Development. 6ª ed. Boulder: Lynne Rienner, 2008.

BAER, Werner; BECKERMAN, Paul. The Decline and Fall of Brazil's Cruzado. *Latin American Research Review*, Pittsburgh, v. 24, n. 1, p. 35-64, 1989.

BAILES, Kendall E. The Politics of Technology: Stalin and Technocratic Thinking among Soviet Engineers. *The American Historical Review*, Oxford, v. 79, n. 2, p. 445-469, 1974.

BAIN, Joe S. *Barriers to New Competition*: Their Character and Consequences in Manufacturing. Cambridge: Harvard University, 1956.

BAIN, Joe S. Industrial Concentration and Government Antitrust Policy. In: WILLIAMSON, Harold F. (Org.). *The Growth of the American Economy*. 2ª ed. Nova York: Prentice-Hall, 1959.

BAKER, Jonathan B. Competition Policy as a Political Bargain. *Antitrust Law Journal*, Chicago, v. 73, n. 2, p. 483-530, 2006.

BAKER, Jonathan B. *The Antitrust Paradigm*: Restoring a Competitive Economy. Cambridge: Harvard University, 2019.

BARBOSA JUNIOR, Alberto Lúcio. *Antitruste e Política de Emprego*. Dissertação (Mestrado em Direito) – Faculdade de Direito da Universidade de São Paulo, São Paulo, 2016.

BARON, David P.; BESANKO, David. Regulation, Asymmetric Information, and Auditing. *The RAND Journal of Economics*, Hoboken, v. 15, n. 4, p. 447-470, 1984.

BARTELS, Larry M. *Unequal Democracy*: The Political Economy of the New Gilded Age. 2ª ed. Princeton: Princeton University, 2016.

BAXTER, William F. Separation of Powers, Prosecutorial Discretion, and the Common Law Nature of Antitrust Law. *Texas Law Review*, Austin, v. 60, n. 4, p. 661-704, 1982.

BENSON, Todd. For Brazil's Economy, the Doctor Is In. *The New York Times*, Nova York, 14 de dez. de 2004.

BERCOVICI, Gilberto. *Constituição econômica e desenvolvimento*: uma leitura a partir da Constituição de 1988. São Paulo: Malheiros, 2005.

BERLE, JR., Adolf A.; MEANS, Gardiner C. *The Modern Corporation and Private Property*. Nova York: Macmillan, 1933.

BERNATT, Maciej. *Populism and Antitrust*: The Illiberal Influence of Populist Government on The Competition Law System. Cambridge: Cambridge University, 2022.

BERTONI, Estêvão. Como o obscurantismo resiste a 600 mil mortos no Brasil. *Nexo*, São Paulo, 7 de out. de 2021.

BERTONI, Estêvão. O anticientificismo explícito como estratégia de governo. *Nexo*, São Paulo, 17 de dez. de 2020.

BEST, Jacqueline. How the 2008 Financial Crisis Helped Fuel Today's Right-Wing Populism. *Center for International Policy Studies*, Ottawa, 10 de out. de 2018.

BETHELL, Leslie. Politics in Brazil under the Liberal Republic, 1945–1964. In: BETHELL, Leslie (Org.). *The Cambridge History of Latin America*. Cambridge: Cambridge University, 2008a, v. IX, p. 133-159.

BETHELL, Leslie. Politics in Brazil under Vargas, 1930–1945. In: BETHELL, Leslie (Org.). *The Cambridge History of Latin America*. Cambridge: Cambridge University, 2008b, v. IX.

BETHELL, Leslie; NICOLAU, Jairo. Politics in Brazil, 1985–2002. In: BETHELL, Leslie (Org.). *The Cambridge History of Latin America*. Cambridge: Cambridge University, 2008, v. IX.

BICKEL, Alexander M.; SCHMIDT JR., Benno C. *The Judiciary and Responsible Government*: 1910-21. Nova York: Macmillan, 1984.

BIELSCHOWSKY, Ricardo (Org.). *Cinqüenta anos de pensamento na CEPAL*. Rio de Janeiro: Record, 2000, v. 1.

BIELSCHOWSKY, Ricardo (Org.). *Cinqüenta anos de pensamento na CEPAL*. Rio de Janeiro: Record, 2000, v. 2.

BIETTI, Elettra. How Not to Regulate Digital Platforms. *LPE*, New Haven, 11 de fev. de 2023.

BINNENDIJK, Annette. *Results Based Management in the Development Co-operation Agencies:* a Review Experience. Paris: OCED, 2000.

BITTLINGMAYER, George. Did Antitrust Policy Cause the Great Merger Wave? *The Journal of Law and Economics*, Chicago, v. 28, n. 1, p. 77-118, 1985.

BLANQUI, Louis-Auguste. Lettre à Maillard (Belle-Île, 6 Juin 1852). *The Blanqui Archive*, Kingston-upon-Thames, 6 de jun. de 1852.

BONIN, Robson. O Super Cade. *Veja*, São Paulo, 10 de mar. de 2011.

BORGES, André. A quem interessa o desmantelamento das agências reguladoras? *Estado de São Paulo*, São Paulo, 25 de jan. de 2023.

BORGES, Rodrigo Fialho. *Descontrole de Estruturas*: dos objetivos do antitruste às desigualdades econômicas. Tese (Doutorado em Direito) – Faculdade de Direito da Universidade de São Paulo, São Paulo, 2020.

BORK, Robert. *The Antitrust Paradox*: A Policy at War with Itself. Nova York: Free Press, 1993.

BOSI, Alfredo. *Dialética da colonização*. 3ª ed. São Paulo: Companhia das Letras, 1996.

BOUGETTE, Patrice; DESCHAMPS, Marc; MARTY, Frédéric. When Economics Met Antitrust: The Second Chicago School and the Economization of Antitrust Law. *Enterprise & Society*, Cambridge, v. 16, n. 2, p. 313-353, 2015.

BRADFORD, Anu *et al.* Competition Law Gone Global: Introducing the Comparative Competition Law and Enforcement Datasets. *Journal of Empirical Legal Studies*, Hoboken, v. 16, n. 2, p. 411-443, 2019.

BRADFORD, Anu; CHILTON, Adam S. Competition Law Around the World from 1889 to 2010: The Competition Law Index. *Journal of Competition Law & Economics*, Oxford, v. 14, n. 3, p. 393-432, 2018.

BRAND, Donald R. *Corporatism and the Rule of Law*: A Study of the National Recovery Administration. Ithaca: Cornell University, 1988.

BRANDEIS, Louis D. Big Business and Industrial Liberty. In: FRAENKEL, Osmond K. (Org.). *The Curse of Bigness*: Miscellaneous Papers of Louis D. Brandeis. Nova York: Viking, 1934a.

BRANDEIS, Louis D. *Business – A Profession*. Boston: Small, Maynard & Company, 1914.

BRANDEIS, Louis D. Efficiency and social ideals. In: FRAENKEL, Osmond K. (Org.). *The Curse of Bigness*: Miscellaneous Papers of Louis D. Brandeis. Nova York: Viking, 1934b.

BRANDEIS, Louis D. How Far Have We Come on the Road to Industrial Democracy? In: FRAENKEL, Osmond K. (Org.). *The Curse of Bigness*: Miscellaneous Papers of Louis D. Brandeis. Nova York: Viking, 1934c.

BRANDEIS, Louis D. On Industrial Relations. In: FRAENKEL, Osmond K. (Org.). *The Curse of Bigness*: Miscellaneous Papers of Louis D. Brandeis. Nova York: Viking, 1934d.

BRASIL. CADE. *Avaliação ex post de ato de concentração*: O caso Sadia-Perdigão. Brasília, 2019a.

BRASIL. CADE. *Avaliação ex-post de ato de concentração*: O caso BVMF-CETIP. Brasília, 2022a.

BRASIL. CADE. Cade recebe quatro estrelas no Rating Enforcement 2022 pela GCR. *CADE*, Brasília, 18 de nov. de 2022b.

BRASIL. CADE. Cade recebe primeira notificação eletrônica de ato de concentração submetida pelo sistema e-Notifica. *CADE*. Brasília, 4 de abril de 2024.

BRASIL. CADE. *Defesa da concorrência no Brasil*: 50 anos. Brasília, 2013a.

BRASIL. CADE. *Efeitos da concorrência potencial*: O caso do ato de concentração Gol-Webjet. Brasília, 2023a.

BRASIL. CADE. *Ex post mergers evaluation*: Evidence from the Brazilian airline industry. Brasília, 2021a.

BRASIL. CADE. *Mensuração dos benefícios esperados da atuação do Cade em 2018*. Brasília, 2020a.

BRASIL. CADE. *Mensuração dos benefícios esperados da atuação do Cade em 2019*. Brasília, 2020b.

BRASIL. CADE. *Mensuração dos benefícios esperados da atuação do Cade em 2020*. Brasília, 2021b.

BRASIL. CADE. *Mensuração dos benefícios esperados da atuação do Cade em 2021*. Brasília, 2022c.

BRASIL. CADE. *Mensuração dos benefícios esperados da atuação do Cade em 2022*. Brasília, 2023b.

BRASIL. CADE. *Mensurando os benefícios de combate a cartéis*: o caso do cartel de combustíveis no Distrito Federal. Brasília, 2019c.

BRASIL. CADE. *Mensurando os benefícios de combate à cartéis*: o caso do cartel de britas. Brasília, 2019b.

BRASIL. CADE. *Relatório Anual 1996*. Brasília, 1997.

BRASIL. CADE. *Relatório Anual 1997*. Brasília, 1998a.

BRASIL. CADE. *Relatório Anual 1998/99*. Brasília, 1999.

BRASIL. CADE. *Relatório de atividades do período compreendido entre 09.03.94 e 08.03.96*. Brasília, 1996a.

BRASIL. CADE. *Relatório de Atividades*: Exercício de 1995. Brasília, 1996b.

BRASIL. CADE. *Relatório de gestão (exercício de 2000)*. Brasília, 2001.

BRASIL. CADE. *Relatório de gestão (exercício de 2001)*. Brasília, 2002.

BRASIL. CADE. *Relatório de gestão (exercício de 2002)*. Brasília, 2003.

BRASIL. CADE. *Relatório de gestão (exercício de 2003)*. Brasília, 2004.

BRASIL. CADE. *Relatório de gestão (exercício de 2007).* Brasília, 2008.

BRASIL. CADE. *Relatório de gestão (exercício de 2008).* Brasília, 2009.

BRASIL. CADE. *Relatório de gestão 2004.* Brasília, 2005.

BRASIL. CADE. *Relatório de gestão 2005.* Brasília, 2006.

BRASIL. CADE. *Relatório de gestão 2006.* Brasília, 2007b.

BRASIL. CADE. *Relatório de gestão 2018.* Brasília, 2019d.

BRASIL. CADE. *Relatório de gestão do exercício de 2009. Brasília, 2010.*

BRASIL. CADE. *Relatório de gestão do exercício de 2010. Brasília, 2011.*

BRASIL. CADE. *Relatório de gestão do exercício de 2011. Brasília, 2012.*

BRASIL. CADE. *Relatório de gestão do exercício de 2012. Brasília, 2013b.*

BRASIL. CADE. *Relatório de gestão do exercício de 2013.* Brasília, 2014.

BRASIL. CADE. *Relatório de gestão do exercício de 2014.* Brasília, 2015.

BRASIL. CADE. *Relatório de gestão do exercício de 2015.* Brasília, 2016.

BRASIL. CADE. *Relatório de gestão do exercício de 2016.* Brasília, 2017.

BRASIL. CADE. *Relatório de gestão do exercício de 2017.* Brasília, 2018.

BRASIL. CADE. *Relatório integrado de gestão 2019.* Brasília, 2020c.

BRASIL. CADE. *Relatório integrado de gestão 2020.* Brasília, 2021c.

BRASIL. CADE. *Relatório integrado de gestão 2021.* Brasília, 2022d.

BRASIL. CADE. *Relatório integrado de gestão 2022.* Brasília, 2023c.

BRASIL. Ministério do Planejamento, Desenvolvimento e Gestão. *Programa de Aceleração do Crescimento:* 2007-2010. Brasília, 2007a.

BRASIL. Presidência da República. *Plano Diretor da Reforma do Aparelho do Estado.* Brasília, 1995.

BRASIL. Senado Notícias. Senado aprova voto de pesar por Leônidas Xausa. *Senado Notícias*, Brasília, 20 de mai. de 1998b.

BRAUDEL, Fernand. *Civilization and Capitalism, 15th-18th*: The Perspective of the World. Berkeley: University of California, 1992a.

BRAUDEL, Fernand. *Civilization and Capitalism, 15th-18th*: The Structure of Everyday Life. Berkeley: University of California, 1992b.

BRAUDEL, Fernand. Histoire et Sciences sociales : La longue durée. *Annales. Économies, Sociétés, Civilisations*, Paris, n. 4, p. 725-753, 1958

BRAUDEL, Fernand. *Civilization and Capitalism, 15th-18th*: The Wheels of Commerce. Berkeley: University of California, 1992c.

BREGER, Marshall J.; EDLES, Gary J. *Independent Agencies in the United States*: Law, Structure, and Politics. Oxford: Oxford University, 2015, p. 18-57.

BRENAN, Megan. Views of Big Tech Worsen; Public Wants More Regulation. *Gallup*, Washington, D.C., 18 de fev. de 2021.

BRENAN, Megan; STUBBS, Helen. Americans are critical of technology companies despite changes to misinformation policies. *Knight Foundation*, Miami, 21 de out. de 2020.

BRESSER-PEREIRA, Luiz Carlos. Burocracia pública e classes dirigentes no Brasil. *Revista de Sociologia e Política*, Curitiba, v. 28, p. 9-30, 2007.

BRESSER-PEREIRA, Luiz Carlos. *Reforma do Estado para a Cidadania*: A Reforma Gerencial Brasileira na Perspectiva Internacional. 2ª ed. São Paulo: 34, 2011.

BRICS COMPETITION LAW & POLICY CENTRE. CADE remains among the best antitrust agencies in the world. *BRICS Competition Law & Policy Centre*, Moscou, 19 de set. de 2021.

BUCI-GLUCKSMANN, Christine. *Gramsci and the State*. Londres: Lawrence and Wishart, 1980.

BUCK, Solon Justus. *The Granger Movement:* a Study of Agricultural Organisation and its Political, Economic, and Social Manifestations, 1870-1880. Cambridge: Harvard University, 1913.

BURGIN, Angus. *The Great Persuasion*: Reinventing Free Markets since the Depression. Cambridge: Harvard University, 2012.

BURNHAM, James. *The Managerial Revolution*: What Is Happening in the World. Nova York: The John Day, 1941.

BUSH, Darren. Too Big to Bail: The Role of Antitrust in Distressed Industries. *Antitrust Law Journal*, Chicago, v. 77, n. 1, p. 277-312, 2010.

BUSH, George H. W. "A Thousand Points of Light". In: HARRIS, Douglas B.; BAILEY, Lonce H. *The Republican Party*: Documents Decoded. Londres: Bloomsbury, 2014.

CABRAL, Mário André Machado. *A construção do antitruste no Brasil*: 1930-1964. São Paulo: Singular, 2020a.

CABRAL, Mário André Machado. Abuse of Dominant Position and Cease-and-Desist Agreements: Risks to Brazilian Competition Policy Arising from the Atypical Case of Petrobras' Refineries. *GRUR International*, Oxford, v. 69, n. 7, p. 706-726, 2020.

CABRAL, Mário André Machado. Autoritarismo e gênese antitruste: Francisco Campos e a imaginação concorrencial no Estado Novo. *História do Direito*, Curitiba, v. 2, n. 3, p. 224-243, 2021.

CAMPBELL, Thomas J. The Antitrust Record of the First Reagan Administration. *Texas Law Review*, Austin, v. 64, n. 2, p. 353-370, 1985.

CAMPILONGO, Celso Fernandes; PFEIFFER, Roberto. Apresentação. In: CAMPILONGO, Celso; PFEIFFER, Roberto (Orgs.). *A evolução do antitruste no Brasil*. São Paulo: Singular, 2018.

CAMPOS, Roberto de Oliveira. *Do outro lado da cerca...*: três discursos e algumas elegias. 2ª ed. Rio de Janeiro: APEC, 1968.

CARAMANI, Daniele. Introduction: the technocratic challenge to democracy. In: BERTSOU, Eri; CARAMANI, Daniele (Orgs.). *The Technocratic Challenge to Democracy*. Abingdon-on-Thames: Routledge, 2020.

CARDOSO, Fernando Henrique. *Diários da Presidência, 1995-1996*. São Paulo: Companhia das Letras, 2015, [versão digital].

CARLISLE, Robert B. The Birth of Technocracy: Science, Society, and Saint-Simonians. *Journal of the History of Ideas*, Filadélfia, v. 35, n. 3, p. 445-464, 1974.

CARREGOSA, Lais. Cade aprova mudanças no acordo celebrado para venda da Oi Móvel. *Poder 360*, Brasília, 9 de mar. de 2022.

CARVALHO, Pedro. Major Olimpio não vai aliviar para indicados ao Cade. *Veja*, São Paulo, 23 de set. de 2019.

CARVALHO, Vinicius Marques de. *Política de defesa da concorrência*: dos fundamentos teóricos à implementação. São Paulo: Singular, 2023.

CASSIDY, John. The Biden Antitrust Revolution. *The New Yorker*, Nova York, 12 de jul. de 2021.

CDP. *The Carbon Majors Database*: CDP Carbon Majors Report, Londres, 2017.

CDP. *Treading Water*: Corporate Responses to Rising Water Challenges. Londres, 2018.

CENTENO, Miguel A. The Politics of Knowledge: Hayek and Technocracy. In: CENTENO, Miguel A.; SILVA, Patricio (Orgs.). *The Politics of Expertise in Latin America*. Londres: Macmillan, 1998.

CENTENO, Miguel Angel. The New Leviathan: The Dynamics and Limits of Technocracy. *Theory and Society*, Nova York, v. 22, n. 3, p. 307-335, 1993.

CHAMBERLIN, Edward H. *The Theory of Monopolistic Competition*: A Re-orientation of the Theory of Value. Cambridge: Harvard University, 1933.

CHAMBERS, John Whiteclay. *The Tyranny of Change*: America in the Progressive Era, 1890-1920. 2ª ed. New Brunswick: Rutgers University, 2000.

CHENERY, Hollis B. The Interdependence of Investment Decisions. In: ABRAMOVITZ, Moses (Org.). *The Allocation of Economic Resources*. Stanford: Stanford University, 1959.

CHOPRA, Rohit; KHAN, Lina. The Case for "Unfair Methods of Competition" Rulemaking. *The University of Chicago Law Review*, Chicago, v. 87, n. 2, p. 357-379, 2020.

CLAASSEN, Rutger; GERBRANDY, Anna. Rethinking European Competition Law: From a Consumer Welfare to a Capability Approach. *Utrecht Law Review*, Utrecht, v. 12, n. 1, p. 1-15, 2016.

COASE, Ronald H. The Nature of the Firm. *Economica*, Londres, v. 4, n. 16. p. 386-405, 1937.

COASTON, Jane. "Borking," explained: why a failed Supreme Court nomination in 1987 matters. *Vox*, Washington, D.C., 27 de set. de 2018.

COLLIER, David (Org.). *The New Authoritarianism in Latin America*. Princeton: Princeton University, 1979.

COLOMO, Pablo Ibáñez. Whatever Happened to the 'More Economics-Based Approach'? *Journal of European Competition Law & Practice*, Oxford, v. 11, n. 9, p. 473-474, 2020.

COMPARATO, Fábio Konder. O direito e o avesso. *Estudos Avançados*, São Paulo, v. 23, n. 67, p. 6-22, 2009.

COMTE, Auguste. *Cours de philosophie positive*. 5ª ed. Paris: Société Positiviste, 1892.

COMTE, Auguste. *Plan des travaux scientifiques nécessaires pour réorganiser la société*. Paris: Hermann, 2020.

CONFESSORE, Nicholas. Cambridge Analytica and Facebook: The Scandal and the Fallout So Far. *The New York Times*, Nova York, 4 de abr. de 2018.

CONNOR, John; BOLOTOVA, Yuliya. Cartel overcharges: Survey and meta-analysis. *International Journal of Industrial Organization*, Amsterdã, v. 24, n. 6, p. 1109-1137, 2006.

CONNOR, John; LANDE, Robert. Cartels as Rational Business Strategy: Crime Pays. *Cardozo Law Review*, Nova York, v. 34, n. 2, p. 427-490, 2012.

CONNOR, John; LANDE, Robert. Does Crime Pay? Cartel Penalties and Profits. *Antitrust*, Chicago, v. 33, n. 2, p. 29-36, 2019.

COPLAND, James R. *The Unelected*: How an Unaccountable Elite is Governing America. Nova York: Encounter Books, 2020.

CORDEIRO, Alexandre. Cade em 2021 estará muito bem, obrigado. *Folha de São Paulo*, São Paulo, 1 de fev. de 2021.

CORDEIRO, Alexandre; RESENDE, Guilherme Mendes. Não existe número mágico na análise antitruste. *O Estado de São Paulo*, São Paulo, 10 de mar. de 2022.

COUTINHO, Carlos Nelson. Cultura brasileira: um intimismo deslocado, à sombra do poder? *Cadernos de Debate*, São Paulo, n. 1, p. 65-67, 1976.

COUTINHO, Luciano *et al*. Industrial Policy and Economic Transformation. In: SANTISO, Javier; DAYTON-JOHNSON, Jeff (Orgs.). *The Oxford Handbook of Latin American Political Economy*. Oxford: Oxford University, 2012.

COVRE, Maria de Lourdes. *A fala dos homens*: Análise do pensamento tecnocrático, 1964-1981. São Paulo: Brasiliense, 1983.

CRANE, Daniel A. Chicago, Post-Chicago, and Neo-Chicago. *The University of Chicago Law Review*, Chicago, v. 76, n. 4, p. 1911-933, 2009.

CRANE, Daniel A. Fascism and Monopoly. *Michigan Law Review*, Ann Arbor, v. 118, n. 7, p. 1315-1370, 2020.

CRANE, Daniel A. Ordoliberalism and the Freiburg School. In: CRANE, Daniel A.; HOVENKAMP, Herbert (Orgs.). *The Making of Competition Policy*: Legal and Economic Sources. Oxford: Oxford University, 2013.

CRANE, Daniel A. Technocracy and Antitrust. *Texas Law Review*, Austin, v. 86, n. 6, p. 1159-1221, 2008.

CRANE, Daniel A. *The Institutional Structure of Antitrust Enforcement*. Oxford: Oxford University, 2011.

CSERES, Katlin J. Re-Prioritising Referrals under Article 22 EUMR: Consequences for Third Parties and Mutual Trust between Competition Authorities. *Journal of European Competition Law & Practice*, Oxford, v. 14, n. 7, p. 410-422, 2023.

CUÉLLAR, Mariano-Florentino. James Landis and the Dilemmas of Administrative Government. *The George Washington Law Review*, Washington, D.C., v. 83, n. 4/5, p. 1330-1357, 2015.

DAGNINO, Evelina; TEIXEIRA, Ana Claudia Chaves. The Participation of Civil Society in Lula's Government. *Journal of Politics in Latin America*, Thousand Oaks, v. 6, n. 3, p. 39-66, 2014.

DAHL, Robert A. *A Preface to Economic Democracy*. Berkeley: University of California, 1986.

DANTAS, Iuri. Senado só deve aprovar nova composição do Cade no último trimestre do ano. *LexLatin*, Londres, 17 de set. de 2019.

DARDOT, Pierre; LAVAL, Christian. *Common*: On Revolution in the 21st Century. Londres: Bloomsbury Academic, 2019.

DARDOT, Pierre; LAVAL, Christian. *The New Way of the World*: On Neoliberal Society. Londres: Verso, 2013.

DARGENT, Eduardo. *Techonocracy and Democracy in Latin America*: The Experts Running Government. Cambridge: Cambridge University, 2015.

DAVID, Paul A. Clio and the Economics of QWERTY. *The American Economic Review*, Nashville, v. 75, n. 2, p. 332-337, 1985.

DAVID, Paul A. Path Dependence: A Foundational Concept for Historical Social Science. *Cliometrica*, Nova York, v. 1, p. 91-114, 2007.

DAVIES, William Economics and the 'nonsense' of law: the case of the Chicago antitrust revolution. *Economy and Society*, Abingdon-on-Thames, v. 39, n. 1, p. 64-83, 2010.

DAVIS, Aeron. The New Professional Econocracy and the Maintenance of Elite Power. *Political Studies*, Thousand Oaks, v. 65, n. 3, p. 1-17, 2017.

DECKER, Christopher *et al.* Competition Law Enforcement and Household Inequality in the United Kingdom. *Journal of Competition Law & Economics*, Oxford, v. 18, n. 4, p. 905-935, 2022.

DELFIM NETTO, Antônio. Análise do momento brasileiro. *Revista de Finanças Públicas*, Rio de Janeiro, n. 275, 1968.

DEQUECH, David. Neoclassical, mainstream, orthodox, and heterodox economics. *Journal of Post Keynesian Economics*, Abingdon-on-Thames, v. 30, n. 2, p. 279-302, 2007.

DEWEY, Donald. The Common-Law Background of Antitrust Policy. *Virginia Law Review,* Charlottesville, v. 41, n. 6, p. 759-786, 1955.

DIAS, Tatiana. Captura intelectual: Google se livra de multa milionária após ONG bancada pela empresa levar julgadores para viajar de graça. *The Intercept Brasil*, São Paulo, 23 de nov. de 2020.

DIEZ, Frederico J.; LEIGHT, Daniel; TAMBUNLERTCHAI, Suchanan. Global Market Power and its Macroeconomic Implications. *IMF Working Paper*, Washington, D.C., n. WP/18/137, 2018.

DINIZ, Eli. Democracy, State, and Industry: Continuity and Change between the Cardoso and Lula Administrations. *Latin American Perspectives*, Thousand Oaks, v. 38, n. 3, p. 59-77, 2011.

DINIZ, Eli. Engenharia institucional e políticas públicas: dos conselhos técnicos às câmaras setoriais. In: PANDOLFI, Dulce (Org.). *Repensando o Estado Novo*. Rio de Janeiro: Fundação Getúlio Vargas, 1999.

DINIZ, Eli. *Globalização, reformas econômicas e elites empresariais*. Rio de Janeiro: FGV, 2000.

DODD, S. C. T. The Present Legal Status of Trusts. *Harvard Law Review*, Cambridge, v. 7, n. 3, p. 157-169, 1893.

DODD, S. C. T. *Trusts*. Nova York: [s.n.], 1900.

DOMBRET, Andreas; KENADJIAN, Patrick S. (Orgs.). *Too Big to Fail III*: Structural Reform Proposals. Should We Break Up the Banks? Berlim: De Gruyter, 2015.

DREXL, Josef; KERBER, Wolfgang; PODSZUN, Rupprecht (Orgs.). *Competition Policy and the Economic Approach*: Foundations and Limitations. Cheltenham: Edward Elgar, 2011.

DRURY, Horace Bookwalter. *Scientific Management*: A History and Criticism. Tese (Doutorado em Economia) – Columbia University Faculty of Political Science, Nova York, 1915.

DUNNE, Niamh. The Antitrust Anti-Consensus. *Project Syndicate*, Nova York, 11 de dez. de 2020.

DUTRA, Pedro. *Conversando com o CADE*. São Paulo: Singular, 2009.

EARLE, Joe; MORAN, Cahal; WARD-PERKINS, Zach. *The Econocracy*: The Perils of Leaving Economics to Experts. Manchester: Manchester University, 2017.

EASTBROOK, Frank. Limits of Antitrust. *Texas Law Review,* Austin, v. 63, n. 1, p. 1-40, 1984.

EECKHOUT, Jan. *The Profit Paradox*: How Thriving Firms Threaten the Future of Work. Princeton: Princeton University, 2021.

EHLERMANN, Claus-Dieter. The Contribution of EC Competition Policy to the Single Market. *Common Market Law Review*, Amsterdã, v. 29, p. 257-282, 1922.

ELGIN, Dallas J.; e WEIBLE, Christopher M. A Stakeholder Analysis of Colorado Climate and Energy Issues Using Policy Analytical Capacity and the Advocacy Coalition Framework. *Policy Research Review*, Hoboken, v. 30, n. 1, p. 114-133, 2013.

ENGERMAN, Stanley L.; SOKOLLOFF, Kenneth L. Technology and Industrialization, 1790-1914. In: ENGERMAN, Stanley L.; GALLMAN, Robert E. (Orgs.). *The Cambridge Economic History of the United States.* Cambridge: Cambridge University, 2000, v. II.

ENNIS, Sean F.; GONZAGA, Pedro; PIKE, Chris. Inequality: A hidden cost of market power. *Oxford Review of Economic Policy*, Oxford, v. 35, n. 3, p. 518-549, 2019.

ESMARK, Anders. *The New Technocracy*. Bristol: Bristol University, 2020.

ESPING-ANDERSEN, Gøsta. *Politics Against Markets*: The Social Democratic Road to Power. Princeton: Princeton University, 1985.

ESTADO DE SÃO PAULO. Autoritários detestam agências independentes. *Estado de São Paulo,* São Paulo, 2 de abr. de 2022.

EUA. Council of Economic Advisers. *Benefits of Competition and Indicators of Market Power.* Washington, D.C., 2016.

EUA. *Report of the Attorney General's National Committee to Study the Antitrust Laws*. Washington, D.C., 1955.

EUA. Subcommittee on Antitrust, Commercial and Administrative Law of the House of Representatives. *Investigation of Competition in Digital Markets*: Majority Staff Report and Recommendations. Washington, D.C., 2022.

EUA. Subcommittee on Courts and Competition Policy of the House of Representatives. *"Too big to fail?"*: the role of antitrust law in government-funded consolidation in the banking industry. Washington, D.C., 2009.

EUA. *The Federal Antitrust Laws with Amendments*. Washington, D.C., 1926.

EULER, Johannes. Conceptualizing the Commons: Moving Beyond the Goods-based Definition by Introducing the Social Practices of Commoning as Vital Determinant. *Ecological Economics*, Amsterdã, v. 143, p. 10-16, 2018.

EVANS, Peter. O Estado como problema e solução. *Lua Nova*, São Paulo, v. 28-29, p. 107-156, 1993.

EXAME. Barroso: Discurso anti-sistema que elegeu Bolsonaro causa tensão no país. *Exame*, São Paulo, 30 de mai. de 2019.

FAORO, Raymundo. *Os donos do poder*: Formação do patronato político brasileiro. 5ª ed. São Paulo: Globo, 2012.

FARIA, Hugo Presgrave de A. Macroeconomic Policymaking in a Crisis Environment: Brazil's Cruzado Plan and Beyond. In: CHACEL, Julian M.; FALK, Pamela S.; FLEISCHER, David V. (Orgs.). *Brazil's Economic and Political Future*. Nova York: Routledge, 1988.

FAUCHER, Philippe. Leviathan Captured Neoliberalism as Solution and Problem in Brazil. In: AMANN, Edmund; AZZONI, Carlos R.; BAER, Werner (Orgs.). *The Oxford Handbook of the Brazilian Economy*. Oxford: Oxford University, 2018.

FAUSTO, Boris. Brazil: the social and political structure of the First Republic, 1889–1930. In: BETHELL, Leslie (Org). *The Cambridge History of Latin America*. Cambridge: Cambridge University, 1986, v. 5.

FAWCETT, Paul *et al.* (Orgs.). *Anti-Politics, Depoliticization, and Governance*. Oxford: Oxford University, 2017.

FELDMAN, Stanley; STENNER, Karen. Perceived Threat and Authoritarianism. *Political Psychology*, Washington, D.C., v. 18, n. 4, p. 741-770, 1997.

FELIZARDO, Nayara. Novo Presidente do CADE tem interesse incomum em investigações que atingem finanças da Globo – e agrada Bolsonaro. *The Intercept Brasil*, São Paulo, 6 de jul. de 2021.

FERNANDES, Victor. Antes de o ano acabar, compartilho uma conquista muito emocionante. *LinkedIn*, Brasília, 29 de dez. de 2023.

FERRAZ, André. *A Abordagem Estruturalista do CADE em Controle de Concentrações*: Uma análise de sua prática recente *vis-à-vis* as principais escolas estadunidenses. Dissertação (Mestrado em Direito) – Faculdade de Direito da Universidade de Brasília, Brasília, 2023.

FIGUEIREDO, Orlando. Concentração e desempenho na indústria brasileira de bens de consumo. *Revista de Administração de Empresas*, Rio de Janeiro, v. 24, n. 3, p. 25-33, 1984.

FIRST, Harry; WALLER, Spencer Weber. Antitrust's Democracy Deficit. *Fordham Law Review*, Nova York, v. 81, n. 5, p. 2543-2574, 2013.

FISHKIN, Joseph; FORBATH, William E. *The Anti-Oligarchy Constitution*: Reconstructing the Economic Foundations of American Democracy. Cambridge: Harvard University, 2022.

FISHLOW, Albert. Brazil's Economic Miracle. *The World Today*, Londres, v. 29, n. 11, p. 474-481, 1973.

FISHLOW, Albert. Brazilian Development in Long Term Perspective. *The American Economic Review*, Nashville, v. 70, n. 2, p. 102-108, 1980.

FISHLOW, Albert. Brazilian Size Distribution of Income. *The American Economic Review*, Nashville, v. 62, n. 1/2, p. 391-402, 1972.

FISHLOW, Albert. Some Reflections on Post-1964 Brazilian Economic Policy. In: STEPAN, Alfred (Org.). *Authoritarian Brazil*. New Haven: Yale University, 1973.

FISS, Owen. The Death of Law? *Cornell Law Review*, Ithaca, v. 72, n. 1, p. 1-16, 1986.

FITOUSSI, Jean-Paul. Newspeak and Economic Theory: How We Are Being Talked To. *Capitalism and Society*, Nova York, v. 16, n. 1, 2022.

FLAMMER, Caroline. Does product market competition foster corporate social responsibility? Evidence from trade liberalization. *Strategic Management Journal*, Hoboken, v. 36, n. 10, p. 1469- 1485, 2015.

FLINDER, Matthew; BULLER, Jim. Depoliticisation: Principles, Tactics and Tools. *British Politics,* Nova York, v. 1, p. 293-318, 2006.

FLINDERS, Matthew; WOOD, Matt. Depoliticisation, governance and the state. *Policy & Politics*, Bristol, v. 42, n. 2, p. 135-149, 2014.

FOHLIN, Caroline; JAREMSKI, Matthew. U.S. banking concentration, 1820–2019. *Economics Letters*, Amsterdã, v. 190, p. 1-3, 2020.

FORGIONI, Paula. *Os fundamentos do antitruste.* 10ª ed. São Paulo: Revista dos Tribunais, 2018.

FOUCAULT, Michel. *The Birth of Biopolitics*: Lectures at the Collège de France, 1978-1979. Nova York: Palgrave Macmillan, 2008.

FOX, Eleanor M. The battle for reform of US antitrust law. *Journal of Antitrust Enforcement*, Oxford, v. 11, n. 2, p. 179-184, 2023.

FOX, Eleanor M. The Decline, Fall, and Renewal of U.S. Leadership in Antitrust Law and Policy. *Competition Policy International*, Boston, v. 4, n. 1, p. 8-13, 2022.

FOX, Eleanor. Against Goals. *Fordham Law Review*, Nova York, v. 81, n. 5, p. 2157-2161, 2013.

FRANCK, Jens-Uwe; PEITZ, Martin. Digital Platforms and the New 19a Tool in the German Competition Act. *Journal of European Competition Law & Practice*, Oxford, v. 12, n. 7, p. 513-528, 2021.

FRANCO, Maria Sylvia de Carvalho. As idéias estão em seu lugar. *Cadernos de Debate*, São Paulo, n. 1, p.61- 64, 1976.

FRANCO, Maria Sylvia de Carvalho. *Homens livres na ordem escravocrata.* 4ª ed. São Paulo: UNESP, 1997.

FRASER, Nancy. *The Old Is Dying and the New Cannot Be Born*: From Progressive Neoliberalism to Trump and Beyond. Londres: Verso, 2019.

FRIEDMAN, Jeffrey. *Power without Knowledge*: A Critique of Technocracy. Oxford: Oxford University, 2019.

FUKUYAMA, Francis. *The End of History and the Last Man*. Nova York: Free, 1992.

FUKUYAMA, Francis. The End of History? *The National Interest*, Washington, D.C., n. 16, p. 1-18, 1989.

FULLER, Lon; KENNETH, Winston I. The Forms and Limits of Adjudication. *Harvard Law Review,* Cambridge, v. 92, n. 2, p. 353-409, 1978.

FUNG, Archon. Survey Article: Recipes for Public Spheres: Eight Institutional Design Choices and Their Consequences. *Journal of Political Philosophy*, Hoboken, v. 11, n. 3, p. 338-367, 2003.

FUNG, Archon. Varieties of Participation in Complex Governance. *Public Administration Review*, Hoboken, v. 66, Special Issue: Collaborative Public Management, p. 66-75, 2006.

FURTADO, Celso. *Formação Econômica do Brasil.* 34ª ed. São Paulo: Companhia das Letras, 2007.

G1. Bolsonaro diz que, se eleito, a escolha de ministros seguirá critérios técnicos. *G1*, Rio de Janeiro, 20 de dez. de 2018.

GALBRAITH, John Kenneth. *The Great Crash, 1929.* Boston: Houghton Mifflin, 1997.

GALBRAITH, John Kenneth. *The New Industrial State.* Princeton: Princeton University, 2007.

GALLO, Ernesto. Three varieties of Authoritarian Neoliberalism: Rule by the experts, the people, the leader. *Competition & Change*, Thousand Oaks, v. 26, n. 5, p. 554-574, 2022.

GASPAR, Malu. *A organização*: A Odebrecht e o esquema de corrupção que chocou o mundo. São Paulo: Companhia das Letras, 2020.

GCR. Brazil's Administrative Council for Economic Defence. *GCR*, Londres, 3 de out de 2023.

GEDDES, Barbara. Building "State" Autonomy in Brazil, 1930-1964. *Comparative Politics,* Nova York, v. 22, n. 2, p. 217-235, 1990.

GELDER, Sarah van. (Org.). *This Changes Everything*: Occupy Wall Street and the 99% Movement. São Francisco: Berrett-Koehler, 2011.

GERBER, David J. Constitutionalizing the Economy: German Neo-liberalism, Competition Law and the "New" Europe. *The American Journal of Comparative Law*, Oxford, v. 42, n. 1, p. 25-84, 1994.

GETHIN, Amory; MORGAN, Marc. Democracy and the Politicization of Inequality in Brazil, 1989-2018. *World Inequality Lab – Working Paper*, Paris, n. 2021/07, 2021.

GILBERT, Jeremy. *Common Ground*: Democracy and Collectivity in an Age of Individualism. Londres: Pluto, 2014.

GILMAN, Hollie Russon. *Democracy Reinvented*: Participatory Budgeting and Civic Innovation in America. Washington, D.C.: Brookings, 2016.

GLAESER, Edward L.; SHLEIFER, Andrei. The Rise of the Regulatory State. *Journal of Economic Literature*, Nashville, v. 41, n. 2, p. 401-425, 2003.

GLICK, Mark. Antitrust and Economic History: The Historic Failure of the Chicago School of Antitrust. *The Antitrust Bulletin*, Thousand Oaks, v. 64, n. 3, p. 295-340, 2019.

GLICK, Mark. Antitrust and Economic History: The Historic Failure of the Chicago School of Antitrust. *The Antitrust Bulletin*, Thousand Oaks, v. 64, n. 3, p. 295-340, 2019.

GLICK, Mark. How Chicago Economics Distorts "Consumer Welfare" in Antitrust. *The Antitrust Bulletin*, Thousand Oaks, v. 64, n. 4, p. 495-513, 2019.

GLICK, Mark. The Unsound Theory Behind the Consumer (and Total) Welfare Goal in Antitrust. *The Antitrust Bulletin*, Thousand Oaks, v. 63, n. 4, p. 455-493, 2018.

GOUVÊA, Gilda Portugal. *Burocracia e Elites Burocráticas no Brasil*. São Paulo: Paulicéia, 1994.

GRAHAM, JR., Otis L. *An Encore for Reform*: The Old Progressives and the New Deal. Oxford: Oxford University, 1967.

GRAHAM, JR., Otis L. *Toward a Planned Society*: From Roosevelt to Nixon. Oxford: Oxford Univestiy, 1976.

GRAMSCI, Antonio. *Cadernos do cárcere, volume 3*. 3ª ed. Rio de Janeiro: Civilização Brasileira, 2007a.

GRAMSCI, Antonio. *Cadernos do cárcere, volume 4*. 2ª ed. Rio de Janeiro: Civilização Brasileira, 2007b.

GRAU, Eros Roberto. *A ordem econômica na Constituição de 1988*. 18ª ed. São Paulo: Malheiros, 2017.

HABERMAS, Jürgen. *The Lure of Technocracy*. Cambridge: Polity, 2015.

HABERMAS, Jürgen. *Toward a Rational Society*: Student Protest, Science, and Politics. Boston: Beacon, 1989.

HAHNEL, Robin. The Case against Markets. *Journal of Economic Issues*, Abingdon-on-Thames, v. 41, n. 4, p. 1139-1159, 2007.

HAIDAR, Rodrigo. Na crise, é preciso recrudescer política antitruste. *Migalhas*, São Paulo, 28 de mai. de 2009.

HALL, Peter A.; SOSKICE, David. An Introduction to Varieties of Capitalism. In: HALL, Peter A.; SOSKICE, David (Orgs.). *Varieties of Capitalism*: The Institutional Foundations of Comparative Advantage. Oxford: Oxford University, 2004.

HARVEY, David. *A Brief History of Neoliberalism*. Oxford: Oxford University, 2005.

HAWLEY, Ellis W. *The New Deal and the Problem of Monopoly*. Nova York: Fordham University, 1995.

HAWLEY, Joshua David. *Theodore Roosevelt*: Preacher of Righteousness. New Haven: Yale University, 2008.

HAYEK, Friedrich August von. The Pretence of Knowledge. *The American Economic Review*, Nashville, v. 79, n. 6, p. 3-7, 1989.

HAZLETT, Thomas W. The Legislative History of the Sherman Act Re-examined. *Economic Inquiry*, Hoboken, v. 30, n. 2, p. 263-276, 1992.

HENRIQUES, Walquíria de Castro. Fusão de bancos: Cade deveria ser ouvido. *Conjuntura Econômica*, Rio de Janeiro, ago. de 2004.

HERMANN, Christopher. *The Critique of Commodification*: Contours of a Post-Capitalist Society. Oxford: Oxford University, 2021.

HILTON, Stanley E. Vargas and Brazilian Economic Development, 1930–1945: A Reappraisal of his Attitude Toward Industrialization and Planning. *The Journal of Economic History*, Cambridge, v. 35, n. 4, p. 754-778, 1975.

HIMMELBERG, Robert. *The Origins of the National Recovery Administration*: Business, Government, and the Trade Association Issue, 1921-1933. Nova York: Fordham University, 2000.

HIRSCHMAN, Albert O. Rival Interpretations of Market Society: Civilizing, Destructive, or Feeble? *Journal of Economic Literature*, Nashville, v. 20, n. 4, p. 1463-1484, 1982.

HOCHSTETLER, Kathryn; MONTERO, Alfred P. The Renewed Developmental State: The National Development Bank and the Brazil Model. *The Journal of Development Studies*, Abingdon-on-Thames, v. 43, n. 11, p. 1484-1499, 2013.

HODGSON, Geoffrey M. The Revival of Veblenian Institutional Economics. *Journal of Economic Issues,* Abingdon-on-Thames, v. 41, n. 2, p. 324-340, 2007.

HODGSON, Geoffrey M. Thorstein Veblen: The Father of Evolutionary and Institutional Economics. In: REINERT, Erik S.; VIANO, Francesca Lidia. *Thorstein Veblen*: Economics for an Age of Crises. Cambridge: Cambridge University, 2012.

HOFSTADTER, Richard. *Social Darwinism in American Thought.* Boston: Beacon, 1955.

HOFSTADTER, Richard. Whatever Happened to the Antitrust Movement? In: HOFSTADTER, Richard (Org.). *The Paranoid Style in American Politics and Other Essays.* Nova York: Harper & Row, 1964.

HOLANDA, Sérgio Buarque de. *Raízes do Brasil*: Edição Crítica. São Paulo: Companhia das Letras, 2016.

HOLCOMBE, Randall G. *Political Capitalism*: How Economic and Political Power Is Made and Maintained. Cambridge: Cambridge University, 2018.

HORKHEIMER, Max; ADORNO, Theodor W. *Dialectic of Enlightenment*: Philosophical Fragments. Stanford: Stanford University, 2002.

HORN, Rob Van; MIROWSKI, Philip. The Rise of the Chicago School of Economics and the Birth of Neoliberalism. In: MIROWSKI, Philip; PLEHWE, Dieter (Orgs.). *The Road from Mont Pèlerin*: The Making of the Neoliberal Thought Collective. Cambridge: Harvard University, 2009.

HOVENKAMP, Herbert. Antitrust Policy After Chicago. *Michigan Law Review,* Ann Arbor, v. 84, n. 2, p. 213-284, 1985.

HOVENKAMP, Herbert. *Federal Antitrust Policy*: The Law of Competition and Its Practice. 6ª ed. St. Paul: West, 2020.

HOVENKAMP, Herbert. Post-Chicago Antitrust: A Review and Critique. *Columbia Business Law Journal,* Na York, v. 2001, n. 2, p. 257-338, 2001.

HOVENKAMP, Herbert. Regulatory Conflict in the Gilded Age: Federalism and the Railroad Problem. *The Yale Law Journal,* New Haven, v. 97, n. 6, p. 1017-1072, 1988.

HOVENKAMP, Herbert. *The Antitrust Enterprise:* Principle and Execution. Cambridge: Harvard University, 2005.

HOVENKAMP, Herbert. *The Opening of American Law*: Neoclassical Legal Thought, 1870-1970. Oxford: Oxford University, 2014.

HOVENKAMP, Herbert. Whatever Did Happen to the Antitrust Movement? *Notre Dame Law Review,* Notre Dame, v. 94, n. 2, p. 583-638, 2019a.

HOVENKAMP, Herbet. The Slogans and Goals of Antitrust Law. *N.Y.U. Journal of Legislation and Public Policy,* Nova York, v. 25, n. 1, p. 705-779, 2023.

HOVENKMAP, Herbert. Is Antitrust's Consumer Welfare Principle Imperiled? *Journal of Corporation Law*, Iowa City, v. 45, n. 1, p. 65-94, 2019b.

HOWLETT, Michael. Policy Advice in Multi-Level Governance Systems: Sub-National Policy Analysts and Analysis. *International Review of Public Administration*, Abingdon-on-Thames, v. 13, n. 3, p. 1-16, 2009.

HOWLETT, Michael; JOSHI-KOOP, Sima. Transnational learning, policy analytical capacity, and environmental policy convergence: Survey results from Canada. *Global Environmental Change,* Amsterdã, v. 21, n. 1, p. 85-92, 2011.

HOWLETT, Michael; NEWMAN, Joshua. Policy analysis and policy work in federal systems: Policy advice and its contribution to evidence-based policy-making in multi-level governance systems. *Policy and Society*, Abingdon, v. 29, n. 2, p. 123-136, 2010.

HUBER, Matthew T. *Lifeblood*: Oil, Freedom, and the Forces of Capital. Minneapolis: University of Minnesota, 2013.

HUNTINGTON, Samuel P. *The Third Wave*: Democratization in the Late Twentieth Century. Norman: Oklahoma, 1991.

HUTCHISON, Camden. Law and Economics Scholarship and Supreme Court Antitrust Jurisprudence, 1950-2010. *Lewis & Clark Law Review*, Portland, v. 21, n. 1, p. 145-210, 2017.

ICN. *Competition enforcement and consumer welfare*: setting the agenda. Haia, 2011.

ICN. *Report on the objectives of unilateral conduct laws, assessment of dominance/substantial market power, and state-created monopolies.* Moscou, 2007.

JANKAVSKI, André. Um Cade paralisado à espera do embaixador Eduardo Bolsonaro. *Exame*, São Paulo, 2 de set. de 2019.

JOHNSON, Chalmers. The Developmental State: Odyssey of a Concept. In: WOO-CUMINGS, Meredith (Org.). *The Developmental State*. Cornell: Cornell University, 1999.

JONES, Daniel Stedman. *Masters of the Universe*: Hayek, Friedman, and the Birth of Neoliberal Politics. Princeton: Princeton University, 2013.

JONES, Paul K. *Critical theory and demagogic populism*. Manchester: Manchester University, 2020.

JOSEPHSON, Matthew. *The Robber Barons*: The Great American Capitalists, 1861-1901. San Diego: Harvest/HBJ Book, 1934.

JUNG, Courtney; HIRSCHL, Ran; ROSEVAR, Evan. Economic and Social Rights in National Constitutions. *The American Journal of Comparative Law*, Oxford, v. 62, n. 4, p. 1043-1093, 2014.

KAHN, Alfred E. *The Economics of Regulation*: Principles and Institutions. Cambridge: MIT, 1988.

KALETSKI, Elizabeth *et al.* Does constitutionalizing economic and social rights promote their fulfillment? *Journal of Human Rights*, Abingdon-on-Thames, v. 15, n. 4, p. 433-453, 2016.

KANG, Cecilia. A Leading Critic of Big Tech Will Join the White House. *The New York Times*, Nova York, 5 de mar. de 2021a.

KANG, Cecilia. Biden nominates Lina Khan, a vocal critic of Big Tech, to the F.T.C. *The New York Times*, Nova York, 22 de mar. de 2021b.

KANTER, Jonathan. Assistant Attorney General Jonathan Kanter Delivers Remarks on Modernizing Merger Guidelines. *U.S. DOJ*, Wahsington, D.C., 18 de jan. de 2022.

KAREL, Kosík. *Dialectics of the Concrete*: A Study on Problems of Man and World. Dordrecht: D. Reidel, 1976.

KARP, Jonathan. Palocci Puts a Credible Face On Brazil's Difficult Finances. *The Wall Street Journal,* Nova York, 14 de abr. de 2003.

KENNEDY, David. *A World of Struggle*: How Power, Law, and Expertise Shape Global Political Economy. Princeton: Princeton University, 2016.

KENNEDY, Brian; TYSON, Alec; FUNK, Cary. Americans' Trust in Scientists, Other Groups Declines. *Pew Research Center*, Washington, D.C., 15 de fev. de 2022.

KHAN, Lina. Amazon's Antitrust Paradox. *The Yale Law Journal*, New Haven, v. 126, n. 3, p. 710-805, 2017.

KLABBERS, Jan. Conceptualizing Expert Accountability: Towards Virtue. In: ARCURI, Alessandra; COMAN-KUND, Florin (Orgs.). *Technocracy and the Law*; Accountability, Governance and Expertise. Abingdon-on-Thames: Routledge, 2021.

KLEIN, Cristian. Protesto é resposta à tecnocracia, diz Nobre. *Valor Econômico*, São Paulo, 18 de jun. de 2013.

KNUTSEN, Carl Henrik *et al.* Introducing the Historical Varieties of Democracy dataset: Political institutions in the long 19th century. *Journal of Peace Research*, Thousand Oaks, v. 56, n. 3, p. 440-451, 2019.

KOHLI, Atul. *State-Directed Development*: Political Power and Industrialization in the Global Periphery. Cambridge: Cambridge University, 2004.

KOLHATKAR, Sheelah. How Elizabeth Warren Came Up with a Plan to Break Up Big Tech. *New Yorker*, Nova York, 20 de ago. de 2019.

KORAH, Valentine. From Legal Form toward Economic Efficiency—Article 85(1) of the EEC Treaty in Contrast of U.S. Antitrust. *The Antitrust Bulletin*, v. 35, n. 4, p. 1009-1036, 1990. WITT, Anne C. *The More Economic Approach to EU Antitrust Law*. Oxford: Hart, 2016.

KOVACIC, William E. Built to Last? The Antitrust Legacy of the Reagan Administration, *Federal Bar News & Journal*, Arlington, v. 35, n. 5, p. 244-250, 1988a.

KOVACIC, William E. Public Choice and the Public Interest: Federal Trade Commission Antitrust Enforcement during the Reagan Administration. *The Antitrust Bulletin*, Thousand Oaks, v. 33, n. 3, p. 467-504, 1988b.

KRUGMAN, Paul. Toward a Counter-Counterrevolution in Development Theory. *World Bank Economic Review*, Oxford, v. 6, n. 1, p. 15-38, 1992.

KUBITSCHEK, Juscelino. *Diretrizes gerais do plano nacional de desenvolvimento*. Belo Horizonte: O. Nicolai, 1955.

KUSEK, Jody Zall; RIST, Ray C. *Ten Steps to a Results-Based Monitoring and Evaluation System*. Washington, D.C.: Banco Mundial, 2004.

KWOKA, John. *Mergers, Merger Control, And Remedies*: A Response to the FTC Critique. [S.l.: s.n.], 2017.

KWOKA, John. *Mergers, Merger Control, and Remedies*: A Retrospective Analysis of U.S. Policy. Cambridge: MIT, 2015.

KWOKA, John.; WHITE, Lawrence J. Introduction. In: KWOKA, John.; WHITE, Lawrence J. (Orgs.). *The Antitrust Revolution*. Nova York: HarperCollins, 1989.

LAMOREAUX, Naomi R. Entrepreneurship, Business Organization, and Economic Concentration. In: ENGERMAN, Stanley L.; GALLMAN, Robert E. (Orgs.). *The Cambridge Economic History of the United States*. Cambridge: Cambridge University, 2000, v. II.

LAMOREAUX, Naomi R. *The Great Merger Movement in American Business, 1895-1904*. Cambridge: Cambridge University, 1985.

LANCIERI, Filippo; POSNER, Eric A.; ZINGALES, Luigi. The Political Economy of the Decline of Antitrust Enforcement in the United States. *Antitrust Law Journal*, Chicago, v. 85, n. 2, p. 441-519, 2023.

LANDE, Robert H. A Framework for Evaluating the Antitrust Legacy of the Reagan Administration. *Federal Bar News & Journal*, Arlington, v. 35, n. 5, p. 228-231, 1988.

LANDIM, Raquel. *Why not:* Como os irmãos Joesley e Wesley, da JBS, transformaram um açougue em Goiás na maior empresa de carnes do mundo, corromperam centenas de políticos e quase saíram impunes. São Paulo: Intrínseca, 2019.

LANDIS, James M. *The Administrative Process*. New Haven: Yale University, 1938.

LAROUCHE, Pierre; STREEL, Alexandre de. The European Digital Markets Act: A Revolution Grounded on Traditions. *Journal of European Competition Law & Practice*, Oxford, v. 12, n. 7, p. 542-560, 2021.

LARUFFA, Francesco. Neoliberalism, Economization and the Paradox of the New Welfare State. *European Journal of Sociology*, Cambridge, v. 63, n. 1, p. 131-163, 2022.

LATINFINANCE. All Lula's Men. *LatinFinance,* Nova York, 1 de mar. de 2003.

LEAHY, Joe. Technocrat Rousseff makes her mark on Brazil. *Financial Times*, Londres, 3 de fev. de 2011.

LEAL, Victor Nunes. *Coronelismo, enxada e voto*: O município e o regime representativo no Brasil. 4ª ed. São Paulo: Companhia das Letras, 2012.

LENARDÃO, Elsio. A relação entre 'modernização' neoliberal e práticas políticas "atrasadas" no Brasil dos anos 1990. *Revista de Sociologia e Política*, Curitiba, v. 16, n. 31, p. 197-214, 2008.

LETWIN, William. The First Decade of the Sherman Act: Early Administration. *The Yale Law Journal*, New Haven, v. 68, n. 3, p. 464-495, 1959a.

LETWIN, William. The First Decade of the Sherman Act: Judicial Interpretation. *The Yale Law Journal*, New Haven, v. 68, n. 5, p. 900-929, 1959b.

LEVI-FAUR, David. The Odyssey of the Regulatory State: From a "Thin" Monomorphic Concept to a "Thick" and Polymorphic Concept. *Law & Policy*, Hoboken, v. 35, n. 1-2, p. 29-50, 2013.

LEVITSKY, Steven; ZILBLATT, Daniel. *Como as democracias morrem*. Rio de Janeiro: Zahar, 2018.

LIANOS, Ioannis. Competition Law as a Form of Social Regulation. *The Antitrust Bulletin*, Thousand Oaks, v. 65, n. 1, p. 3-86, 2020.

LIANOS, Ioannis. Polycentric Competition Law. *Current Legal Problems*, Oxford, v. 71, n. 1, p. 161-213, 2018.

LIANOS, Ioannis. The Contribution of the United Nations to the Emergence of Global Antitrust Law. *Tulane Journal of International & Comparative Law*, Nova Orleans, v. 15, n. 2, p. 1-49, 2007.

LIJPHART, Arend. *Patterns of Democracy*: Government Forms and Performance in Thirty-Six Countries. 2ª ed. New Haven: Yale University, 2012.

LIPSKY, Michael. *Street-Level Bureaucracy*: Dilemmas of the Individual in Public Services. Nova York: Russell Sage, 2010.

LITTLER, Craig R. Understanding Taylorism. *The British Journal of Sociology*, Hoboken, v. 29, n. 2, p. 185-202, 1978.

LIVINI, Ephrat; GANDEL, Stephen. Larry Summers Criticizes Biden's 'Populist Antitrust' Approach. *The New York Times*, Nova York, 24 de mai. de 2022.

LUGARD, Paul (Org.). *The International Competition Network at Ten*: Origins, Accomplishments and Aspirations. Cambridge: Intersentia, 2011.

LÜHRMANN, Anna; LINDBERG, Staffan I. A third wave of autocratization is here: what is new about it? *Democratization*, Abingdon-on-Thames, v. 26, n. 7, p. 1095-1113, 2019.

LUNA, Denise. Petrobras se movimenta para enterrar de vez plano de privatização de refinarias. *Estado de São Paulo*, São Paulo, 29 de nov. de 2023.

MAJONE, Giandomenico. From the Positive to the Regulatory State: Causes and Consequences of Changes in the Mode of Governance. *Journal of Public Policy*, Cambridge, v. 17, n. 2, p. 139-167, 1997.

MARCUSE, Herbert. From Ontology to Technology: Fundamental Tendencies of Industrial Society. In: BRONNER, Stephen Eric; KELLNER, Douglas MacKay (Orgs.). *Critical Theory and Society*: A Reader. Abingdon-on-Thames: Routledge, 1989.

MARCUSE, Herbert. *One-Dimensional Man*. Abingdon-on-Thames: Routledge, 2006.

MARGLIN, Stephen A.; SCHOR, Juliet B. (Orgs.). *The Golden Age of Capitalism*: Reinterpreting the Postwar Experience. Oxford: Oxford University, 1992.

MARINELLI, Felipe. *O pensamento de Antônio Delfim Netto e o milagre econômico brasileiro (1968-73)*. Dissertação (Mestrado em História Econômica) – Faculdade de Filosofia, Letras e Ciências Humanas da Universidade de São Paulo, São Paulo, 2017.

MARINESCU, Ioana; QIU, Yue; SOJOURNER, Aaron. Wage Inequality and Labor Rights Violations. *IZA Institute of Labor Economics Discussion Paper*, Bonn, n. 14112, 2021.

MARQUES, Hugo; BRONZATTO, Thiago; BORGES, Laryssa. Em áudio, Joesley promete repassar dinheiro para Ciro Nogueira. *Veja*, São Paulo, 6 de out. de 2017.

MARTELLO, Alexandro. Igualdade salarial: órgão do Cade recomenda que empresas não publiquem relatórios sobre remunerações; ministro questiona. *G1*, Rio de Janeiro, 15 de mar. de 2024.

MARTIN, David Dale. *Mergers and The Clayton Act*. Berkeley: University of California, 1959.

MARTINS, Carlos Estevam. *A tecnocracia na história*. São Paulo: Alfa Omega, 1975.

MARTINS, Carlos Estevam. *Tecnocracia e capitalismo*. São Paulo: Brasiliense; CEBRAP, 1974.

MASON, Edward S. *Economic Concentration and the Monopoly Problem*. Cambridge: Harvard University, 1957.

MASON, Edward S. The Current Status of the Monopoly Problem in the United States. *Harvard Law Review*, Cambridge, v. 62, n. 8, p. 1265-1285, 1949.

MATA, Milton da. Controles de preços na economia brasileira: aspectos institucionais e resultados. *Pesquisa e Planejamento Econômico*, Rio de Janeiro, v. 10, n. 3, p. 311-354, 1980.

MATTOS, César. Introdução. In: A revolução do antitruste no Brasil. A teoria econômica aplicada a casos concretos. In: MATTOS, César (Org.). *A revolução do antitruste no Brasil*: a teoria econômica aplicada a casos concretos. São Paulo: Singular, 2003.

MATTOS, César. Um Pouco da História da Lei 12.529/2011. In: CAMPILONGO, Celso; PFEIFFER, Roberto (Orgs.). *A evolução do antitruste no Brasil*. São Paulo: Singular, 2018.

MATTOS, Paulo Todescan Lessa. *O novo Estado regulador no Brasil*: Eficiência e legitimidade. 2ª ed. São Paulo: Revista dos Tribunais, 2017.

MCCRAW, Thomas K. *Prophets or Regulation*: Charles Francis Adams; Louis D. Brandeis; James M. Landis; Alfred E. Kahn. Cambridge: Bellknap, 1984.

MELAMED, A. Douglas; PETIT, Nicolas. The Misguided Assault on the Consumer Welfare Standard in the Age of Platform Markets. *Review of Industrial Organization*, Nova York, v. 54, n. 4, p. 741-774, 2019.

MELLO, João Manuel Cardoso de. *O Capitalismo Tardio*: Contribuição à Revisão Crítica da Formação e do Desenvolvimento da Economia Brasileira. 8ª ed. São Paulo: Brasiliense, 1982.

MENG, X. H. *et al.* The impact of product market competition on corporate environmental responsibility. *Asia Pacific Journal of Management*, Nova York, v. 33, p. 267-291, 2016.

MEYNAUD, Jean. *Technocracy*. Nova York: Free, 1969.

MILLSTEIN, Ira M.; KESSLER, Jeffrey L. The antitrust legacy of the Reagan Administration. *The Antitrust Bulletin*, Thousand Oaks, v. 33, n. 3, p. 505-541, 1988.

MIOLA, Iagê Zendron. *Law and the Economy in Neoliberalism*: the Politics of Competition Regulation in Brazil. Tese (Doutorado em Direito) – Università degli Studi di Milano, Milão, 2014.

MISCAMBLE, Wilson D. Thurman Arnold Goes to Washington: A Look at Antitrust Policy in the Later New Deal. *Business History Review*, Cambridge, v. 56, n. 1, p. 1-15, 1982.

MOLLO, Maria de Lourdes Rollemberg; SAAD-FILHO, Alfredo. Neoliberal Economic Policies in Brazil (1994–2005): Cardoso, Lula and the Need for a Democratic Alternative. *New Political Economy*, Abingdon--on-Thames, v. 11, n. 1, p. 99-123, 2006.

MOMMSEN, Wolfgang J. *The Age of Capitalism and Bureaucracy*: Perspectives on the Political Sociology of Max Weber. 2ª ed. Nova York: Berghahn, 2021.

MONTI, Mario. Antitrust in the US and Europe : a History of convergence. *European Commission,* Bruxelas, 14 de nov. de 2001.

MOORE, Alan; LLOYD, David. *V for Vendetta*. Nova York: DC, 1988.

MORAIS, Levi; SAAD-FILHO, Alfredo. Neo-Developmentalism and the Challenges of Economic Policy-Making under Dilma Rousseff. *Critical Sociology*, Thousand Oaks, v. 38, n. 6, p. 789-798, 2012.

MORAN, Márcio Roberto. *Determinants of merger review decisions*: An assessment of the Brazilian antitrust authority's capabilities and the influential role of antitrust commissioners. Tese (Doutorado em Economia) – Faculdade de Economia, Administração e Contabilidade da Universidade de São Paulo, São Paulo, 2015.

MORAN, Michael. The Rise of the Regulatory State. In: COEN, David; GRANT, Wyn; WILSON Graham (Orgs.). *The Oxford Handbook of Business and Government*. Oxford: Oxford University, 2010.

MORGAN, Thomas D.; PIERCE, JR., Richard J. *Cases and Materials on Modern Antitrust Law and Its Origins.* 7ª ed. St. Paul: West Academic, 2023.

MORRISON, Sara. Elizabeth Warren's plan to break up Big Everything. *Vox*, Washington, D.C., 5 de abr. de 2022.

MÖSCHEL, Wernhard. Competition Policy from an Ordo Point of View. In: PEACOCK, Alan; WILLGERODT, Hans (Orgs.). *German Neo-Liberals and the Social Market Economy.* Nova York: Palgrave Macmillan, 1989.

MOUNK, Yascha. *O povo contra a democracia*: por que nossa liberdade corre perigo e como salvá-la. São Paulo: Companhia das Letras, 2019.

MUGNOL, Marcelo. "O Cade é uma instituição pública de excelência, com um corpo notável e brilhante", diz economista. *GZH*, Porto Alegre, 10 de mar. de 2020.

MURIS, Timothy J. Economics and Antitrust. *George Mason Law Review*, Arlington, v. 5, n. 3, p. 303-312, 1997.

MUSACCHIO, Aldo LAZZARINI, Sergio G. *Reinventing State Capitalism*: Leviathan in Business, Brazil and Beyond. Cambridge: Harvard University, 2014.

NAGEL, Stuart S. Introduction. In: NAGEL, Stuart S. (Org.). *Handbook of Public Policy Evaluation*. Thousand Oaks: Sage, 2002.

NETO, Lira. *Getúlio:* Dos anos de formação à conquista do poder (1882-1930). São Paulo: Companhia das Letras, 2012.

NEWMAN, John. Reactionary Antitrust. *Concurrences*, Paris, n. 4, p. 66-72, 2019.

NICHOLS, Tom. *The Death of Expertise*: The Campaign against Established Knowledge and Why It Matters. Oxford: Oxford University, 2017.

NOBRE, Marcos. A revolta conservadora. *Piauí*, São Paulo, 2018.

NOBRE, Marcos. Contagem regressiva: a responsabilidade do campo democrático para evitar a catástrofe. *Piauí*, São Paulo, 2019a.

NOBRE, Marcos. O caos como método. Piauí, São Paulo, 2019b.

NOBRE, Marcos. *Ponto-final*: a guerra de Bolsonaro contra a democracia. São Paulo: Todavia, 2020.

NOVELLI, José Marcos N.; GALVÃO, Andréia. The Political Economy of Neoliberalism in Brazil in the 1990s. *International Journal of Political Economy*, Abingdon-on-Thames, v. 31, n. 4, p. 3-52, 2002.

O'DONNELL, Guilhermo A. *Modernization and Bureaucratic-Authoritarianism*: Studies in South American Politics. Berkeley: University of California, 1973.

OCDE. Competition and Inflation: OECD Competition Policy Roundtable Background Note. Paris, 2022.

OCDE. *Competition and Poverty Reduction*. Paris, 2013.

OCDE. *Competition Law and Policy in Brazil*: A Peer Review. Paris, 2005.

OCDE. *How Can Governments Leverage Policy Evaluation to Improve Evidence Informed Policy Making? Highlights from an OECD comparative study*. Paris, 2020.

OCDE. *Lei e Política de Concorrência no Brasil*: Uma revisão pelos pares. Paris, 2010.

OCDE. *OECD Peer Reviews of Competition Law and Policy*: Brazil. Paris, 2019.

OCDE. OECD: Report on the Operation of the 1967 Council Recommendation concerning Cooperation between Member Countries on Restrictive Business Practices Affecting International Trade [C(67)53(-FINAL)] during the Period 1967-1975. *The Antitrust Bulletin*, Thousand Oaks, v. 22, n. 2, p. 459-485, 1977.

OCDE. *Peer Reviews of Competition Law and Policy in Latin America*: A Follow-up, Argentina, Brazil, Chile, Mexico, Peru. Paris, 2007.

OCDE. *State-Owned Enterprises in the Development Process*. Paris, 2015.

O'DONNELL, Guillermo. *Accountability* horizontal *e novas poliarquias*. *Lua Nova*, São Paulo, n. 44, p. 27-54, 1998.

OLIVEIRA, Francisco de. Entre São Bernardo e a avenida Paulista? *Folha de São Paulo*, São Paulo, 29 de dez. de 2002.

OLIVEIRA, Lucia Lippi. Vargas, os Intelectuais e as Raízes da Ordem. In: D'ARAUJO, Maria Celina (Org.). As Instituições Brasileiras da Era Vargas. Rio de Janeiro: UERJ; FGV, 1999.

OLSON, Richard G. *Scientism and Technocracy in the Twentieth Century*: The Legacy of Scientific Management. Lanham: Lexington Books, 2016.

ONTO, Gustavo Gomes. *Ficções econômicas e realidades jurídicas*: uma etnografia da política de defesa da concorrência no Brasil. Tese (Doutorado em Antropologia Social) – Museu Nacional da Universidade Federal do Rio de Janeiro, Rio de Janeiro, 2016.

ONU. Environment Programme. *Global Resources Outlook 2019*: Natural Resources for the Future We Want. Nairobi, 2019.

ONU. Environment Programme. *Universal Ownership*: Why environmental externalities matter to institutional investors. Genebra, 2008.

ONU. FOA. *Natural Capital Impacts in Agriculture*: Supporting Better Business Decision-Making. Roma, 2015.

OPEN MARKETS INSTITUTE. *America's Concentration Crisis*: An Open Markets Institute Report. Washington, D.C., 2019.

ORBACH, Barak. Antitrust Populism. *NYU Journal of Law & Business*, Nova York, v. 14, n. 1, p. 1-25, 2017.

OSTROM, Elinor. Beyond Markets and States: Polycentric Governance of Complex Economic Systems. *The American Economic Review*, Nashville, v. 100, n. 3, p. 641-672, 2010.

OSTROM, Elinor. *Governing the Commons*: The Evolution of Institutions for Collective Action. Cambridge: Cambridge University, 1990.

PAIVA, Letícia. Ex-conselheiros do Cade se manifestam contra risco de 'desvio da atuação' do órgão. *JOTA*, São Paulo, 27 de out. de 2022.

PALOCCI, Antônio. *Sobre formigas e cigarras*. São Paulo: Objetiva, 2007.

PANHANS, Matthew T. The Rise, Fall, and Legacy of the Structure--Conduct-Performance Paradigm. *Journal of the History of Economic Thought*, Cambridge, p. 1-21, 2023.

PARKER, Christine; BRAITHWAITE, John. Regulation. In: TUSHNET, Mark; CANE, Peter (Orgs.). *The Oxford Handbook of Legal Studies*. Oxford: Oxford University, 2012.

PATE, R. Hewitt. What I Heard in the Great Hall of the People – Realistic Expectations of Chinese Antitrust. *Antitrust Law Journal*, v. 75, n. 1, p. 195-211, 2008.

PATEMAN, Carole. Participatory Democracy Revisited. *Perspectives on Politics*, Cambridge, v. 10, n. 1, p. 7-19, 2012.

PAUL, Sanjukta. Antitrust as Allocator of Coordination Rights. *UCLA Law Review*, Los Angeles, v. 67, n. 2, p. 378-431, 2020.

PAUL, Sanjukta. Recovering the Moral Economy Foundations of the Sherman Act. *The Yale Law Journal*, New Haven, v. 131, n. 1, p. 175-255, 2021.

PERITZ, Rudolph J. R. *Competition Policy in America*: History, Rhetoric, Law. 2ª ed. Oxford: Oxford University, 2000.

PETTIT, Philip. Depoliticizing Democracy. *Ratio Juris*, v. 17, n. 1, p. 52-65, 2004.

PICKERING, Mary. Conclusion: The Legacy of Auguste Comte. In: BOURDEAU, Michel; PICKERING, Mary; SCHMAUS, Warren (Orgs.). *Love, Order, and Progress*: The Science, Philosophy & Politics of Auguste Comte. Pittsburgh: University of Pittsburgh, 2018.

PIMENTA, Roberto de Castro. *O Paradoxo das Multas Antitruste*: Baixa efetividade das condenações do CADE e limites das multas antitruste. Rio de Janeiro: Lumen Juris, 2022.

PIORE, Michael J. Beyond Markets: Sociology, street-level bureaucracy, and the management of the public sector. *Regulation & Governance*, Hoboken, v. 5, n. 1, p. 145-164, 2011.

PITOFSKY, Robert. The Political Content of Antitrust. *University of Pennsylvania Law Review*, Filadélfia, v. 127, p. 1051-1075, 1979.

PLATO. *The Republic*. Cambridge: Cambridge University, 2000.

POLANYI, Karl. *The Great Transformation*: The Political and Economic Origins of Our Time. Boston: Beacon, 2001.

POPE, Clayne. Inequality in the Nineteenth Century. In: ENGERMAN, Stanley L.; GALLMAN, Robert E. (Orgs.). *The Cambridge Economic History of the United States*. Cambridge: Cambridge University, 2000, v. II.

POSNER, Eric A.; WEYL, E. Glen. *Radical Markets*: Uprooting Capitalism and Democracy for a Just Society. Princeton: Princeton University, 2018.

POSNER, Richard A. The Chicago School of Antitrust Analysis. *University of Pennsylvania Law Review*, Filadélfia, v. 127, p. 925-948, 1979.

POSNER, Richard A.; LANDES, William M. Market Power in Antitrust Cases. *Harvard Law Review*, Cambridge, v. 94, n. 5, p. 937-996, 1981.

PRIMI, Annalisa. Nurkse and the Early Latin American Structuralists: A Reflection on Development Theory, Industrialization and their Relevance Today. In: KATTEL, Rainer; KREGEL, Jan; REINERT, Erik (Orgs.). *Ragnar Nurkse (1907–2007)*: Classical Development Economics and its Relevance for Today. Londres: Anthem, 2009.

PRZYBYLA, Marcin; ROMA, Moreno. Does Product Market Competition Reduce Inflation? Evidence from EU Countries and Sectors. *European Central Bank Working Paper Series*, Frankfurt, n. 453, 2005.

PUPO, Fábio. MPF contesta aval para compra da Transfederal. *Valor Econômico*, São Paulo, 11 de dez. de 2018.

PUTNAM, Robert D. Elite Transformation in Advanced Industrial Societies: An Empirical Assessment of the Theory of Technocracy. *Comparative Political Studies*, Thousand Oaks, v. 10, n. 3, p. 383-412, 1977.

PUTNAM, Samuel. Vargas Dictatorship in Brazil. *Science & Society*, Nova York, v. 5, n. 2, p. 97-116, 1941.

PWC. *February 2023 Global Consumer Insights Pulse Survey*. Londres, 2023.

RABELO, Fernanda Lima. *De experts a bodes expiatórios*: a elite técnica do DASP e a reforma administrativa no Estado Novo (1938-1945). Curitiba: CRV, 2020.

RABIN, Robert L. Federal Regulation in Historical Perspective. *Stanford Law Review*, Stanford, v. 38, n. 5, p. 1189-1326, 1986.

RAHMAN, Sabeel. *Democracy Against Domination*. Oxford: Oxford University, 2017.

RAMESH, M.; SAGUIN, Kidjie; HOWLETT, Michael. Measuring Individual-Level Analytical, Managerial and Political Policy Capacity: A Survey Instrument. *Lee Kuan Yew School of Public Policy Working Paper Series*, Singapura, n. LKYSPP 16-07, 2016.

RENNÓ, Lucio R. The Bolsonaro Voter: Issue Positions and Vote Choice in the 2018 Brazilian Presidential Elections. *Latin American Politics and Society*, Cambridge, v. 62, n. 4, p. 1-23, 2020.

RESENDE, Guilherme Mendes; SACCARO JUNIOR, Nilo Luiz; MENDONÇA Mário Jorge (Orgs.). *Avaliação de políticas públicas no Brasil*: uma análise das políticas de defesa da concorrência. Rio de Janeiro: Ipea; CADE, 2020.

REZNECK, Samuel. Mass Production Since the War Between the States. In: WILLIAMSON, Harold F. (Org.). *The Growth of the American Economy*. 2ª ed. Nova York: Prentice-Hall, 1959.

RHODES, R. A. W. The New Governance: Governing without Government. *Political Studies*, Thousand Oaks, v. 44, n. 4, p. 652-667, 1996.

RIBEIRO, Eduardo Pontual. Economic Analysis in Antitrust: The Case of Brazil. In: JENNY, Frederic; KATSOULACOS, Yannis (Orgs.). *Competition Law Enforcement in the BRICS and in Developing Countries*: Legal and Economic Aspects. Nova York: Springer, 2016.

RIBEIRO, Eduardo Pontual; PIRES-ALVES, Camila; PRADO, Luiz Carlos D. Antitrust and Competition Policy in Brazil. In: AMANN, Edmund; AZZONI, Carlos R.; BAER, Werner (Orgs.). *The Oxford Handbook of the Brazilian Economy*. Oxford: Oxford University, 2018.

RICUPERO, Bernardo. Da formação à forma: ainda as "idéias fora do lugar". *Lua Nova*, São Paulo, n. 73, p. 59-69, 2008.

RITCHIE, Donald A. *James M. Landis*: Dean of the Regulators. Cambridge: Harvard University, 1980.

RODRIGUES, Lorenna. Novo presidente do Cade, Alexandre Cordeiro diz que tenderá a ser 'menos intervencionista'. *Estado de São Paulo*, São Paulo, 14 de jul. de 2021.

RODRIGUES, Lorenna. O jantar que selou o destino da Oi. *Broadcast*, São Paulo, 16 de fev. de 2022.

RODRIGUES, Lorenna; PIMENTA, Guilherme. Oi: 'Consumidor vai ter de migrar para pacotes mais caros', diz conselheiro do Cade. *O Estado de São Paulo*, São Paulo, 11 de fev. de 2022.

RODRIK, Dani. *The Globalization Paradox*: Democracy and the Future of the World Economy. Nova York: W. W. Norton, 2011.

ROOSEVELT, Theodore. *American Problems*. Nova York: Outlook, 1910.

ROSENOF, Theodore. *Economics in the Long Run*: New Deal Theorists and Their Legacies, 1933-1993. Chapel Hill: University of North Carolina, 1997.

ROSENSTEIN-RODAN, Paul. Problems of Industrialisation of Eastern and South-Eastern Europe. *The Economic Journal*, Londres, v. 53, n. 210/211, p. 202-211, 1943.

ROWE, Frederick M. The Decline of Antitrust and the Delusions of Models: The Faustian Pact of Law and Economics. *Georgetown Law Journal*, Washington, D.C., v. 72, n. 5, p. 1511-1570, 1984.

ROWNEY, Don K. *Transition to Technocracy*: The Structural Origins of the Soviet Administrative State. Ithaca: Cornell University, 1989.

RUGITSKY, Fernando. The ideologies of positive economics: technocracy, laissez-faire, and the tensions of Friedman's methodological claims. *Estudos Econômicos*, São Paulo, v. 45, n. 3, p. 499-525, 2015.

RUNCIMAN, David. *How Democracy Ends*. Londres: Profile Books, 2018.

SAAD, Lydia. Do Americans Like or Dislike 'Big Business'? *Gallup*, Washington, D.C., 27 de jul. de 2022.

SAAD-FILHO, Alfredo, Varieties of Neoliberalism (2003–2019). *Latin American Perspectives*, Thousand Oaks, v. 47, n. 1, p. 9-27, 2020.

SAAD-FILHO, Alfredo. *Growth and Change in Neoliberal Capitalism*: Essays on the Political Economy of Late Development. Leiden: BRILL, 2021.

SAAD-FILHO, Alfredo. Neoliberalism, Democracy and Development Policy in Brazil. In: KYUNG-SUP, Chang; FINE, Ben; WEISS, Linda

(Orgs.). *Developmental Politics in Transition:* The Neoliberal Era and Beyond. Nova York: Palgrave Macmillan, 2012.

SAFFON, Maria Paula; URBINATI, Nadia. Procedural Democracy, the Bulwark of Equal Liberty. *Political Theory*, Thousand Oaks, v. 41, n. 3, p. 441-481, 2013.

SAINT-SIMON. *Catéchisme des industriels*. Paris: Sétier, 1823.

SALGADO, Lucia Helena. Desvios, abusos e usurpações: o dia em que o Cade (quase) perdeu o rumo. *JOTA*, São Paulo, 17 de out. de 2022.

SALOMÃO FILHO, Calixto. *A Legal Theory of Economic Power*: Implications for Social and Economic Development. Cheltenham: Edward Elgar, 2011.

SALOMÃO FILHO, Calixto. A paralisia do antitruste. *Revista do IBRAC*, São Paulo, v. 16, n.1, p. 305-323, 2009.

SALOMÃO FILHO, Calixto. Less markets: a critical analysis of market existence and functioning. In: MATTEI, Ugo; HASKELL, John D. (Orgs.). *Research Handbook on Political Economy and Law*. Cheltenham: Edward Elgar, 2015a.

SALOMÃO FILHO, Calixto. *Monopolies and Underdevelopment*: From Colonial Past to Global Reality. Cheltenham: Edward Elgar, 2015b.

SALOMÃO FILHO, Calixto. *Teoria crítico-estruturalista do direito comercial*. São Paulo: Marcial Pons, 2015c.

SAMOR, Geraldo; ARBEX, Pedro. No CADE, um novo xerife cauteloso com os remédios que aplica. *Brazil Journal*, Rio de Janeiro, 14 de jul. de 2021.

SÁNCHEZ-CUENCA, Ignacio. Neoliberal technocracy: The challenge to democratic self-government. In: BERTSOU, Eri; CARAMANI, Daniele (Orgs.). *The Technocratic Challenge to Democracy.* Abingdon-on--Thames: Routledge, 2020.

SANTOS, Marco Antonio Cabral dos. Francisco Campos: um ideólogo para o Estado Novo. *Locus: revista de história*, Juiz de Fora, v. 13, n. 2, p. 31-48, 2007.

SARTORETTO, Leonardo. O encontro de Vargas com a obra de Oliveira Vianna: um momento da gênese do Brasil moderno. *Mundo e Desenvolvimento*, São Paulo, v. 6, n. 8, p. 68-81, 2022.

SAWYER, Laura Phillips. *American Fair Trade*: Proprietary Capitalism, Corporatism, and the "New Competition," 1890-1940. Nova York: Cambridge University, 2018.

SAWYER, Laura Phillips. U.S. Antitrust Law and Policy in Historical Perspective. *Harvard Business School Working Paper*, Cambridge, n. 19-110, 2019.

SCHEDLER, Andreas (Org.). *The End of Politics? Explorations into Modern Antipolitics.* Nova York: Macmillan, 1997.

SCHEPPELE, Kim Lane. Autocratic Legalism. *The University of Chicago Law Review*, Chicago, v. 85, n. 2, p. 545-584, 2018.

SCHMAUS, Warren; PICKERING, Mary; BOURDEAU, Michel. Introduction: The Significance of Auguste Comte. In: BOURDEAU, Michel; PICKERING, Mary; SCHMAUS, Warren (Orgs.). *Love, Order, and Progress*: The Science, Philosophy & Politics of Auguste Comte. Pittsburgh: University of Pittsburgh, 2018.

SCHNEIDER, Ben Ross. Brazil under Collor: Anatomy of a Crisis. *World Policy Journal*, Durham, v. 8, n. 2, p. 321-347, 1991.

SCHNEIDER, Ben Ross. *Business Politics and the State in Twentieth-Century Latin America*. Cambridge: Cambridge University, 2004.

SCHNEIDER, Ben Ross. O Estado Desenvolvimentista no Brasil: Perspectivas Históricas e Comparadas. *Texto para Discussão, Ipea*, Rio de Janeiro, n. 1871, 2013.

SCHNEIROV, Richard. Thoughts on Periodizing the Gilded Age: Capital Accumulation, Society, and Politics, 1873-1898. *The Journal of the Gilded Age and Progressive Era*, Cambridge, v. 5, n. 3, p. 189-224, 2006.

SCHREPEL, Thibault. Antitrust Without Romance. *NYU Journal of Law & Liberty*, Nova York, v. 13, p. 326-431, 2020.

SCHUARTZ, Luis Fernando. A Desconstitucionalização do Direito de Defesa da Concorrência. *Revista do IBRAC*, São Paulo, v. 16, n. 1, p. 325-352, 2009.

SCHUBERT, Gregor; STANSBURY, Anna. Antitrust Should Be Used as a Targeted Response to Employer Concentration, But It Can't Do Everything. *ProMarket*, Chicago, 8 de dez. de 2021.

SCHUDSON, Michael. The trouble with experts – and why democracies need them. *Theory and Society*, Nova York, v. 35, n. 5/6, p. 491-506, 2006.

SCHUMPETER, Joseph A. *Capitalism, Socialism and Democracy*. Abingdon-on-Thames: Routledge, 2003.

SCHWARZ, Roberto. *Ao vencedor as batatas*: forma literária e processo social nos inícios do romance brasileiro. 5ª ed. São Paulo: Duas Cidades, 2000.

SCHWARZ, Roberto. *Sequências brasileiras*: ensaios. São Paulo: Companhia das Letras, 1999.

SCITOVSKY, Tibor. Two Concepts of External Economies. *Journal of Political Economy*, Chicago, v. 62, n. 2, p. 143-151, 1954.

SCOTT, Andrew M. The Progressive Era in Perspective. *The Journal of Politics*, Chicago, v. 21, n. 4, p. 685-701, 1959.

SELF, Peter. *Econocrats and the Policy Process*: The Politics and Philosophy of Cost-Benefit Analysis. Londres: Macmillan, 1975.

SHAPIRO, Carl. Antitrust in a time of populism. *International Journal of Industrial Organization,* Amsterdã, v. 61, p. 714-748, 2018.

SHAPIRO, Martin. A comparison of US and European independent agencies. In: ROSE-ACKERMAN, Susan; LINDSETH, Peter L.; EMERSON, Blake. (Orgs.). *Comparative Administrative Law*. 2ª ed. Cheltenham: Edward Elgar, 2017.

SHENEFIELD, John H. Coherence or Confusion: The Future of the Global Antitrust Conversation. *The Antitrust Bulletin*, Thousand Oaks, v. 49, n. 1-2, p. 385-434, 2004.

SHEPHERD, William G. Donald Turner and the economics of antitrust. *The Antitrust Bulletin,* Thousand Oaks, v. 41, n. 4, p. 935-948, 1996

SHILLER, Robert J. *Narrative Economics*: How Stories Go Viral & Drive Major Economic Events. Princeton: Princeton University, 2019.

SILVA, Nelson do Valle. Brazilian Society: Continuity and Change, 1930–2000. In: BETHELL, Leslie (Org.). *The Cambridge History of Latin America*. Cambridge: Cambridge University, 2008, v. IX.

SKIDMORE, Thomas E. Politics and Economic Policy Making in Authoritarian Brazil, 1937-71. In: STEPAN, Alfred (Org.). *Authoritarian Brazil*. New Haven: Yale University, 1973.

SKIDMORE, Thomas E. *Politics in Brazil, 1930-1964*: An Experiment in Democracy. Oxford: Oxford University, 1967.

SKIDMORE, Thomas E. *The Politics of Military Rule in Brazil, 1964–85*. Oxford: Oxford University, 1988.

SKLAR, Martin J. *The Corporate Reconstruction of American Capitalism, 1890-1916*: The Market, the Law, and Politics. Cambridge: Cambridge University, 1988.

SOFIA, Juliana. Economista renuncia a vaga no Cade. *Folha de São Paulo*, São Paulo, 2 de ago. de 2008.

SOKOL, D. Daniel. Monopolists without Borders: The Institutional Challenge of International Antitrust in a Global Gilded Age. *Berkeley Business Law Journal*, Berkeley, v. 4, n. 1, p. 37-122, 2007.

SOLA, Lourdes. O golpe de 37 e o Estado Novo. In: MOTA, Carlos Guilherme (Org). *Brasil em perspectiva.* 19ª ed. Rio de Janeiro: Bertrand Brasil, 1990.

SORKIN, Andrew Ross. *Too Big to Fail*: The Inside Story of How Wall Street and Washington Fought to Save the Financial System—and Themselves. Londres: Penguin Books, 2010.

SOUZA, Celina. *Constitutional Engineering in Brazil*: The Politics of Federalism and Decentralization. Nova York: Macmillan, 1997.

STEINBAUM, Marhsall; BERNSTEIN, Eric Harris; STURM, John. *Powerless:* How Lax Antitrust and Concentrated Market Power Rig the Economy Against American Workers, Consumers, and Communities. Nova York: Roosevelt Institute, 2018.

STEINBAUM, Marshall; STUCKE, Maurice. The Effective Competition Standard: A New Standard for Antitrust. *The University of Chicago Law Review*, Chicago, v. 87, n. 2, p. 595-693, 2020.

STEPAN, Alfred. State Power and the Strength of Civil Society in the Southern Cone of Latin America. In: EVANS, Peter B.; RUESCHEMEYER, Dietrich; SKOCPOL, Theda (Orgs.). *Bringing the State Back In*. Cambridge: Cambridge University, 1985.

STIGLER, George J. A Theory of Oligopoly. *The Journal of Political Economy*, Chicago, v. 72, n. 1, p. 44-61, 1964.

STIGLER, George J. The Origin of the Sherman Act. *The Journal of Legal Studies*, Chicago, v. 14, n. 1, p. 1-12, 1985.

STIGLER, George J. *The Theory of Price.* 4ª ed. Nova York: Macmillan, 1987.

STIGLITZ, Joseph E. *Globalization and Its Discontents*. Nova York: W. W. Norton, 2002.

STRAHAN, Philip E. Too Big to Fail: Causes, Consequences, and Policy Responses. *Annual Review of Financial Economics*, Palo Alto, v. 5, p. 43-61, 2013.

STREECK, Wolfgang. *Buying Time*: The Delayed Crisis of Democratic Capitalism. Londres: Verso, 2013.

STREECK, Wolfgang. The post-capitalist interregnum: The old system is dying, but a new social order cannot yet be born. *Juncture*, Hoboken, v. 23, n.2, p. 68-77, 2016.

STRUCK, Jean-Philip. Dilma, a tecnocrata sem paciência para a política. *Deutsche Welle*, Bonn, 12 de mai. de 2016.

STUCKE, Maurice; EZRACHI, Ariel. *Competition Overdose*: How the Free Market Mythology Transformed Us from Citizen Kings to Market Servants. Nova York: HarperCollins, 2020.

SUMMA, Giancarlo. Lula's Second Act. *Dissent*, Nova York, 23 de jun. de 2022.

SUNSTEIN, Cass R. *The Cost-Benefit Revolution*. Cambridge: MIT, 2018.

SWEENEY, Brendan. International Competition Law and Policy: A Work in Progress. *Melbourne Journal of International Law*, Melbourne, v. 10, n. 1, p. 58-69, 2009.

TAEKEMA, Sanne. Expert Accountability and the Rule of Law: Intertwinement of Normative and Functional Standards? In: ARCURI, Alessandra; COMAN-KUND, Florin (Orgs.). *Technocracy and the Law*; Accountability, Governance and Expertise. Abingdon-on-Thames: Routledge, 2021.

TAVARES, José Nilo. *Autoritarismo e dependência*: Oliveira Vianna e Alberto Torres. Rio de Janeiro: Achiamé, 1979.

TAYLOR, Frederick Winslow. *The Principles of Scientific Management*. Nova York: Harper & Brothers, 1919.

TEACHOUT, Zephyr; KHAN, Lina. Market Structure and Political Law: A Taxonomy of Power. *Duke Journal of Constitutional Law & Public Policy*, Durham, v. 9, n. 1, p. 37-74, 2014.

TECH TRANSPARENCY PROJECT. *Big Tech's Backdoor to the FTC*. Washington, D.C., 2021.

TEIXEIRA, Melissa. Making a Brazilian New Deal: Oliveira Vianna and the Transnational Sources of Brazil's Corporatist Experiment. *Journal of Latin American Studies*, Cambridge, v. 50, n. 3, p. 613-641, 2018.

THAROOR, Ishaan. The man who declared the 'end of history' fears for democracy's future. *The Washington Post*, Washington, D.C., 9 de fev. de 2017.

THE ECONOMIST. Too much of a good thing. *The Economist*, Londres, 26 de mar. de 2016.

THOMASBERGER, Claus. The Belief in Economic Determinism, Neoliberalism, and the Significance of Polanyi's Contribution in the Twenty-First Century. *International Journal of Political Economy*, Abingdon-on-Thames, v. 41, n. 4, p. 16-33, 2012.

THOMPSON, C. Bertrand. The Literature of Scientific Management. *The Quarterly Journal of Economics*, Oxford, v. 28, n. 3, p. 506-557, 1914.

TODOROV, Francisco Ribeiro; TORRES FILHO, Marcelo Maciel. History of Competition Policy in Brazil: 1930-2010. *The Antitrust Bulletin*, Thousand Oaks, v. 57, n. 2, p. 207-257, 2012.

TOLLISON, Robert D. Antitrust in the Reagan administration: A report from the Belly of the beast. *International Journal of Industrial Organization*, Amsterdã, v. 1, n. 2, p. 211-221, 1983.

TORRES, Alberto. *A organização nacional*. São Paulo: Nacional, 1938.

TORRES, Alberto. *O Problema Nacional Brasileiro*: Introdução a um programma de Organização Nacional. São Paulo: Nacional, 1933.

TOWNLEY, Chirstopher; GUIDI, Mattia; TAVARES, Mariana. *The Law and Politics of Global Competition*: Influence and Legitimacy in the International Competition Network. Oxford: Oxford University, 2022.

TSENDSUREN, Chuluunbat *et al.* Influence of product market competition and managerial competency on corporate environmental responsibility: Evidence from the US. *Journal of Cleaner Production,* Amsterdã, v. 304, 12706515, 2021.

TYLER, Eleanor. Antitrust Battles to Become Even More Heated in 2023. *Bloomberg Law,* Nova York, 11 de nov. de 2022.

UNGER, Roberto Mangabeira. *False Necessity*: Anti-Necessitarian Social Theory in the Service of Radical Democracy. Londres: Verso, 2004.

VAHEESAN, Sandeep. The Twilight of the Technocrats' Monopoly on Antitrust? *The Yale Law Journal,* New Haven, v. 127, p. 980-995, 2018.

VARCOE, Ian. Technocracy and Democratic Politics. In: KILMINSTER, Richard; VARCOE, Ian (Orgs.). *Culture, Modernity and Revolution*: Essays in Honour of Zygmunt Bauman. Abingdon-on-Thames: Routledge, 1996.

VARGAS, Getúlio. *A nova política do Brasil*. Rio de Janeiro: José Olympio, 1938, v. V.

VASCONCELOS, Frederico. Cade quer simplificar vida de empresa e consumidor. *Folha de São Paulo*, São Paulo, 24 de jun. de 1996.

V-DEM INSTITUTE. *Democracy Report 2020*. Gotemburgo, 2020.

V-DEM INSTITUTE. *Democracy Report 2021*. Gotemburgo, 2021.

V-DEM INSTITUTE. *Democracy Report 2022*. Gotemburgo, 2022.

V-DEM INSTITUTE. *Democracy Report 2023*. Gotemburgo, 2023.

VEBLEN, Thorstein. *The Engineers and the Price System*. Nova York: B. W. Huebsch, 1921.

VEBLEN, Thorstein. *The Theory of Business Enterprise*. Nova York: Charles Scribner's Sons, 1904.

VEBLEN, Thorstein. *The Theory of the Leisure Class*. Oxford: Oxford University, 2007.

VERÍSSIMO, Marcos Paulo. Um brinde à tecnocracia. *Estado de São Paulo*, São Paulo, 24 de abr. de 2017.

VERMEULE, Adrian. Bureaucracy and Distrust: Landis, Jaffe, and Kagan on the Administrative State. *Harvard Law Review*, Cambridge, v. 130, n. 9, p. 2463-2488, 2017.

VESTAGER, Margrethe. "Check against delivery". *European Comission*, Bruxelas, 18 de nov. de 2021.

VIANNA, Oliveira. Brandeis e o seu americanismo. *Correio da Manhã*, Rio de Janeiro, 21 de março de 1939.

VIANNA, Oliveira. *Evolução do povo brasileiro*. 3ª ed. São Paulo: Nacional, 1938.

VITA, Michael; OSINSKI, F. David. John Kwoka's *Mergers, Merger Control, And Remedies*: A Critical Review. *Antitrust Law Journal*, Chicago, v. 82, n. 1, p. 361-388, 2018.

WAKABAYASHI, Daisuke. Big Tech Funds a Think Tank Pushing for Fewer Rules. For Big Tech. *The New York Times*, Nova York, 24 de jul. de 2020.

WAKED, Dina I. Adoption of Antitrust Laws in Developing Countries: Reasons and Challenges. *Journal of Law, Economics & Policy*, Fairfax, v. 12, n. 2, p. 193-230, 2016.

WALLER, Spencer Weber. Antitrust and Democracy. *Florida State University Law Review*, Tallahassee, v. 46, n. 4, p. 807-860, 2019.

WALLER, Spencer Weber. The Antitrust Legacy of Thurman Arnold. *St. John's Law Review*, Nova York, v. 78, n. 3, p. 569-614, 2004.

WARREN, Elizabeth. Break Up Big Tech. *Warren*, Washington, D.C., 9 de dez. de 2019.

WEBER, Max. "Objectivity" in Social Science and Social Policy. In: SHILS, Edward A.; FINCH, Henry A. (Orgs.). *The Methodology of the Social Sciences*. Glencoe: Free, 1949.

WEBER, Max. Bureaucracy. In: WATERS, Tony; WATERS, Dagmar (Orgs.). *Weber's Rationalism and Modern Society*: New Translations on Politics, Bureaucracy, and Social Stratification. Nova York: Palgrave Macmillan, 2015.

WEBER, Max. *The Protestant Ethic and the Spirit of Capitalism*. Abingdon-on-Thames: Routledge, 2001.

WEFFORT, Francisco C. *O populismo na política brasileira*. 5ª ed. Rio de Janeiro: Paz e Terra, 2003.

WEINSTEIN, Michael M. W. F. Baxter, 69, Ex-Antitrust Chief, Is Dead. *The New York Times*, Nova York, 2 de dez. de 1998.

WEISS, Leonard W. The Structure-Conduct-Performance Paradigm and Antitrust. *University of Pennsylvania Law Review*, Filadélfia, v. 127, n. 4, p. 1104-1140, 1979.

WERDEN, Gregory J. Establishment of the Antitrust Division of the U.S. Department of Establishment of the Antitrust Division of the U.S. Department of Justice. *St. John's Law Review*, Nova York, v. 92, n. 3, p. 419-430, 2018.

WEYLAND, Kurt. The Rise and Fall of President Collor and Its Impact on Brazilian Democracy. *Journal of Interamerican Studies and World Affairs*, Coral Gables, v. 35, n. 1, p. 1-37, 1993.

WIARDA, Howard J. *Corporatism and National Development in Latin America*. Abingdon-on-Thames: Routledge, 1981.

WILLIAMSON, John. A Short History of the Washington Consensus. *Law and Business Review of the Americas*, Dallas, v. 15, n. 1, p. 7-23, 2009.

WILLIAMSON, John. Democracy and the "Washington Consensus". *World Development*, Amsterdã, v. 21, n. 8, p. 1329-1336, 1993.

WILLIAMSON, John. From Reform Agenda to Damaged Brand Name. *Finance & Development*, Washington, D.C., v. 40, n. 3, p. 10-13, 2003.

WILLIAMSON, John. The strange history of the Washington consensus. *Journal of Post Keynesian Economics*, Abingdon-on-Thames, v. 27, n. 2, p. 195-206, 2004.

WILLIAMSON, Peter J. *Varieties of Corporatism*: A Conceptual Discussion. Cambridge: Cambridge University, 1985.

WILSON, Woodrow. *The New Freedom*: A Call for the Emancipation of the Generous Energies of a People. Nova York: Doubleday, Page & Company, 1913.

WILSON, Woodrow. The Study of Administration. *Political Science Quarterly*, Nova York, v. 2, n. 2, p. 197-222, 1887.

WINERMAN, Marc. The Origins of the FTC: Concentration, Cooperation, Control, and Competition. *Antitrust Law Journal*, Chicago, v. 71, n. 1, p. 1-97, 2003.

WINSLOW, Terry. The OECD's Global Forum on Competition and Other Activities. *Antitrust Magazine*, Chicago, v. 16, p. 38-40, 2001.

WIZIACK, Julio. Empresa interessada escreve voto usado por conselheira do Cade, que vira alvo de investigação. *Folha de São Paulo*, São Paulo, 5 de set. de 2023.

WOLF, Martin. *The Crisis of Democratic Capitalism*. Nova York: Penguin, 2023.

WOOD, Diane P. The Impossible Dream: Real International Antitrust. *The University of Chicago Legal Forum*, Chicago, p. 277-313, 1992.

WRIGHT, Andrew L. Law Scholar Areeda, 'Antitrust Guru,' Dies. *The Harvard Crimson*, Cambridge, 5 de jan. de 1996.

WRIGHT, Joshua D. *et al.* Requiem for a Paradox: The Dubious Rise and Inevitable Fall of Hipster Antitrust. *Arizona State Law Journal*, Phoenix, v. 51, n. 1, p. 293-369, 2019.

WU, Tim. After Consumer Welfare, Now What? The "Protection of Competition" Standard in Practice. *Competition Policy International*, Boston, v. 1, n. 1, p. 1-9, 2018a.

WU, Tim. Blind Spot: The Attention Economy and the Law. *Antitrust Law Journal*, Chicago, v. 82, n. 3, p. 771-806, 2019a.

WU, Tim. *The Curse of Bigness*: Antitrust in the New Gilded Age. Nova York: Columbia Global Reports, 2018b.

WU, Tim. The Utah Statement: Reviving Antimonopoly Traditions for the Era of Big Tech. *OneZero*, São Francisco, 18 de nov. de 2019b.

WU, Xun; RAMESH, M.; HOWLETT, Michael. Policy capacity: A conceptual framework for understanding policy competences and capabilities. *Policity and Society*, Amsterdã, v. 34, n. 3-4, p. 165-171, 2015.

YEUNG, Karen. The Regulatory State. In: BALDWIN, Robert; CAVE, Martin; LODGE, Martin (Orgs.). *The Oxford Handbook of Regulation*. Oxford: Oxford University, 2010.

YOO, Christopher S. The Post-Chicago Antitrust Revolution: A Retrospective. *University of Pennsylvania Law Review*, Filadélfia, v. 168, p. 2145-2169, 2020.

ZAC, Amit *et al.* Competition Law And Income Inequality: A panel data econometric approach. *Centre for Competition Law and Policy Working Paper*, Oxford, n. 52, 2020.

ZAKRZEWSKI, Cat; PAGER, Tyler. Biden to nominate Big Tech adversary Jonathan Kanter to helm the Justice Dept.'s antitrust division. *The Washington Post*, Washington, D.C., 20 de jul. de 2021.

ZHANG, Angela Huyue. *Chinese Antitrust Exceptionalism*: How the Rise of China Challenges Global Regulation. Oxford: Oxford University, 2021.

ZINGALES, Luigi. *A Capitalism for the People*: Recapturing the Lost Genius of American Prosperity. Nova York: Basic Books, 2012.

ZINGALES, Luigi. Towards a Political Theory of the Firm. *Journal of Economic Perspectives,* Nashville, v. 31, n. 3, p. 113-130, 2017.

APÊNDICE I: LIDERANÇAS DO CADE ANALISADAS

Liderança	Cargo	Nomeação	Regime legal
Alexandre Cordeiro Macedo	Presidente	12 de julho de 2021	Lei nº 12.529/2011
Alexandre Barreto de Souza	Presidente	22 de junho de 2017	Lei nº 12.529/2011
Vinicius Marques de Carvalho	Presidente	29 de maio de 2012	Lei nº 12.529/2011
Fernando de Magalhães Furlan	Presidente	13 de janeiro de 2008	Lei nº 8.884/1994
Arthur Badin	Presidente	7 de novembro de 2008	Lei nº 8.884/1994
Elizabeth Maria Mercier Querido Farina	Presidente	23 de julho de 2004	Lei nº 8.884/1994
João Grandino Rodas	Presidente	5 de julho de 2000	Lei nº 8.884/1994
Gesner José Oliveira Filho	Presidente	17 de abril de 1996	Lei nº 8.884/1994
Ruy Coutinho do Nascimento	Presidente	4 de março de 1994	Lei nº 8.884/1994
Victor Oliveira Fernandes	Conselheiro	30 de maio de 2022	Lei nº 12.529/2011
Gustavo Augusto Freitas de Lima	Conselheiro	13 de abril de 2022	Lei nº 12.529/2011
Luis Henrique Bertolino Braido	Conselheiro	5 de novembro de 2019	Lei nº 12.529/2011
Lenisa Rodrigues Prado	Conselheira	10 de outubro de 2019	Lei nº 12.529/2011
Luiz Augusto Azevedo de Almeida Hoffmann	Conselheiro	10 de outubro de 2019	Lei nº 12.529/2011
Sérgio Costa Ravagnani	Conselheiro	7 de outubro de 2019	Lei nº 12.529/2011
Paula Farani de Azevedo Silveira	Conselheira	16 de fevereiro de 2018	Lei nº 12.529/2011
Polyanna Ferreira Silva Vilanova	Conselheira	24 de outubro de 2017	Lei nº 12.529/2011
Maurício Oscar Bandeira Maia	Conselheiro	22 de junho de 2017	Lei nº 12.529/2011

Cristiane Alkmin Junqueira Schmidt	Conselheira	28 de agosto de 2015	Lei nº 12.529/2011
Paulo Burnier da Silveira	Conselheiro	16 de julho de 2015	Lei nº 12.529/2011
Alexandre Cordeiro Macedo	Conselheiro	9 de julho de 2015	Lei nº 12.529/2011
João Paulo de Resende	Conselheiro	9 de julho de 2015	Lei nº 12.529/2011
Gilvandro Vasconcelos Coelho de Araújo	Conselheiro	13 de janeiro de 2014	Lei nº 12.529/2011
Márcio de Oliveira Júnior	Conselheiro	7de janeiro de 2014	Lei nº 12.529/2011
Ana de Oliveira Frazão	Conselheira	14 de agosto de 2012	Lei nº 12.529/2011
Eduardo Pontual Ribeiro	Conselheiro	14 de agosto de 2012	Lei nº 12.529/2011
Marcos Paulo Veríssimo	Conselheiro	20 de abril de 2011	Lei nº 8.884/1994 e Lei nº 12.529/2011
Elvino de Carvalho Mendonça	Conselheiro	20 de abril de 2011	Lei nº 8.884/1994 e Lei nº 12.529/2011
Alessandro Serafin Octaviani Luis	Conselheiro	29 de março de 2011	Lei nº 8.884/1994 e Lei nº 12.529/2011
Ricardo Machado Ruiz	Conselheiro	19 de janeiro de 2010	Lei nº 8.884/1994 e Lei nº 12.529/2011
César Costa Alves de Mattos	Conselheiro	7 de novembro de 2008	Lei nº 8.884/1994
Carlos Emmanuel Joppert Ragazzo	Conselheiro	12 de agosto de 2008	Lei nº 8.884/1994
Olavo Zago Chinaglia	Conselheiro	12 de agosto de 2008	Lei nº 8.884/1994 e Lei nº 12.529/2011
Vinícius Marques de Carvalho	Conselheiro	4 de agosto de 2008	Lei nº 8.884/1994
Fernando de Magalhães Furlan	Conselheiro	13 de janeiro de 2008	Lei nº 8.884/1994
Abraham Benzaquen Sicsú	Conselheiro	10 de janeiro de 2006	Lei nº 8.884/1994
Paulo Furquim de Azevedo	Conselheiro	10 de janeiro de 2006	Lei nº 8.884/1994
Luis Fernando Schuartz	Conselheiro	18 de novembro de 2005	Lei nº 8.884/1994
Luiz Carlos Thadeu Delorme Prado	Conselheiro	23 de julho de 2004	Lei nº 8.884/1994

Ricardo Villas Bôas Cueva	Conselheiro	23 de julho de 2004	Lei nº 8.884/1994
Luís Fernando Rigato Vasconcellos	Conselheiro	23 de julho de 2004	Lei nº 8.884/1994
Luiz Alberto Esteves Scaloppe	Conselheiro	17 de setembro de 2003	Lei nº 8.884/1994
Cleveland Prates Teixeira	Conselheiro	17 de julho de 2002	Lei nº 8.884/1994
Fernando de Oliveira Marques	Conselheiro	17 de julho de 2002	Lei nº 8.884/1994
Miguel Tebar Barrionuevo	Conselheiro	28 de dezembro de 2001	Lei nº 8.884/1994
Ronaldo Porto Macedo Júnior	Conselheiro	13 de julho de 2001	Lei nº 8.884/1994
Roberto Augusto Castellanos Pfeiffer	Conselheiro	24 de agosto de 2001	Lei nº 8.884/1994
Celso Fernandes Campilongo	Conselheiro	5 de julho de 2000	Lei nº 8.884/1994
Afonso Arinos de Mello Franco Neto	Conselheiro	5 de julho de 2000	Lei nº 8.884/1994
Thompson Almeida Andrade	Conselheiro	5 de julho de 2000	Lei nº 8.884/1994
Hebe Teixeira Romano Pereira da Silva	Conselheira	1 de julho de 1999	Lei nº 8.884/1994
João Bosco Leopoldino da Fonseca	Conselheiro	22 de março de 1999	Lei nº 8.884/1994
Mércio Felsky	Conselheiro	2 de junho de 1998	Lei nº 8.884/1994
Ruy Afonso de Santacruz Lima	Conselheiro	2 de junho de 1998	Lei nº 8.884/1994
Marcelo Procópio Calliari	Conselheiro	2 de junho de 1998	Lei nº 8.884/1994
Arthur Barrionuevo Filho	Conselheiro	17 de abril de 1997	Lei nº 8.884/1994
Paulo Dyrceu Pinheiro	Conselheiro	22 de abril de 1996	Lei nº 8.884/1994
Renault de Freitas Castro	Conselheiro	22 de abril de 1996	Lei nº 8.884/1994
Antônio Carlos Fonseca da Silva	Conselheiro	22 de abril de 1996	Lei nº 8.884/1994
Lucia Helena Salgado e Silva	Conselheira	22 de abril de 1996	Lei nº 8.884/1994
Leônidas Rangel Xausa	Conselheiro	22 de abril de 1996	Lei nº 8.884/1994

Edison Rodrigues-Chaves	Conselheiro	13 de janeiro de 1995	Lei nº 8.884/1994
Edgard Lincoln de Proença Rosa	Conselheiro	11 de janeiro de 1995	Lei nº 8.884/1994
Neide Teresinha Malard	Conselheira	4 de março de 1994	Lei nº 8.884/1994
José Matias Pereira	Conselheiro	4 de março de 1994	Lei nº 8.884/1994
Marcelo Monteiro Soares	Conselheiro	4 de março de 1994	Lei nº 8.884/1994
Carlos Eduardo Vieira de Carvalho	Conselheiro	4 de março de 1994	Lei nº 8.884/1994
Alexandre Barreto de Souza	Superintendente-Geral	13 de abril de 2022	Lei nº 12.529/2011
Alexandre Cordeiro Macedo	Superintendente-Geral	24 de outubro de 2017	Lei nº 12.529/2011
Eduardo Frade Rodrigues	Superintendente-Geral	16 de julho de 2015	Lei nº 12.529/2011
Carlos Emmanuel Joppert Ragazzo	Superintendente-Geral	29 de maio de 2012	Lei nº 12.529/2011

Fonte: elaboração própria a partir de informações do CADE e do Senado Federal.

APÊNDICE II: EXTRATO DOS DOCUMENTOS INTERNOS ANALISADOS

Ano	Título
1996	*Relatório de atividades do período compreendido entre 09.03.94 e 08.03.96*
1996	*Relatório de Atividades: Exercício de 1995*
1997	*Relatório Anual 1996*
1998	*Relatório Anual 1997*
1999	*Relatório Anual 1998/99*
2001	*Relatório de gestão (exercício de 2000)*
2002	*Relatório de gestão (exercício de 2001)*
2003	*Relatório de gestão (exercício de 2002)*
2004	*Relatório de gestão (exercício de 2003)*
2005	*Relatório de gestão 2004*
2006	*Relatório de gestão 2005*
2007	*Relatório de gestão 2006*
2008	*Relatório de gestão (exercício de 2007)*
2009	*Relatório de gestão (exercício de 2008)*
2010	*Relatório de gestão do exercício de 2009*
2011	*Relatório de gestão do exercício de 2010*
2012	*Relatório de gestão do exercício de 2011*
2013	*Relatório de gestão do exercício de 2012*
2014	*Relatório de gestão do exercício de 2013*
2015	*Relatório de gestão do exercício de 2014*
2016	*Relatório de gestão do exercício de 2015*
2017	*Relatório de gestão do exercício de 2016*
2018	*Relatório de gestão do exercício de 2017*
2019	*Relatório de gestão 2018*
2019	*Mensurando os benefícios de combate à cartéis: o caso do cartel de britas*
2019	*Mensurando os benefícios de combate a cartéis: o caso do cartel de combustíveis no Distrito Federal*
2019	*Avaliação ex post de ato de concentração: O caso Sadia-Perdigão*
2020	*Relatório integrado de gestão 2019*

2020	*Mensuração dos benefícios esperados da atuação do Cade em 2018*
2020	*Mensuração dos benefícios esperados da atuação do Cade em 2019*
2021	*Relatório integrado de gestão 2020*
2021	*Mensuração dos benefícios esperados da atuação do Cade em 2020*
2021	*Ex post mergers evaluation: Evidence from the Brazilian airline industry*
2022	*Relatório integrado de gestão 2021*
2022	*Mensuração dos benefícios esperados da atuação do Cade em 2021*
2022	*Avaliação ex-post de ato de concentração: O caso BVMF-CETIP.*
2023	*Relatório integrado de gestão 2022*
2023	*Mensuração dos benefícios esperados da atuação do Cade em 2022*
2023	*Efeitos da concorrência potencial: O caso do ato de concentração Gol-Webjet*

Fonte: elaboração própria a partir de informações do CADE.

APÊNDICE III: EXTRATO DAS PREMIAÇÕES ANALISADAS

Ano	Prêmio	Descrição	Entidade
2011	Ranking GCR 2011	"O Cade obteve avaliação de três estrelas e meia em cinco possíveis no ranking anual promovido pela revista britânica Global Competition Review - GCR"	GCR
2011	GCR Awards 2011	"O Cade recebeu o título de Agência Antitruste das Américas por sua atuação em 2010 na premiação anual realizada pela Global Competition Review - GCR"	GCR
2011	Prêmio IBRAC -TIM 2011	"O coordenador-geral da Coordenação-Geral de Análise Antitruste 5 - CGAA 5 do Cade, Mário Gordilho, então na Secretaria de Acompanhamento Econômico - SEAE do Ministério da Fazenda, a coordenadora-geral da CGAA 4, Cristiane Landerdahl, e o superintendente-geral adjunto, Kenys Menezes Machado, foram os ganhadores, na categoria profissionais e pós-graduados, do Prêmio IBRAC/TIM 2011."	IBRAC
2012	Ranking GCR 2012	"O Cade obteve avaliação de três estrelas e meia em cinco possíveis no ranking anual promovido pela revista britânica Global Competition Review - GCR. A classificação refere-se à atuação da autarquia em 2011 e é a mesma conquistada no ano anterior."	GCR
2012	Prêmio IBRAC- TIM 2012	"O coordenador do Departamento de Estudos Econômicos - DEE do Cade, Glauco Avelino Sampaio Oliveira, foi o vencedor do Prêmio IBRAC - TIM 2012. A quinta colocação do Prêmio também foi de um servidor do Cade, Thiago Maciel Oliveira, da Superintendência-Geral - SG."	IBRAC
2012	Prêmio CNI de Economia 2012	"O servidor Glauco Avelino Sampaio Oliveira, do Departamento de Estudos Econômicos - DEE do Cade, foi o primeiro colocado no Prêmio CNI de Economia 2012. O concurso contempla os autores dos melhores artigos sobre economia aplicada em duas categorias: Economia Industrial e um tema especial, que nessa edição foi Inovação e Produtividade."	CNI
2012	VII Prêmio Seae 2012 de monografias	"Alexandre Lauri Henriksen, do Departamento de Estudos Econômicos - DEE do Cade, foi o vencedor do VII Prêmio Seae - 2012 de monografias, na categoria Regulação Econômica. A segunda classificação, na área de Advocacia da Concorrência, também é de uma servidora do Cade, Maria Cristina de Souza Leão Attayde, da Superintendência-Geral."	SEAE
2013	Ranking GCR 2013	"O Cade recebeu, pela primeira vez, a avaliação de quatro estrelas no ranking realizado anualmente pela revista britânica Global Competition Review - GCR, especializada em política de concorrência e regulação."	GCR

Ano	Prêmio	Descrição	Entidade
2013	GCR Awards 2013	"O Cade disputou três categorias na edição 2013 da premiação anual realizada pela Global Competition Review - GCR, revista britânica especializada em defesa da concorrência."	GCR
2014	18º Concurso Inovação na Gestão Pública Federal	"O regime de análise prévia de atos de concentração pelo Cade foi premiado pelo 18º Concurso Inovação na Gestão Pública Federal, promovido pela Escola Nacional de Administração Pública - Enap."	ENAP
2014	Ranking GCR 2014	"O Cade manteve a classificação de quatro estrelas no ranking realizado anualmente pela revista britânica Global Competition Review - GCR. A avaliação é referente à atuação do órgão em 2013."	GCR
2015	Prêmio GCR 2015	"O Cade recebeu o título de Agência Antitruste das Américas por sua atuação em 2014 durante premiação anual realizada pela revista britânica Global Competition Review - GCR. O Cade venceu as agências norte-americanas New York State Office of the Attorney General Antitrust Bureau, US Department of Justice's Antitrust Division - DoJ e Federal Trade Commission - FTC."	GCR
2015	Ranking GCR 2015	"O Cade manteve, pelo terceiro ano consecutivo, a classificação de quatro estrelas no ranking realizado anualmente pela revista britânica Global Competition Review - GCR. A avaliação é referente ao desempenho da autoridade antitruste em 2014. Com as quatro estrelas, o Cade permanece no grupo das melhores agências do mundo."	GCR
2015	III Concurso de Boas Práticas da Controladoria-Geral da União	"O Cade foi um dos vencedores do III Concurso de Boas Práticas, promovido pela Controladoria-Geral da União - CGU. A autarquia venceu na categoria Promoção da Transparência Ativa e/ou Passiva em função da 'Pesquisa Pública de Processo Administrativo'. Por meio dessa ferramenta, disponível no site do órgão, é possível verificar os processos e atos de concentração em andamento no Cade. A opção de pesquisa online foi desenvolvida pelo setor de Tecnologia da Informação do Conselho no âmbito do projeto Cade sem Papel."	CGU

Ano	Prêmio	Descrição	Entidade
2015	Prêmio IBRAC- TIM 2015	"O superintendente-geral adjunto do Cade, Kenys Menezes Machado, foi o vencedor do Prêmio IBRAC-TIM 2015, na categoria pós-graduação. 'Os limites da atuação do Cade no setor de saúde' foi o tema do artigo premiado. O trabalho abordou de que forma condições estruturais do próprio setor de saúde, como a falta de regulação, a multiplicidade dos agentes envolvidos e a complexidade das relações, limitam de forma relevante o desempenho do Cade, apesar dos aprimoramentos na atuação do órgão nessa área."	IBRAC
2016	Concurso de Advocacia da Concorrência	"Em abril de 2016, o Cade recebeu menção honrosa na temática Competition Advocacy in fast growing and innovative markets do Concurso de Advocacia da Concorrência, promovido pela International Competition Network e pelo Banco Mundial. A condecoração foi para o estudo "Mercado de Transporte Individual de Passageiros: Regulação, Externalidades e Equilíbrio Urbano", produzido pelo Departamento de Estudos Econômicos do órgão."	INC e Banco Mundial
2016	Ranking GCR 2016	"O Cade foi avaliado mais uma vez com quatro estrelas no ranking promovido pela revista britânica especializada em defesa da concorrência Global Competition Review - GCR. Com o resultado, a autarquia permanece entre as melhores agências antitruste do mundo."	GCR
2016	Prêmio GCR 2016	"O Cade foi um dos finalistas da premiação anual promovida pela revista britânica Global Competition Review - GCR, especializada em política de concorrência e regulação. A autarquia concorreu em duas categorias. A primeira foi Agência Antitruste das Américas, na qual o órgão foi o vencedor em 2015. A segunda foi Behavioural matter of the year (Agency) - Americas, na qual dois casos da autarquia ficaram entre os finalistas: a celebração de acordo de leniência e de termo de compromisso de cessação cumulado com leniência plus com a empresa Construções e Comércio Camargo Correa, no âmbito da operação Lava-Jato; e a celebração de acordo judicial com a Ambev, no âmbito do processo que condenou a empresa por prática de exigência de exclusividade."	GCR
2016	Antitrust Writing Awards 2016	"Na premiação realizada pela publicação francesa Concurrences, o Guia de Compliance do Cade foi um dos finalistas do prêmio Antitrust Writing Awards 2016, na categoria Best Soft Law. A autarquia concorreu com guias elaborados por autoridades do Canadá, Hong Kong, África do Sul, México e Reino Unido."	Concur-rences

Ano	Prêmio	Descrição	Entidade
2017	Não aplicável	"O Conselho Administrativo de Defesa Econômica - Cade foi homenageado por suas contribuições ao Programa Nacional de Proteção ao Conhecimento Sensível - PNPC, coordenado pela Agência Brasileira de Inteligência - Abin. A menção ocorreu durante a cerimônia de celebração dos 20 anos da iniciativa."	ABIN
2017	21º Concurso Inovação da Enap	"O Cade foi um dos vencedores do 21º Concurso Inovação, promovido pela Escola Nacional de Administração Pública - Enap. A iniciativa do órgão "Peticionamento eletrônico e transparência ativa: inovação na oferta de serviços", desenvolvida no âmbito do Programa Cade sem Papel, ficou entre as cinco melhores na categoria *Serviços ou Políticas Públicas Federais*."	ENAP
2017	Ranking GCR 2017	"Pela quinta vez consecutiva, o Cade foi avaliado com quatro estrelas no ranking promovido pela revista britânica especializada em defesa da concorrência Global Competition Review - GCR. O resultado mantém a autarquia entre as dez melhores agências antitruste do mundo."	GCR
2017	Prêmio GCR 2017	"O Cade foi considerado a melhor agência das Américas por sua atuação em 2016 pela revista britânica especializada em defesa da concorrência Global Competition Review - GCR."	GCR
2017	Antitrust Writing Awards 2017	"O Guia de Termo de Compromisso de Cessação - TCC do Cade recebeu o prêmio de primeiro colocado (Best Soft Law) na categoria práticas concertadas do Antitrust Writing Awards, tradicional premiação de defesa da concorrência - promovida pela revista francesa Concurrences."	Concur-rences
2018	Antitrust Writing Awards 2018	"O manual de Diligências de Busca e Apreensão Cíveis foi agraciado com o prêmio de Best Soft Law, na categoria práticas concertadas, promovido pela revista francesa Concurrences."	Concur-rences
2018	Prêmio GCR 2018	"O Cade foi considerado a melhor agência das Américas por sua atuação em 2017 pela revista britânica especializada em defesa da concorrência Global Competition Review - CGR."	GCR
2018	Ranking GCR 2018	"Pelo sexto ano consecutivo, o Cade recebeu 4 estrelas em ranking anual promovido pela revista britânica Global Competition Review (GCR). O resultado mantém a autarquia entre as dez melhores agências antitruste do mundo."	GCR
2019	Antitrust Writing Awards 2019	"O Guia de Remédios Antitruste, produzido pelo Cade, foi finalista na categoria 'General Antitrust'. Já a Resolução 21/2018, que regulamenta procedimentos de acesso a documentos de investigações antitruste, foi finalista na seção 'Procedure'."	Concur-rences

Ano	Prêmio	Descrição	Entidade
2019	Ranking GCR 2019	"Pelo sétimo ano consecutivo, o Cade recebeu 4 estrelas em ranking anual promovido pela revista britânica Global Competition Review (GCR). O resultado mantém a autarquia entre as melhores agências antitruste do mundo."	GCR
2020	Ranking GCR 2020	"Pelo oitavo ano consecutivo, o Cade recebeu 4 estrelas em ranking anual promovido pela revista britânica Global Competition Review (GCR). O resultado mantém a autarquia entre as melhores agências antitruste do mundo."	GCR
2020	Antitrust Writing Awards 2020	"O Guia de Combate a Cartéis em Licitação produzido pelo Cade conquistou o primeiro lugar da categoria 'Best Soft Law – Concerted Practices' no prêmio Antitrust Writing Awards. A publicação também venceu na categoria 'Soft Law – Readers' Choice'. A tradicional premiação é promovida anualmente pela revista francesa Concurrences, especializada em política antitruste."	Concur-rences
2020	GCR Awards 2020	"O Cade foi finalista na premiação anual promovida pela revista britânica Global Competition Review (GCR). A autarquia concorreu em três categorias: 'Government agency of the year', 'Behavioural matter of the year – Americas' e 'Enforcement action of the year'."	GCR
2020	Certificado Atmosfera FIA 2020	"Em setembro de 2020, o Cade recebeu o Certificado de Qualidade do Ambiente de Trabalho a partir da avaliação dos resultados da pesquisa FIA Employee Experience (FEEx). O selo reconhece a qualidade do ambiente de trabalho da autarquia."	FIA
2021	Prêmio So-bratt de Melhores Práticas de Teletrabalho	"O Cade foi um dos vencedores do Prêmio Sobratt de Melhores Práticas de Teletrabalho, promovido pela Sociedade Brasileira de Teletrabalho e Teleatividaes (Sobratt). A autarquia conquistou o 2º lugar na categoria Serviço Público."	SOBRAT
2021	Antitrust Compliance Awards 2021	"Em maio de 2021, o Cade venceu a premiação Antitrust Compliance Awards 2021, promovida pela Concurrences, na categoria 'Readers Awards' com o seu Guia Programas de Compliance."	Concur-rences
2021	GCR Awards 2021	"Pela quarta vez, o Cade foi finalista na premiação anual promovida pela revista britânica Global Competition Review (GCR). A autarquia concorreu com três casos de investigação de conduta anticompetitiva na categoria 'Behavioural matter of the year – Americas'."	GCR
2021	Ranking GCR 2021	"Pelo nono ano consecutivo, o Cade recebeu 4 estrelas em ranking anual promovido pela revista britânica Global Competition Review (GCR). O resultado mantém a autarquia entre as melhores agências antitruste do mundo."	GCR

Ano	Prêmio	Descrição	Entidade
2021	Certificado Atmosfera FIA 2021	"Em maio de 2021, o Cade recebeu o Certificado de Qualidade do Ambiente de Trabalho a partir da avaliação dos resultados da pesquisa FIA Employee Experience (FEEx). O selo reconhece a qualidade do ambiente de trabalho da autarquia."	FIA
2022	Prêmio Acordo de Não perse-cução Penal (ANPP)	"O Cade foi um dos vencedores do prêmio ANPP, promovida pelo Conselho Nacional de Procuradores-Gerais. A autarquia concorreu na categoria 'Instituições Parceiras do Ministério Público' pela apresentação de boas práticas relacionadas à celebração de Termos de Compromisso de Cessação de Conduta (TCC)."	Conselho Nacional de Procu-radores--Gerais
2022	ICN-WBG Competition Advocacy Contest Awards	"A publicação 'Atividades de defesa da concorrência contra medidas de controle de preços durante a pandemia de COVID-19' recebeu menção honrosa na categoria 'Engajamentos por resultados; experiências bem-sucedidas no planejamento, implementação e monitoramento de estratégias de advocacy em tempos de crise'. A premiação foi realizada pela rede internacional Competition Network (ICN) e o Banco Mundial."	ICN e Banco Mundial
2022	Lugares Incríveis para Trabalhar 2022	"Pelo terceiro ano consecutivo, o Cade conquistou o prêmio 'Lugares Incríveis para Trabalhar', promovido pela Fundação Instituto de Administração (FIA), em parceria com o Portal UOL. O resultado reforça o empenho da autarquia em valorizar pessoas e favorecer um ambiente de trabalho onde equipes desenvolvem suas funções motivadas."	FIA e Portugal UOL
2022	Antitrust Writing Awards 2022	"O guia 'Recomendações probatórias para propostas de acordo de leniência com o Cade' foi finalista na categoria 'Best Soft Law-Concerted Pratices'. A premiação é promovida pela revista francesa Concurrences, especializada em política antitruste".	Concur-rences
2022	Ranking GCR 2022	"O Cade recebeu 4 estrelas em Rating Enforcement promovido pela revista britânica Global Competition Review (GCR), especializada em política de concorrência e regulação. O resultado mantém a autarquia entre as melhores agências antitruste do mundo."	GCR

Fonte: elaboração própria a partir de informações do CADE.